Douglass Stewart und Elaine Madsen

DER TEXANER UND DAS NIEDERLÄNDISCHE GAS

STARTSCHUSS FÜR DIE EUROPÄISCHE ENERGIE-REVOLUTION

Order this book online at www.trafford.com
or email orders@trafford.com

Most Trafford titles are also available at major online book retailers.

Print information available on the last page.

ISBN: 978-1-6987-0220-9 (sc)
ISBN: 978-1-6987-0219-3 (hc)
ISBN: 978-1-6987-0245-2 (e)

Translated by Margit Weyrauch and Jutta Bessler

Trafford rev. 08/05/2020

 www.trafford.com
North America & international
toll-free: 1 888 232 4444 (USA & Canada)
fax: 812 355 4082

Inhaltsverzeichnis

Vorwort

Als der entschlossen wirkende junge Mann auf dem Buchumschlag im Oktober 1960 das Rollfeld des Amsterdamer Flughafens Schiphol betrat, ahnte er nicht, dass dies der Beginn einer langen Reise sein würde. Einer Reise, die die wirtschaftliche und soziale Landschaft mehrerer Länder verändern, der niederländischen Nation großen Reichtum bringen und sich europaweit als großer Nutzen für die Umwelt erweisen würde. Dieser Mann hieß Douglass Stewart.

Dies sind die Memoiren seiner Reise. Sie bieten einen Blick hinter die Kulissen, als im Jahr 1960 das damals weltweit größte Erdgasfeld entdeckt wurde. In diesem Buch geht es auch um ein Team junger Männer, mit dem er zusammenarbeitete, und darum, wie es ihnen gelang, mithilfe der zwei größten Ölkonzerne der Welt, Esso und Shell, den Energiesektor in Europa zu revolutionieren.

Dieses Buch beschreibt, wie sich die Lebenswege von Stewart und dreien der Teammitglieder während des Zweiten Weltkrieges in Europa kreuzten, ohne dass sie einander tatsächlich persönlich begegneten. Später trafen sie erneut in Europa aufeinander, allerdings mit der friedlichen Absicht, niederländisches Gas nach Westeuropa zu bringen. Stewart war in wirtschaftlicher und technischer Hinsicht ein Visionär – dank seines Unternehmergeistes baute das Team Geschäftsbeziehungen auf, welche die Zusammenarbeit mit der zukunftsorientierten niederländischen Regierung, den Nachbarländern und den Großkonzernen in Europa ermöglichten.

Zu Beginn der Reise war an einen Markt für Erdgas in solchem Ausmaß gar nicht zu denken. Es gab keine Pipelines, um es über so große Entfernungen zu befördern, und keine einsatzfähigen Geräte, mit denen man es hätte nutzen können. Es dauerte keine fünf Jahre und Pipelines wurden gebaut, das erste Gas transportiert, Umrüstungen vorgenommen, Kohlebergwerke geschlossen und die Energiewende in Europa nahm ihren Lauf.

Als begeisterte Touristin reiste ich auf den Spuren Stewarts und seines Teams, und es war mir eine große Freude, diese Geschichte zum Leben zu erwecken. Die Begegnungen mit Stewarts Mitarbeitern, Freunden und seiner Familie haben meine Arbeit beflügelt. Stewart war geduldig und fordernd gleichermaßen. Ich wünsche Ihnen, liebe Leserinnen und Leser, viel Vergnügen auf Ihrer Reise durch seine Geschichte.

—Elaine Madsen—

Einleitung

Dieses Buch basiert auf meinen persönlichen Erfahrungen sowie Informationen aus Interviews und Gesprächen mit Mitarbeitern, die an der niederländischen Erdgasförderung zwischen 1960 und 1965 beteiligt waren. Die Dialoge sind wortwörtliche Zitate aus Aufzeichnungen von Telefongesprächen und persönlichen Interviews sowie aus Unterhaltungen, die ich mit einigen Schlüsselpersonen zu Beginn des Erdgasgeschäfts geführt und aus dem Gedächtnis heraus rekonstruiert habe. Ich entschuldige mich bei allen, deren Namen nicht genannt werden, aber in diesem Buch geht es ausschließlich um Leute, mit denen ich eng zusammengearbeitet habe. Die Geschichte handelt nicht nur vom Geschäftlichen, sondern gewährt auch Einblicke in das Privatleben und die Erfahrungen von Menschen, die an den schwierigen Verhandlungen beteiligt waren, welche zum Aufbau der nordeuropäischen Erdgasvertriebs- und Marketingorganisationen der letzten vierzig Jahre geführt haben. Das Buch greift außerdem die Teilnahme einiger Personen am Zweiten Weltkrieg auf.

Erfreulicherweise bestand das Management von Esso und Shell in erster Linie aus „Ölmenschen" und nicht aus „Gasmenschen", und weil alles neu im europäischen Erdgasgeschäft war, hatten wir „Early Birds" jegliche Handlungsfreiheit, mit Ausnahme einiger Auflagen von unserem Top-Management oder von der Regierung. Wir mussten es mit enormen Ressourcen, wichtigen Regierungsvertretern, großen Risiken und zähen Verhandlungen aufnehmen: insbesondere mit den festgefahrenen Kohlegasmonopolen in Belgien und Deutschland. Aber vor allem in Frankreich hatten wir bei dem ehemaligen Präsidenten Charles de Gaulle einen schweren Stand.

Ich habe wirklich Hochachtung vor den Niederländern und ihrer Regierung, die Weitblick bewiesen, indem sie die Probleme und Chancen, die sich mit der Entdeckung des Groninger Gasfeldes ergaben, erkannten.

Die seit fünfundvierzig Jahren bestehenden Abkommen über erfolgreiche und profitable Gasförderung sind Beweis genug für ihre Weitsicht.

Da unsere Bemühungen von Erfolg gekrönt waren und das Projekt größer, profitabler und wichtiger wurde, mussten wir uns nach und nach auch mit den bürokratischen Kontroll- und Bürokratiegeflechten der Regierung und der Ölgesellschaften auseinandersetzen. Dennoch ist nur wenigen das große Glück beschieden, bei der Gründung eines so großen gewinnbringenden Unternehmens dabei zu sein. Und wir haben das Größtmögliche daraus gemacht!

—Douglass Stewart—

Kapitel 1

Am Anfang war die Schöpfung

S eit Abermilliarden Jahren schlummerte die Möglichkeit einer europäischen Energierevolution sozusagen in der niederländischen Erde – bis zu dem Tag, an dem der Bohrer eines niederländischen Ingenieurs darauf stieß. Ein junger, hochgewachsener Ingenieur aus Texas sorgte für alles Weitere, um diese Revolution in Gang zu setzen. Sein Name war Douglass Stewart.

Im Oktober 1960 arbeitete Stewart an seinem Schreibtisch im Rockefeller-Plaza-Büro der Standard Oil Company of New Jersey an Grafiken für einen Bericht über das Potenzial eines Ölfeldes in Venezuela. Doch noch bevor der Tag zu Ende ging, war für diesen Bericht jemand anders verantwortlich. Das Schicksal hatte mit Stewart andere Pläne: Er sollte bei der drastischen Veränderung des Energiesektors in Europa eine maßgebliche Rolle spielen.

Stewart schaute von seinem Schreibtisch hoch und erblickte seinen Chef Dawson Priestman im Türrahmen seines Büros.

„Shell hält eine Entdeckung in den Niederlanden zurück", so Dawson. „Das hat Bill Stott so aufgewühlt, dass er heute Morgen den gesamten Vorstand von Jersey einberufen hat. Wir brauchen Sie bei dieser Sache, Doug."

Priestman nannte wie alle alten Hasen im Unternehmen die Firma immer noch Jersey, obwohl sie bereits zu Esso umfirmiert worden war. Bill Stott war Vizepräsident für den Bereich Marketing bei Jersey. Wenn er abteilungsübergreifende Meetings einberief, hatte das immer etwas von einer Vorladung; ein Meeting, das die Teilnahme des gesamten Vorstands erforderte, war jedoch nicht alltäglich.

Auf dem Weg in den vierundsechzigsten Stock erklärte Priestman Stewart, dass es bei dem Meeting eher um die Entdeckung von Erdgas als von Öl gehen sollte. Stewart war verwirrt.

„Wann kam denn die Info? Habe ich was verpasst?", fragte er. „Vasquez wollte Sie in Venezuela behalten. Aber Stott saß uns im Nacken, also haben er und ich uns intensiv mit dieser Angelegenheit beschäftigt", antwortete Priestman.

Als Priestman und sein Produktionskoordinator Siro Vasquez von der Ankündigung der Entdeckung hörten, schrillten bei ihnen sofort die Alarmglocken. Vasquez war sich im Klaren darüber, was für Auswirkungen solch eine Entdeckung auf die Produktionsabteilung haben könnte, und nahm direkten Kontakt zum Produktionsberater von Esso auf. Dieser war gerade von seinem jährlichen Besuch bei NAM zurückgekehrt, ein Akronym für eine fünfzig-fünfzig Esso/Shell-Explorationspartnerschaft in den Niederlanden – Nederlandse Aardolie Maatschappij. Nach Ansicht des Beraters hatte NAM Esso sicherlich nicht in angemessener Weise über die Größenordnung der neuen Entdeckung informiert. Vasquez und Priestman brachten die Informationen und ihr Anliegen Essos Marketingdirektor Bill Stott vor. Dessen Überlegungen führten direkt zu der Frage, wie sich ein so großer Erdgasfund auf die europäischen Ölmärkte von Esso auswirken könnte. Es gab keine europäischen Pipelines, um das Gas zu transportieren, und keine Hersteller von geeigneten Geräten, um es in Privathaushalten zu nutzen. Und auch wenn die Entdeckung von großer Bedeutung war, so war es mittelfristig eher unwahrscheinlich, dass sie zu einem Problem führen würde. Dennoch war Stott damit einverstanden, die Situation einer Prüfung zu unterziehen. Nur ein paar Stunden nach dem Gespräch der drei Männer hatte Stott den gesamten Vorstand zu einem Meeting einberufen.

Im Jahr 1960 war Jersey weltweit bedeutender als Shell, nur nicht in der öffentlichen Wahrnehmung der Niederlande, wo Shell eines der größten und angesehensten Unternehmen des Landes und seit mehr als einem Jahrhundert mit der Krone verbunden war. Jersey besaß dort nur einen kleinen Marktanteil und eine kleine Raffinerie. Die fünfzig-fünfzig NAM-Explorationspartnerschaft der beiden Großkonzerne war

1947 gegründet worden, wurde aber von Shell praktisch im Alleingang betrieben.

Priestmans schlichter Kommentar zur Stellung von Shell in der Partnerschaft war folgender. „Jerseys Einfluss bei Shell in den Niederlanden reicht gerade so weit, dass sie einmal im Jahr die Budgets genehmigen."

Das sollte sich nun ändern. An diesem Tag wusste niemand, am allerwenigsten Doug Stewart selbst, dass er der Hauptverantwortliche für diese Veränderung werden sollte. Er und Priestman gingen an John D. Rockefellers altem Rollsekretär in der langen Halle vor dem imposanten Sitzungssaal bei Jersey vorbei. Unter der hohen, mit Eichenbalken verzierten Decke nahm ein knapp neun Meter langer ovaler Mahagoni-Konferenztisch fast die Hälfte des Raumes ein. Oben am Ende an der hinteren Wand blickte Rockefeller persönlich aus dem kunstvollen Rahmen eines sehr großen Ölgemäldes auf alles hinab. Als Stewart und Priestman den Sitzungssaal betraten, mussten sie feststellen, dass bereits rund zwanzig Leute vor ihnen eingetroffen waren. Die Vorstandsmitglieder wurden freundlich direkt zu ihren Plätzen am Tisch geleitet. Priestman und Stewart sollten auf Sitzen entlang der Wand Platz nehmen.

Es war nicht die erste Vorstandssitzung, an der Stewart teilnahm. Er hatte bereits bei anderen Gelegenheiten Präsentationen abgehalten. Doch diese hier sollte seine Karriere verändern.

Auf der vormittäglichen Agenda stand eine Präsentation des Beraters der Produktionsabteilung. Er war gerade von seiner jährlichen beruflichen Europareise zurückgekehrt, in deren Verlauf er die Tochtergesellschaften in jedem der europäischen Länder, an denen Jersey beteiligt war, besucht hatte. Die Handouts, die bei diesem Meeting an alle verteilt wurden, enthielten unter anderem die Übersetzung eines belgischen Zeitungsartikels vom 14. Oktober mit einer Bekanntgabe des belgischen Senators Victor Leemans:

> *Bei einer Debatte über die europäische Energiepolitik in Straßburg gab der belgische Senator Leemans bekannt, dass NAM ein riesiges Erdgasfeld mit einem Vorkommen von*

300 Milliarden Kubikmetern, das entspricht 1,7 Milliarden Barrel Öl, entdeckt hat.[1]

Die Nachricht von der Entdeckung erschien am 17. Oktober in den niederländischen Zeitungen.

Am 18. Oktober schickte Shell Netherlands, ohne Esso davon in Kenntnis zu setzen, ein Schreiben an J. W. de Pous, den niederländischen Wirtschaftsminister. In dem Schreiben schlug er eine „neue Regelung" für eine „neue Situation" in Bezug auf „wichtige zusätzliche Erdgasmengen" vor.

Die Entdeckung dieser „neuen Situation" war sicherlich nicht neu für Shell Netherlands. Das Unternehmen wusste eigentlich schon seit einem Jahr davon. Um genau zu sein: Seit dem 22. Juli 1959, 6:33 Uhr, als durch Bohrungen im Untersuchungsbereich Slochteren in den Niederlanden ein Erdgasfeld bestätigt wurde. Darüber hinaus wurde durch weitere Bohrungen in der Nähe von Groningen die Größenordnung der Entdeckung offenbart. Die Art und Weise, wie diese Informationen den Weg nach Belgien fanden, wurde breit diskutiert, das Thema blieb aber viele Jahre unter Verschluss. Die Präsenz von Jack Rathbone, dem Vorstandsvorsitzenden von Jersey, am Kopfende des Mahagoni-Tisches war nahezu übermächtig. Seine erste Frage richtete sich nicht an Stott, der das Meeting einberufen hatte, sondern an den Berater aus der Produktionsabteilung. „Ich hoffe wirklich, dass dieser belgische Zeitungsartikel nicht alles ist, was wir an Informationen haben. Gibt es sonstige Belege für diese unglaublichen Zahlen?"

Der Berater stand auf und wandte sich an die übrigen Teilnehmer. „Es gibt viele Mutmaßungen darüber, woher Leemans diese Informationen hatte, aber bei dieser Versammlung war es für ihn von Vorteil, so spektakulär wie möglich zu klingen, auch, weil impliziert wurde, dass Shell und damit möglicherweise auch Esso etwas zu verbergen hatten."

Das erste Bild, das der Berater mit dem Projektor zeigte, war eine Karte der Niederlande, und er wies im weiteren Verlauf vor allem auf das Gebiet von Groningen im Norden hin. „Das Schweigen von Esso über das, was da oben vorgeht, ist äußerst verdächtig. Ich konnte bei NAM nicht ein Fünkchen an Informationen von irgendjemandem

---

1   Subterranean Commonwealth von Wolf Kielich.

herausbekommen. Shell ist zwar unser Partner, aber ihr Handeln spricht eine andere Sprache. Und vor allem verlieren sie kein Wort über die Größenordnung dieser Entdeckung. Ich habe von ihnen keinerlei Einschätzungen über die Dimensionen bekommen. Mir wurde gerade mal einen Tag Zeit gegeben, um mir einen kurzen Überblick über die Aktivitäten der NAM und die Pläne, die sie in ihrem Produktionsbüro in der Gegend von Oldenzaal haben, zu verschaffen. Inoffiziell hat mir ein Kollege gesteckt, dass Shell es immer herunterspielt, wenn Erdgas gefunden wird. Shells Hauptgeschäft ist Öl. Erdgas ist nichts weiter als ein Nebenprodukt. Sie verscherbeln es praktisch direkt ab Bohrloch an den Staat."

An dieser Stelle wies Bill Stott darauf hin, dass auch Jersey in der Vergangenheit davon ausgegangen war, dass die Vermarktungsmöglichkeiten von Erdgas begrenzt waren, weshalb Jersey sein Erdgas direkt ab Bohrloch verkaufte. Wie unsinnig diese Annahme war, trat Mitte der 1950er-Jahre in Jerseys Bilanz zutage. Zu dieser Zeit stieg der Absatz von Erdgas in den Vereinigten Staaten erheblich an. Die Gasversorgungsunternehmen hatten Erdgas billig ab Bohrloch eingekauft und dann große Gewinne erzielt, indem sie es in die Märkte für Heizungen und Gasherde in Privathaushalten verlagerten und damit die US-amerikanischen Heizölmärkte in Jersey stark unterboten.

Stott wies nachdrücklich darauf hin, dass der dominierende Brennstoff in den Niederlanden immer noch Kohle sei, auch wenn Jersey bei Heizöl einen schnell wachsenden Marktanteil habe. Seiner Meinung nach konnte eine große billige Erdgasquelle zu so niedrigen Preisen wie in den Vereinigten Staaten nicht nur die aufstrebenden Ölmärkte in den Niederlanden plötzlich stören, sondern auch den steigenden Marktanteil von Heizöl in den Nachbarländern beeinträchtigen.

Stott ging absolut konform mit Shell. „Erdgas bringt einfach Unruhe in den Markt und wird unserem Ölgeschäft nur schaden", sagte er. „Shell liegt richtig damit, die Sache herunterzuspielen."

Der Berater entgegnete ganz offen: „Sir, mehrere Milliarden Kubikmeter herunterzuspielen, wird sich aber schwierig gestalten. Ich denke eher, dass nachfolgende Entdeckungen weit über diese Zahl hinausgehen könnten. Shell leitet NAM, und wir haben niemanden, der uns sagt, ob die Gewinne gefährdet sind oder nicht."

Stott entgegnete, dass die Wahrscheinlichkeit eines Gewinns für das Unternehmen sehr gering sei, wenn man dem Geschäft mit Erdgas weiter nachginge. Ihm war offenbar nicht bewusst, dass Stewart bereits an einem Fall in Texas maßgeblich beteiligt war, der bewies, dass Erdgas für Jersey durchaus sehr profitabel sein konnte.

Siro Vasquez wies alle darauf hin, dass die beiden Unternehmen tatsächlich eine Vereinbarung über die gemeinsame Produktionsaufteilung bei allen Entdeckungen in den Niederlanden hatten. Diese Vereinbarung reicht zurück in die 1930er-Jahre. Die Tatsache, dass die Größenordnung der Entdeckung nicht bekannt gegeben wurde, obwohl Jersey hätte informiert werden müssen, war sicherlich ein Grund zur Beunruhigung.

Vasquez berichtete, wie er und Priestman die Akten nach irgendwelchen Informationen über die Niederlande durchsucht hatten. Sie stießen auf mehrere Berichte, die im Laufe der Jahre über die Erdölbohrungen verschickt worden waren, aber es gab keinen Bericht, der auch nur einen Hinweis auf die Größenordnung des Erdgasfundes enthielt, obwohl dieser bereits im Vorjahr, also 1959, stattgefunden hatte. Vasquez konnte sich nicht des Gefühls erwehren, dass die fehlenden Informationen ein Alarmsignal waren, das der Vorstand nicht ignorieren konnte. Mit der Veröffentlichung in den Zeitungen wuchs es von Stunde zu Stunde. Dann ging er auf den Hinweis des Beraters ein, dass man jemanden vor Ort in den Niederlanden für die Zusammenstellung von Fakten bräuchte, anhand derer der Vorstand eine Entscheidung in der Angelegenheit treffen konnte.

Rathbone empfahl dem Vorstand, dem Rat von Vasquez und dem Berater zu folgen. Sie mussten jemanden nach Übersee zu NAM schicken, um ein paar Antworten zu erhalten. Der Vorstand erklärte sich einverstanden. Rathbone fragte Vasquez, ob es jemanden für diesen Auftrag gäbe.

„Unser Mann Stewart hat das notwendige Hintergrundwissen, um die Fakten aufzuspüren", so Vasquez. Er drehte sich zu seinem „Freiwilligen" um. „Könnten Sie schon morgen abreisen, Doug?"

Was Stewart nach New York verschlagen hatte, war sein Verdienst, bei Humble Oil, einer Tochtergesellschaft von Standard Oil in Texas, einen bis dahin nicht realisierten Erdgasgewinn erkannt und dokumentiert zu haben. Seit seiner Ankunft vier Jahre zuvor war sein Wert für das Unternehmen durch regelmäßige Gehaltserhöhungen und Beförderungen belohnt worden. Zuletzt hatte er die Position des Assistant Manager in der Abteilung Produktionswirtschaft inne und war dadurch prädestiniert als offensichtlicher Kandidat für den Einsatz in den Niederlanden. Und auch wenn Stewart die Frage von Vasquez völlig unvorbereitet traf, antwortet er ohne zu zögern: „Ich mache das."

Kapitel 2

Startvorbereitungen

D ie Leitung von Jersey unterstand im Jahre 1960 einem Komitee, folglich bestand bei wichtigen Entscheidungen auf allen Ebenen ein Mitspracherecht. Die Aktivitäten des Unternehmens wurden sowohl intern als auch in seinem Jahresbericht in „Upstream" und „Downstream" unterschieden. Unter die Bezeichnung „Upstream" fielen alle Stufen der Produktion im Unternehmen sowie auch Produzenten, Geologen, Produktionsökonomen, Ingenieure und Betriebspersonal. Die Bezeichnung „Downstream" umfasste alle als nachgelagert bezeichneten Abteilungen wie Transport, Raffination, Marketing, Finanzen und Wirtschaft, die sich in erster Linie mit dem Transport und der Vermarktung des „Upstream"-Produkts befassten.

Außer auf der obersten Ebene gab es kaum eine Verbindung zwischen diesen beiden Gruppen, und ein gewisses Gefühl der Überlegenheit hatte sich in beiden Lagern manifestiert. Die Mitarbeiter im „Upstream"-Bereich sahen sich selbst als die „echten" Ölmenschen. Schließlich waren sie diejenigen mit den Erfahrungen vor Ort auf den Ölfeldern, wo sie das Produkt förderten und verarbeiteten und wovon letztendlich die Existenz des Unternehmens abhing. Der Bereich „Downstream" sah seine Überlegenheit in der Tatsache, dass hier das Kapital produziert wurde, von dem der Hauptgewinn des Konzerns abhing.

Da jeder neue Erdölfund in der Verantwortung des „Downstream"-Bereichs lag, war es ganz logisch, dass einer der Ingenieure in die Niederlande geschickt wurde, um die Situation zu beurteilen. Dass Stewart nun eine Aufgabe im Bereich „Upstream" zugewiesen worden war, würde eines Tages unvorhergesehene Folgen haben, aber an diesem Tag war er darüber schlichtweg erfreut und gespannt darauf, was ihn erwartete.

Doch bevor er irgendetwas anderes tat, ging Stewart direkt zu seinem Schreibtisch und rief seine Frau Jane an. „Jane war schon immer mein Rückhalt bei meiner Karriere und stets bereit, alle Veränderungen und die sich daraus ergebenden Folgen mitzutragen", erinnert sich Stewart. „Sie war genauso abenteuerlustig wie ich und freute sich, dass mir diese wichtige Aufgabe zugeteilt worden war." Sie fragte lediglich: „Wie lange sollst du bleiben?"

Stewart hatte weder eine Vorstellung davon, wie lange er bleiben musste, noch davon, was ihn dort vor Ort erwartete. Aber er wollte gut vorbereitet sein und stellte so viele Hintergrundinformationen zusammen, wie es in der Kürze der Zeit überhaupt möglich war. Er ging direkt zum Büro von Martin Orlean, einem Analysten, der Energieprognosen für die Koordinations- und Erdölwirtschaftsabteilung von Jersey erstellte.

Laut Orlean „hat Esso mit der sofortigen Entscheidung, Erdgas ab Bohrloch zu verkaufen, nur gezeigt, dass Esso sich nicht in der Lage sieht, seine übrigen Erdölprodukte zu schützen und am Markt für Heizungen und Herde für Privathaushalte gegen die geschickten Schachzüge der Gasversorgungsunternehmen in den Vereinigten Staaten zu bestehen: Diese verschenkten Gasheizungen und entsorgten sogar die alten Geräte. Sobald ein Versorgungsunternehmen einen neuen Kunden für sein Gasnetz gewonnen hatte, war dieser Kunde an das Gasversorgungsunternehmen gebunden."

Stewarts Besuch bei den Mitarbeitern der Wirtschaftsabteilung vermittelte ihm ein klareres Bild der Verbindung Esso/Shell und wie diese mit dieser Entdeckung von Erdgas zusammenhing. Erstaunlich an dieser Verbindung war, dass Shell anscheinend sehr lange Zeit die Produktionsvereinbarung mit Esso in den Niederlanden aus den 1930er Jahren vergessen hatte oder sie vielleicht einfach ignorieren wollte. Und dann spazierte dieser Mann von Jersey in das Büro von Shell und erinnerte das Unternehmen an Essos Beteiligung.

Am 19. September 1947 wurde die Nederlandse Aardolie Maatschappij (NAM) gegründet, an der BPM (Bataafsche Petroleum Maatschappij, eine Tochtergesellschaft von Shell in Den Haag) und Standard Oil of New Jersey (Esso) zu je 50 Prozent beteiligt waren. Essos Partner bei NAM, Shell/Royal Dutch Shell Group, waren eigentlich zwei Unternehmen. Die Shell Transport- und Handelsgesellschaft mit Sitz in London besaß vierzig Prozent der „Gruppe" und die Royal Dutch Petroleum Company mit Sitz in Den Haag verfügte über die restlichen sechzig Prozent. Die beiden Unternehmen hatten ein und denselben Vorstand, wobei man sich in London auf das Marketing konzentrierte und das Büro in Den Haag die weltweiten Explorations- und Produktionsaufgaben leitete. Der Einfachheit halber wurden diese kombinierten Unternehmen als „Shell" bezeichnet.

Als Stewart die ihm zur Verfügung gestellten Akten prüfte, stand außer Frage, dass NAM von Shell wie eine hundertprozentige Tochtergesellschaft betrieben wurde, obwohl sie zu fünfzig Prozent Eigentum von Esso war. Für die Niederländer war NAM ein niederländisches Unternehmen mit großem politischen Einfluss, zum Teil aufgrund der historischen Bindungen von Shell an das niederländische Königshaus und noch mehr, weil Shell ein wichtiger Arbeitgeber für die Niederländer war.

Was aber tatsächlich Stewarts Aufmerksamkeit erregte, war das niederländische Ölgesetz: Dieses Gesetz hatte seinen Ursprung zum einen im spanischen Gesetz aus dem sechzehnten Jahrhundert und zum anderen im napoleonischen Code Civil von 1810. Europäische Präzedenzfälle gab es zum ersten Mal im vierzehnten Jahrhundert in Spanien, als der spanische König verlangte, dass für zwei Drittel aller abgebauten Bodenschätze Zahlungen an ihn geleistet werden mussten. Während der Herrschaft von Philipp II. im sechzehnten Jahrhundert wurde diese Vorschrift auf ein Fünftel des Nettowertes der abgebauten Bodenschätze reduziert.[2]

Im achtzehnten Jahrhundert besetzte Napoleon die Niederlande, angeblich um das Land vor Spanien und England zu schützen. In Wirklichkeit raubte er dem Land dessen Ressourcen[3] und kodifizierte den spanischen Präzedenzfall mit folgendem Gesetz „Die Regierung hat unveräußerliche/beschreibbare Rechte/Enteignungsrechte über die Bodenschätze des Landes."

---

2   Bergbaugesetz: Bridging the Gap between Common Law and Civil Law Systems von Cecilia Siac, Rechtsanwältin bei Tormina Consulting, Inc. aus einem Vortrag vor der kanadischen Anwaltskammer im April 1997.

3   The Embarrassment of Riches und Patriots and Liberators: Revolution in the Netherlands 1780–1813, beide von Simon Schama.

In ihrem Artikel „A New Mining Act for the Netherlands (Ein neues Bergbaugesetz für die Niederlande)" aus dem Jahr 2003 erläuterten Dr. Martha Roggenkamp und Dr. Christiaan Verwer die Hintergründe der Einführung dieses niederländischen Bergbaugesetzes:

„Dieses Gesetz in Bezug auf das Eigentum an den Bodenschätzen . . . und an den Ländereien/am Land diente ausschließlich dem Vorteil Napoleons. Die Gesetzgeber wollten ein anderes System, bei dem wichtige Vorkommen an Bodenschätzen Eigentum des Staates waren."

Auf irgendeine Weise hatten sich diese Gesetzgeber aus dem 19. Jahrhundert durchgesetzt, und es wurde ein Gesetz geschaffen, gemäß dem die Krone (der Staat) die Rechte an den Bodenschätzen durch ein Konzessionsgesetz vergab und der Staat das Recht besaß, alle möglichen Bedingungen zu stellen. In dem Artikel wurde darauf hingewiesen, dass das neue Bergbaugesetz nicht für vor 1965 vergebene Erdölkonzessionen wie die Groningen-Konzession galt. 2004 ersetzte ein neues Bergbaugesetz das alte napoleonische Gesetz.

Im Jahr 1960 galt allerdings noch das napoleonische Gesetz. Die Niederlande hatten sämtliche Rechte an Entdeckungen, die bei den Bohrungen der NAM gemacht wurden.

Die Akten in der Wirtschaftsabteilung von Jersey enthüllten Stewart eine Tatsache, die er als ziemlich speziell erachtete. Die niederländische Regierung hatte der NAM lediglich eine „Explorationsbohrgenehmigung" erteilt. Bevor Esso/Shells NAM einen finanziellen Vorteil aus der neuen Entdeckung schlagen konnten, mussten sie eine „Produktionskonzession" bei der Regierung beantragen und diese erhalten. Stewart war sofort klar, dass dieser Umstand der Regierung bei jeder Verhandlung einen großen Vorteil verschaffte. Er beinhaltete auch, dass Shell als Partner von Esso ohne Esso nicht über diese so wichtige Produktionskonzession verhandeln konnte. Anhand der Akten fand Stewart auch heraus, dass das Erdgas in der Provinz des niederländischen Wirtschaftsministers J. W. de Pous entdeckt worden war. Pous sollte sich in den kommenden Monaten als außerordentlich bedeutend und einflussreich erweisen.

Mit diesen wichtigen Informationen verließ Stewart das Büro etwas früher, um ein paar Dinge zur Vorbereitung auf die Reise zu besorgen. „Aus meiner Zeit bei der Armee wusste ich, dass es in Europa zu dieser Jahreszeit nass und kalt sein würde", so Stewart, „also eilte ich auf dem

Weg zum Zug in ein Geschäft und kaufte einen gefütterten Trenchcoat, ähnlich dem, den ich während des Krieges getragen hatte. Ich kaufte auch ein paar Spielzeuge und Spiele für die Kinder, um sie während meiner Abwesenheit bei Laune zu halten."

An diesem Abend erinnerte ihn die Marmorpracht der Grand Central Station an die mit Marmor ausgekleideten Paläste, die er während des Zweiten Weltkriegs als junger Leutnant in Europa gesehen hatte. Damals war er für Militärkonvois zuständig gewesen und hatte hautnah miterlebt, wie die Pracht solcher Paläste durch den Terror des Krieges massiv zerstört wurde. Er war seit dem Ende des Krieges nicht mehr in Europa gewesen und fragte sich, wie weit sich die großen Städte Europas erholt hatten.

Nahezu geistesabwesend nahm Stewart Platz in einem der schaukelnden, heruntergekommenen und schmutzigen Waggons der New Haven Railroad, die zu dieser Zeit anscheinend nie gewartet wurden. Selbst den abgestandenen Zigarettenrauch, der immer lästig in der Luft hing, bemerkte er nicht. Seine Gedanken waren einzig und allein bei der vor ihm liegenden unbekannten Aufgabe. Er ging in Gedanken alle Informationen, die er an diesem Tag bekommen hatte, immer wieder durch und überlegte, wohin ihn dieser Auftrag führen würde.

Eine Sache war aber gewiss: Stewart hatte weder die Absicht, seine Untersuchung über die Größe des Groningen-Fundes oberflächlich durchzuführen, noch wollte er sich darauf beschränken, nur zu berichten, welche Probleme mit Shell auftreten könnten.

„Mir gefiel die Idee nicht, zum Vorstand zurückzukehren, nur um ihn davon in Kenntnis zu setzen, dass ein großes Problem vorlag", erinnerte er sich. „Meine Aufgabe bestand zwar nur darin, den Umfang der Entdeckung zu bestimmen, aber mein Entschluss stand fest: Ich würde in den Niederlanden versuchen, einen besseren Überblick über die möglichen Märkte für dieses ganze Erdgas zu bekommen. Und just in diesem Augenblick beschloss ich, Jersey einige bahnbrechende Ideen darüber zu unterbreiten, welche Chancen sich da auftaten."

Kapitel 3

Stewarts vierteljährlicher Weckruf

Obwohl das Marketing unter die Downstream-Verantwortung fiel, war es für Stewart schon immer selbstverständlich, bei der Lösung von Problemen das große Ganze zu erfassen, und zwar firmenübergreifend. Bei Humble Oil, einem texanischen Tochterunternehmen von Jersey, gehörte es für ihn zum guten Ton, mindestens viermal im Jahr eine vor sich hin dümpelnde Situation oder ein Problem innerhalb des Unternehmens aufzugreifen und anzugehen. Er betrachtete die Parameter eines solchen Problems und schlug nicht nur eine Lösung vor, sondern auch Mittel und Wege, damit das Unternehmen die Lösung erfolgreich umsetzen konnte. Diese Lösung trug er dann dem Management in Form eines sogenannten „Quarterly Startle", also eines vierteljährlichen Weckrufs, wie er es nannte, vor.

Es war der einzigartige Erfolg eines dieser „Startles", der die Aufmerksamkeit der New Yorker Produktionsabteilung von Jersey auf ihn lenkte. Bei Humble war er als erfahrener Reservoir-Ingenieur mit nachgewiesener Erfolgsbilanz zuständig für die Analyse von Bohrungen und Erdgasspeicher anerkannt worden, die erhebliche Gewinne abwerfen würden.

Harold Wright, ein Ölunternehmer im Ruhestand in Houston, arbeitete mit Stewart zusammen, als dieser für Humble Operation auf der King Ranch als Distrikt-Reservoir-Ingenieur tätig war. Für Wright war Doug ein Mann, der sich von der Masse abhob. „Doug war ein hochgewachsener, gut aussehender Kerl, sehr kontaktfreudig und extrem energisch, so wie ich, dachte ich. Aber ich brach schon nach der Hälfte der Zeit fast zusammen, während Doug bereits dabei war, etwas anderes zu tun. Doug hatte schon immer eine gewisse weltoffene Gesinnung. Er war eine Art Kosmopolit. Das rührte wahrscheinlich von seinen Erfahrungen im Ausland während des Krieges her, auch wenn er nie viel davon erzählte. Es gab etwas an ihm, was vermuten ließ, dass er viel herumgekommen war."

Die beiden Männer waren zeitlebens befreundet und Stewart beschreibt Wright als einen Mann mit Prinzipien. „Ich traf Harold 1948 zum ersten Mal. Da hatte er gerade genau wie ich mit dem Ausbildungsprogramm für Bohranlagen bei Humble begonnen. Wright hatte nie ein Problem damit, jemandem, egal auf welcher Ebene, zu sagen, was er dachte. Als ich in New York war, bot ich ihm eine Stelle in meiner Abteilung an, weil ich wusste, dass er der beste Mann dafür war."

Laut Wright versuchte dessen Vorgesetzter in Houston, ihn davon abzubringen, Stewarts Angebot anzunehmen. „Ich bekam einen Anruf vom Chefingenieur in Houston, der mir sagte, dass, wenn ich den Job bei Stewart in New York annähme, es für mich keinen Weg zurück gäbe. Und natürlich habe ich das Angebot angenommen und die Entscheidung auch niemals bereut."

Wright nahm den Job wegen seines Vertrauens in Stewart an, das sich in ihrer gemeinsamen Zeit bei Humble aufgebaut hatte. „Anfangs hatten Doug und ich die Verantwortung für die Analyse und Untersuchung der unterirdischen Öl- und Gasvorkommen, um die Mittel zur Steigerung der Förderung und zur Maximierung der Gewinne aus der Produktion zu entwickeln. Während wir dort waren, wurde eine beträchtliche Menge an Erdgas in Südtexas entdeckt. Und zwar nicht nur in den Gebieten, in denen Doug und ich waren, sondern tatsächlich auf der gesamten King Ranch. Zu dieser Zeit wurde Erdgas für rund fünf Cent verkauft, und es lohnte sich nicht, in Pipelines zu investieren. Es wurde einfach abgefackelt, oder, was noch üblicher war, einfach unverarbeitet in Untergrundspeichern gelagert."

Und auch wenn Erdgas nicht als marktfähig angesehen wurde, war es dennoch ein wertvolles Nebenprodukt bei der Erdölförderung. Nur fünfzehn bis dreißig Prozent des Öls in unterirdischen Gesteinsformationen konnten tatsächlich gefördert werden. Durch das Erdgas in diesen Formationen entstand genug Druck, um das Öl zu den Bohrlöchern zu bringen. Dieses Erdgas bestand aus Methan und war mit verschiedenen Kohlenwasserstoffen wie Propan, Butan und

Erdgas versetzt, die unterirdisch zu Flüssigkeiten kondensierten und bei Druckabfall aufgrund der Öl- und Gasförderung verloren gehen konnten. Dieses Phänomen wurde als retrograde Kondensation bezeichnet. Dieser Druckabfall konnte durch Gasrückführung verringert werden. Hierbei handelte es sich um einen Prozess, bei dem trockenes Gas in ein Ende eines Speichers gepumpt und am anderen Ende herausbefördert wurde. Dadurch wurden Gasflüssigkeiten wie Propan und Butan, die tatsächlich einen Marktwert hatten, verdrängt. Dieses Verfahren war wirklich nicht besonders zuverlässig oder wirtschaftlich, denn wenn der Druck in einem Speicher ausfiel, fielen die Gasflüssigkeiten in der Lagerstätte aus und konnten nicht mehr zurückgewonnen werden. Selbst als sie eingespeichert wurden, kompensierten diese Flüssigkeiten nicht die Kosten für diese Gasrückführung. Daher wurde diese nicht durchgeführt.

Im Jahr 1955 gab es im Gebiet der King Ranch große ungenutzte Nassgasreserven. Zu der Zeit war Stewart Leiter der Abteilung Südwest-Texas und dachte gerade über sein nächstes „Quarterly Startle" nach, wobei er einige unerforschte Möglichkeiten in diesem Rückführungsprozess erkannte.

„Ich wusste, dass diese Gaskapseln eine Menge wertvolle Kraftstoffe sowie Propan, Butan und andere Kohlenwasserstoffe enthielten", erinnert er sich. „Ich dachte, wenn es nur einen Weg gäbe, diese Rohstoffe wirtschaftlich zu extrahieren, würde sich sicherlich ein größerer Markt für sie eröffnen."

Damals war es üblich, diese Flüssigkeiten bis zu dem Zeitpunkt, wenn das gesamte Öl auf dem Feld gefördert wurde, im Boden zu belassen. Das würde bedeuten, dass es bis zu zwanzig Jahre dauern würde, bis Pipelines für die Rückführung dieser Flüssigkeiten verlegt werden würden und Gas einen Markt hätte. Könnten diese Flüssigkeiten jedoch direkt zurückgewonnen werden, könnten sie ohne diese lange Wartezeit und ohne die Notwendigkeit von Pipelines auf den Markt gebracht werden.

Obwohl er eine Idee hatte, wie man diese Flüssigkeiten zurückgewinnen könnte, wusste Stewart, dass „die Mächtigen" erst durch die Möglichkeit einer finanziellen Rendite „aufgeweckt" werden mussten. Ohne eine solche Aussicht würden sie nicht in Betracht ziehen, die erforderlichen Investitionen zu tätigen, um diese marktfähigen Flüssigkeiten zugänglich zu machen.

Stewart brachte das Konzept des „Barwertes" auf den Tisch. „Bei den Ölkonzernen war die Idee des Barwertes noch nicht angekommen. Das ist der aktuelle Wert des Geldes im Vergleich dazu, was das Geld irgendwann in zehn, zwanzig oder dreißig Jahren wert ist. Diese Idee stammte zwar nicht von mir, aber ich wusste, dass ihnen der gegenwärtige Wert dieser Flüssigkeiten im Boden nicht bewusst war. Ich habe von unseren Außendienstmitarbeitern einige Daten über all unsere verschiedenen Reservoirs erhalten und zusammen mit einem Assistenten einen Bericht verfasst, der zeigte, dass der aktuelle Wert um 100 Millionen Dollar steigen würde, wenn wir diese Reservoirs weiterhin zirkulieren lassen, die Gasflüssigkeiten zurückgewinnen und sie dann verkaufen könnten, als wenn wir warten und das Gas zwanzig Jahre später produzieren würden. Aus heutiger Sicht wären das etwa eine halbe Milliarde Dollar. Ich habe das Ganze in Berichtsform vorbereitet, mit Karten, wirtschaftlichen Daten und allem Drum und Dran."

Was Stewart vorschlug, war nichts Geringeres als der Bau der größten Gasrecyclinganlage der Welt. Die Vorbereitung seines „Quarterly Startle", um diese gewagte und doch kluge Idee darzulegen, nahm so viel Zeit in Anspruch, dass sein Vorgesetzter Dawson Priestman wissen wollte, was vor sich ging.

„Doug, was machen Sie denn? Ich habe in letzter Zeit nicht viel von Ihnen gehört."

Dougs Antwort ließ den Boss aufhorchen. „Was halten Sie davon, 100 Millionen Dollar zu verdienen?"

„Wie das?"

„Warten Sie einen Augenblick", so Stewart.

Er ging zurück in sein Büro, holte seinen Bericht und legte ihn auf den Schreibtisch seines Chefs.

„Und er reagierte tatsächlich sehr erstaunt", erinnerte sich Stewart.

„Doug, das ist genial", sagte sein Chef. „Nächste Woche findet eine Sitzung des Aufsichtsrats statt, und die Leute von Humbles Konzernzentrale kommen auch dazu. Können Sie das präsentieren?"

Stewart hatte eine klare Erinnerung daran, wie die Führungskräfte von Humble auf seine Präsentation reagiert hatten. „Alle wichtigen Persönlichkeiten aus Houston sind gekommen, und ich habe diese Präsentation gemacht. Die gesamte Idee gefiel ihnen sehr gut, aber zurück in Houston sprachen sie mit ihren Experten. Humble hatte eine Gasabteilung in Houston, deren Aufgabe es vermutlich war, das zu tun, was ich getan hatte. Und da es ja nicht ihre Idee war, war es keine Überraschung, dass sie nach dem Pferdefuß suchten. Aber sie konnten nichts finden."

Wright erinnerte sich daran, dass nicht alle bei Humble von Stewarts Ideen begeistert waren.

„Was ihnen wirklich nicht gefiel, war, dass Doug sie überging, weil er die Studie zuerst seinem Chef übergab. Er hatte den Abteilungsleiter übersprungen und legte den Bericht direkt den Chefs vor und ließ die herkömmlichen Abläufe völlig außer Acht. Wright beschrieb die Arbeitsatmosphäre bei Humble als recht konkurrenzintensiv. „Bei Humble wurden nur Leute eingestellt, die zu den oberen zehn Prozent der besten Ingenieure gehörten. Dies führte zu einem harten Konkurrenzkampf unter sehr ehrgeizigen Leuten, die um die begrenzten Möglichkeiten wetteiferten. Dougs Idee, Erdgas zu verflüssigen, war nicht neu. Schon vor ihm hatte es Leute gegeben, die darüber nachgedacht und es ausprobiert hatten. Aber Doug war jemand, der um die Ecke denken konnte, und sein Vorschlag war einfach noch nie in dem Umfang oder mit den Mitteln, die er sich ausgedacht hatte, ausprobiert worden. Doug war derjenige, der die Möglichkeiten erkannte. Bei ihm hat man es mit einem Typen zu tun, der immer ein bisschen cleverer ist als man selbst. Und er hat nicht einfach nur Ideen. Er besitzt diese Fähigkeit, auf Ideen zu kommen, an die sonst niemand gedacht hat. Das war Teil von Dougs Stärke – und auch Teil seines Problems. Er war ein bisschen besser als die anderen ziemlich klugen Leute. Einige von ihnen konnten nur auf ihn reagieren, indem sie versuchten, ihn zu Fall zu bringen. Sein Vorschlag für ein Gaskraftwerk war dort eine Zeit lang ein ziemlich umstrittenes Projekt."

Die größte Herausforderung für Stewart bestand darin, seine Vorgesetzten davon zu überzeugen, dass der Bau einer so großen Gasrecyclinganlage, für die es keinen Musterfall gab, tatsächlich gerechtfertigt war, und zwar sowohl aus steuerlicher als auch aus technologischer Sicht. Es wurde ein weiterer Ingenieur aus Corpus Christi in Texas gerufen, und gemeinsam erstellten sie „Eine Studie über die Felder in und über die Umgebung der King Ranch".

Stewart musste nicht nur durch das bürokratische Prozedere. Er musste allen erklären, wie er seine eigene ursprüngliche Idee erweitert hatte. Wenn sich das Unternehmen für den Bau dieser Recyclinganlage entscheiden würde, könnten die flüssigen Komponenten nicht nur aus dem Erdgas gewonnen, sondern auch auf den Markt gebracht werden.

Wright erklärte: „Am Anfang förderten wir dreihundert Millionen Kubikfuß pro Tag, ein großer Brocken. Und just in dieser Zeit, als die Förderung ans Laufen kam, ging Humble das Gas aus, das sie im Intrastate Gas System verkauften und das hauptsächlich aus Osttexas stammte."

Stewart erkannte, dass Humble etwas von dem Gas aus Südtexas in den Norden bringen musste, um diesen Markt weiterhin bedienen zu können. Es bestand die Möglichkeit eines großen Marktes in Houston. Ein Kraftwerk, das mit Erdgas statt mit Öl oder Kohle Strom erzeugte, war viel billiger zu bauen und zu betreiben. Wenn Humble den Cycle-Prozess mit den Pipelines zum Abtransport des Trockengases kombinieren würde, könnten sie diesen Markt bedienen.

Stewarts „Startle" zeigte dem Unternehmen auf, wie man alle Felder der King Ranch miteinander verbinden konnte.

„Was sie zu tun hätten, wäre der Bau eines riesigen Gaskraftwerks und die Verlegung von zwei Pipelines, eine von der King Ranch direkt nach Houston und die andere nach Corpus Christi", so Stewart.

Diese Studie untermauerte Stewarts ursprüngliche Präsentation, und Humble begann mit der Konstruktion.

Wright konnte sich noch lebhaft daran erinnern, was aus diesem Kraftwerk wurde. „Das Ding wuchs auf etwas mehr als eine Milliarde Kubikfuß pro Tag an, und war für mehrere Jahre das wahrscheinlich größte Gaswerk der Welt. Es gibt heutzutage größere im Nahen Osten und an Orten wie diesem, aber lange Zeit war das Gaskraftwerk King Ranch das Urgestein von allen."

Und jetzt, da Stewarts Startle nicht nur anerkannt worden war, sondern auch vollends verwirklicht werden sollte, wollte er nicht mehr auf die Lorbeeren warten, sondern begann sofort mit der Suche nach der nächsten Gelegenheit, seine Karriere voranzutreiben. Und er beschloss, damit zu drohen, sich auf dem Arbeitsmarkt umzusehen.

„Ich wollte Humble eigentlich nicht verlassen, aber mit dem Druckmittel, das ich wegen der Gasrecyclinganlage hatte, dachte ich, dass sie wirklich nicht wollten, dass ich gehe", sagte Stewart. „Ganz in der Nähe gab es eine weitere kleine Ölgesellschaft, die von einem ehemaligen Ingenieur der Humble-Division geleitet wurde. Ich wusste, dass dieser Typ einen Ingenieur suchte, und ich wusste, dass mein Chef ihn kannte.

Ich habe also mit meinem Chef gesprochen und indirekt angedeutet, dass diese anderen Leute an mir interessiert sind, und was hat er davon gehalten? Innerhalb eines Monats erhielt ich eine großartige Beförderung und wurde zum Assistant Division Engineer ernannt, der für das gesamte Reservoir-Engineering verantwortlich war. Sie schufen eine neue Stelle, gaben mir einen anderen Titel und auch eine Gehaltserhöhung."

Etwa sechs Monate später war der Leiter der Wirtschaftsproduktion im New Yorker Büro von Jersey in der Stadt. Er war an der Einstellung eines Assistenten interessiert und fragte Stewart, ob er an dem Job Interesse hätte.

„Ich rief meine Frau Jane an und fragte, ob sie nach New York gehen möchte", sagte Stewart. „Und sie sagte: „Was immer du entscheidest, ich komme mit."

Das war 1957. Stewart wurde zum Assistant Manager of Producing Economics in der Abteilung Dawson Priestmans ernannt. An seinem ersten Tag dort lud ihn Priestman zu einem Treffen der Leiter der produzierenden Koordinierungsabteilung ein, um einen Bericht von zwei im Außendienst tätigen Beratern der Abteilung zu hören. Die beiden waren gerade aus dem Jemen zurückgekehrt, wo eine Ölförderkonzession angestrebt wurde. Bei diesem Treffen erhielt Stewart seinen allerersten Einblick in die exotische Welt der internationalen Ölerschließung. Er saß zunächst am Verhandlungstisch mit Lewis G. Weeks, dem Chefgeologen von Standard Oil, der für seine weltweiten geologischen Erfahrungen und für seine Veröffentlichungen über die weltweiten zukünftigen Erdöllagerstätten bekannt war. Stewart hatte viel von Weeks' Arbeit gelesen. An dem Treffen nahmen auch der Leiter der Ingenieurabteilung von Jersey, zwei weitere Geologen und Paul Temple von der Rechtsabteilung teil.

„Die Anwesenheit all dieser weltgewandten Geschäftsleute schüchterte mich ein wenig ein", erinnerte sich Stewart, „und je mehr ich an diesem Tag hörte, desto mehr fühlte sich mein texanischer Hintergrund ein wenig hinterwäldlerisch an."

Siro Vasquez erklärte zunächst, dass die Berater die Reise auf inoffiziellen Wunsch von jemandem in Washington unternommen hätten, um einer Gruppe von Russen zuvorzukommen, die sich angeblich um die gleiche Konzession bemühten. Standard Oil war von den geologischen Aussichten am Standort nicht allzu begeistert, schickte aber Berater, um zu prüfen, ob die Möglichkeiten realistisch waren.

Der Berater, offenbar der Leiter der Gruppe, die in den Jemen gereist war, erzählte, wie froh er nachträglich darüber war, den Rat eines erfahrenen Jemen-Reisenden befolgt und einen reichlichen Vorrat an Konserven mitgenommen zu haben. Er erklärte, dass sie sonst vielleicht verhungert wären, weil das Essen, das im Jemen zur Verfügung stand, sehr spärlich und seltsam war, anders als alles, was ihnen bisher aufgetischt worden war.

Bei der Ankunft im Jemen waren die Berater auf das Gelände des Scheichs gefahren worden. Sie wurden im Besucherbereich untergebracht – im Wesentlichen nur ein kahler Raum zum Schlafen mit einer offenen Tür, die zu einem kleinen Innenhof führte. In der Mitte des Hofes wurde gerade ein Schaf über einer offenen Feuerstelle gegrillt. Als sie am offenen Feuer standen, konnten sie gegenüber einen ähnlichen Raum sehen, der bereits von den Russen belegt war. Ein Blick auf die Fliegen, die auf den für sie bereitgestellten Lebensmitteln krabbelten, reichte völlig. Die Berater und auch die Russen zogen los, um Alternativen zu finden; die Russen waren nicht so gut vorbereitet angereist, sodass die Amerikaner einige Fischkonserven mit ihnen teilten.

Es vergingen mehrere Tage, ohne dass es weder viel zu tun noch einen Hinweis darauf gab, wann sie eine Audienz beim Scheich erhalten würden. Eines Tages verschwanden die Russen, den Amerikanern jedoch wurde mitgeteilt, sie sollten warten. Schließlich wurde das Treffen im Palast arrangiert, der sich als sehr verschmutzt und nicht gerade palastartig erwies. Sie wurden durch einen Gang geführt, als plötzlich Löwen sich mit lautem Gebrüll gegen die Gitterstäbe eines dort befindlichen Käfigs warfen.

Durch die Gitterstäbe auf der anderen Seite des Löwenkäfigs gab es einen Durchgang, der vermutlich zum Harem des Scheichs oder was auch immer führte. Jeder Weg, ob hinein oder hinaus, führte an den Löwen vorbei, die sich ganz offensichtlich hungrig anhörten. Der Berater vermutete, dass es einen angrenzenden Raum geben musste, in den die Löwen zur Fütterung gelockt werden konnten, was wiederum dem Scheich sicheren Zugang zu seinen Frauen ermöglichte.

Die Berater fanden den Scheich am anderen Ende des Raumes sitzend vor. Er schien halbblind und kränklich zu sein und ließ sie durch einen Dolmetscher begrüßen, der ihm dann den Zweck ihres Besuchs erklärte. Der Scheich dankte ihnen und sagte, er werde darüber nachdenken. Und das war's. Das war das Treffen! Stewart: „Jersey hat diese Konzession nie erhalten und die Russen auch nicht. Jahre später erhielt die Hunt Oil Company diese Konzession und fand ein großes Feld."

Es dauerte mehrere Wochen, bis Stewart ein Haus fand, damit Jane und die Kinder zu ihm kommen konnten. Jeden Morgen ging er am Fenster von NBC vorbei, durch das er Dave Garroway und sein Team für die *Today's Show* sehen konnte, während diese im ganzen Land ausgestrahlt wurde. Eine riesige Menschenmenge auf der Straße ist heute ein tägliches Ereignis, aber 1960 schwenkten die Kameras wahllos an den vorbeigehenden Fußgängern vorbei, und Stewart winkte Jane zu, die sich die Show in Texas ansah.

Wie sich Stewart erinnerte, brachte sein Umzug nach New York viele Veränderungen für die junge Familie Stewart mit sich – unter anderem eine nicht zu verachtende Gehaltserhöhung. „Zehntausend Dollar schienen eine Menge Geld zu sein, doch als wir in Connecticut lebten, war alles viel teurer. Wir hatten weniger verfügbare Mittel, als wir jemals in Texas hatten. Ich habe irgendwo eine Tabelle, die zeigt, wie ich meine verfügbaren Mittel eingeteilt habe. Ich glaube, wir hatten am Ende etwa hundertfünfzig Dollar im Monat übrig."

Drei Jahre und mehrere Gehaltserhöhungen später wurde Stewart in die Niederlande entsandt. Kurz bevor er an diesem Morgen das Haus in Richtung Flughafen verließ, erhielt er einen mysteriösen Anruf vom Esso Travel Office. Die Raffinerieabteilung wollte, dass er ein Paket nach Holland mitnahm. Kurz bevor er den KLM-Flug zum Flughafen Schiphol bestieg, kam das Paket an. Es handelte sich um einen fünf mal dreißig Zentimeter großen Karton. Stewart wurde angewiesen, darauf zu achten, dass dieser weder geknickt noch zerdrückt wurde.

Er dachte, es enthalte einige filigrane Gerätschaften, und fragte: „Was ist da drin, nur falls der Zollinspektor fragt?

„Eier vom wilden Truthahn", lautete die Antwort. „Der Raffinerie-Manager will sie dort bebrüten lassen und einen Vogelschwarm auf seinem gemieteten Jagdgrundstück in Holland ansiedeln."

„Ich habe nie erfahren, ob sie geschlüpft sind", erzählte Stewart. Aber was in Holland auf dem Weg zum Schlüpfen war, war Stewarts Entdeckung, in einem kleinen Stadthaus unweit von Den Haag, wo sich der Vorhang für die Energiewende in Europa zu öffnen begann.

—Kapitel 4—

Aufregung in den Niederlanden

Auf der anderen Seite des Atlantiks hatte der umsichtige niederländische Wirtschaftsminister J. W. de Pous gezögert, zu schnell zu handeln oder sich zu der unerwarteten Veröffentlichung von Informationen über den Erdgasfund oder sogar zu den Spekulationen, die durch die Ankündigung von Senator Leeman ausgelöst wurden, zu äußern, damit die Erwartungen die Realität nicht überstiegen. Die Nachrichtenberichterstattung hatte die Angelegenheit plötzlich in die öffentliche Aufmerksamkeit gerückt, bevor die Regierung irgendwelche Pläne formuliert hatte.

Im Laufe der Zeit sollten sich die zehn Billionen Kubikfuß Gas, die damals für eine außergewöhnliche Menge gehalten wurden, als eine sehr konservative Schätzung erweisen.

Jahrzehntelang war ein niederländischer Ingenieur namens H. A. Stheeman davon überzeugt, dass in der Gegend von Slochteren und Groningen etwas geologisch Außergewöhnliches zu finden sein würde. Diese Gewissheit wurde von seinen NAM-Kollegen nicht geteilt. Im Jahr 1955 kam Stheemans Überzeugung einer Bestätigung nahe, als er und sein Team in der Nähe der Gemeinde Ten Boer mit Bohrungen begannen und in einer Tiefe von etwa 10.000 Fuß eine Gaswolke entdeckten. Leider war dieser Erfolg durch die drohende Katastrophe eincs Erdgasausbruchs unmittelbar gefährdet. Ein Sicherheitsventil in der Bohranlage hatte eine Fehlfunktion. Laut Wolf Kielich dauerte es im *Subterranean Commonwealth* zwei Wochen, bis der entmutigte Stheeman und sein heldenhaftes Team die Grube unter Kontrolle hatten.

Aber aufgrund des Versagens dieses Sicherheitsventils hätten die dramatischen Veränderungen, die die Entdeckung von Groningen eines Tages für viele Nationen mit sich bringen würde, genau dann eingeleitet werden können. Stattdessen hatte die Groninger Entdeckung ein Eigenleben und entfaltete sich in andere Richtungen, die Stheeman keine Anerkennung bringen würden.

Selbst wenn die Bohrungen an diesem Tag erfolgreich gewesen wären, war es unwahrscheinlich, dass der Fokus von NAM auf die neue Entdeckung gerichtet gewesen wäre. In diesem Jahr wurde die Erdölindustrie zur Lösung der Krise, die durch die beispiellose und gefährliche Blockade des Suezkanals in Ägypten ausgelöst wurde, herangezogen. Die Wochenendfahrten wurden in den gesamten Niederlanden eingeschränkt. Die gestiegenen Kosten für die lange, gefährliche Reise, die Öltanker um Afrika herum machen mussten, ließen die Öl- und Benzinpreise weltweit in die Höhe schnellen, und die Verbraucher sahen sich einer abrupten und kritischen Verknappung gegenüber. Die Ölgesellschaften taten alles Erdenkliche, um eine ununterbrochene Lieferung von Erdölprodukten in die Industrieländer zu gewährleisten. Die Vorkommnisse in Suez erwiesen sich sowohl als Krisenherd als auch als Weckruf. Dies war die erste Erinnerung der Geschichte an die zunehmende Abhängigkeit der Menschheit vom Nahen Osten für diese endliche Ressource.

In den frühen Morgenstunden des 22. Juli 1959 hatten Stheeman und sein Team die Erlaubnis, die Gasbohrungen in Slochteren wieder aufzunehmen. Diesmal wurden sie ohne Pannen mit einem sehr hohen Druckstrom von Erdgas belohnt. Mitte August deuteten weitere Tests in anderen Gebieten in der Nähe der Stadt Groningen darauf hin, dass möglicherweise etwas Umfangreiches vorhanden ist. Seltsamerweise führte diese neue Wahrscheinlichkeit zu keiner besonderen Aktivität oder Aufregung, obwohl die Genehmigung für weitere Erschließungen geplant war. Dieser Mangel an Dringlichkeit war nicht auf Vernachlässigung zurückzuführen, sondern darauf, dass Erdgas in Holland zu dieser Zeit als ein wenig rentabler Brennstoff galt. Selbst als nachfolgende Tests darauf hindeuteten, dass die Gasmenge über das übliche Maß hinausging, wurde keine besondere Schätzung abgegeben. Routineinformationen über die Tests wurden an die Büros von Shell und Standard Oil in den Niederlanden und den Vereinigten Staaten übermittelt, aber es wurden keine Berichte veröffentlicht.

In seinem Buch Subterranean Commonwealth zitierte der Autor Kielich die Erklärung des NAM-Direktors J. M. P. Bongaerts, der Stheemans Nachfolger war. „Vergessen Sie nicht, dass zu dieser Zeit viel Pessimismus bei den großen Ölgesellschaften herrschte. Ihre Philosophie bestand darin, dass man sich zweihundertprozentig sicher sein muss, was man gefunden hat, bevor man es bekannt gibt. Eigentlich nicht so überraschend, denn in diesen Jahren wurden in anderen Teilen der Welt eine Reihe vielversprechender Funde gemacht, insbesondere in Libyen, wo die tatsächlichen Ergebnisse weniger als ein Viertel der Erwartungen ausmachten."

Die mangelnde Aufmerksamkeit der NAM für die Möglichkeiten der Groninger Entdeckung war für Stheeman eine große Enttäuschung. In Kielichs Buch erinnerte sich T. H. Tromp, ehemaliger Minister für Öffentlichkeitsarbeit und ein Freund von Stheeman aus Studienzeiten, an die große Enttäuschung Stheemans. „Ich verfolgte die Schwierigkeiten zwischen Stheeman und Shell als Außenstehender. Er war desillusioniert, ein wenig verbittert. Er bekam nie viel Aufmerksamkeit. Er hat sich ein Leben lang mit der Erdgasfrage beschäftigt, aber er wurde von Shell und seinen Kollegen nie ernst genommen."

Es verging fast ein Jahr ohne nennenswerte Maßnahmen der NAM, vor allem weil Erdgas weniger als ein Prozent des Kraftstoffmarktes in Holland ausmachte. Der Hauptbrennstoff für den häuslichen und industriellen Gebrauch war Kohle, während sich Heizöl schnell auf den zweiten Platz vorkämpfte. Die Ölkonzerne gingen davon aus, dass Heizöl Kohle bald überholen würde. Es gab bisher einfach noch keinen Markt für Erdgas. Mit Ausnahme einiger Zeilen in einer Lokalzeitung, in denen darauf hingewiesen wurde, dass die Größe der Flamme des abgebrannten Erdgases in der Stadt Groningen meilenweit sichtbar war, fand die Entdeckung wenig öffentliche Aufmerksamkeit.

Im Nederland Haus von Esso in Den Haag sollte dieser Erdgasfund jedoch ernsthaft zur Kenntnis genommen werden. An jenem Oktobermorgen parkte Jan van den Berg von Esso seinen Vespa-Roller vor dem imposanten Bauwerk. Das gebräuchlichste Verkehrsmittel für Menschen aller sozialen Schichten in Holland war das Fahrrad; sogar die Königin fuhr mit einem Fahrrad zu ihrem Büro. Jan war vor einiger Zeit auf einen motorisierten Roller umgestiegen, und er war sehr aufgeregt. Heute sollte der letzte Tag sein, an dem er mit dem Roller fahren würde. Seine Frau Ciny wollte ihr erstes neues Auto, einen Volkswagen, abholen. Über die Farbe hatten sie sich nicht geeinigt. Er wollte es ihr überlassen. Jan fragte sich, ob er nach Hause kommen würde und eine solide, konservative Farbe, die einem seriösen Geschäftsmann gebührt, vorfinden würde oder ob es das leuchtende Gelb wäre, das sie bevorzugte, was ihm ein wenig „prahlerisch" erschien.

Mit Anfang dreißig war Jan ein eleganter Mann von kleiner Statur, aber ein Mann mit großer Persönlichkeit, großem Intellekt und großem Sachverstand. Er war Manager der Economic Group von Esso Nederland, und sein Vorsatz für diesen Tag war es, dem jährlichen Energiebericht, den er für das Büro von Jersey in New York vorbereitete, den letzten Schliff zu geben. Jersey verlangte von jedem Mitgliedsunternehmen die Erstellung einer detaillierten landesweiten Aufschlüsselung des Kraftstoffverbrauchs nach Kraftstoffart und Kundenkategorie sowohl für die Gesamtverbraucher als auch für den Verkauf von Esso. Die Berichte, die als Rotes und Grünes Buch bekannt sind, prognostizieren auch die Nachfrage und den Verkauf von Ölprodukten für die nächsten Jahre.

Um seinen Bericht so detailliert wie möglich zu schreiben, hatte Jan in vielen Veröffentlichungen der Industrie und der Regierung recherchiert. Er hatte umfangreiche Kenntnisse über die industrielle Energienutzung und auch über den Brennstoffverbrauch der Niederländer erworben. Jan war sehr zufrieden mit dem, was er für den diesjährigen Bericht erreicht hat, insbesondere mit seiner Detailgenauigkeit.

Die Informationen, die er gesammelt hatte, machten deutlich, dass seine und Cinys Lebensumstände die des durchschnittlichen Niederländers übertrafen. Jans Esso-Gehalt erlaubte es ihm, ein relativ neues zweistöckiges Stadthaus in Wassenaar, einem Vorort von Den Haag, zu mieten. Obwohl es klein war, hatten er und Ciny im Obergeschoss zwei Schlafzimmer mit je einem Waschbecken. Im Erdgeschoss gab es ein kombiniertes Wohn-/Esszimmer und eine Küche. Oben gab es überhaupt keine Wärmequelle; die Wärme wurde durch die vom Kohleofen im Wohnzimmer aufsteigende Wärme im Treppenhaus erzeugt. Jan war weit durch die Niederlande gereist und mit der Lebensweise der Menschen in den Städten und auf den Bauernhöfen unterhalb des Meeresspiegels gut vertraut. Wind und Regen der Nordsee trieben viele Monate des Jahres eine Feuchtigkeit, die bis in die Knochen ging, über den Ärmelkanal. Für Familien, die es sich leisten konnten, gab es in Küchen wie der von Jan einen sogenannten Geysir, eine Art kleinen

Warmwasserboiler. Das Heizgerät verbrannte Stadtgas, einen Brennstoff, der im städtischen Stadtgaswerk aus Kohle hergestellt wurde. Stadtgas war sehr teuer, sodass Jan und Ciny es nur zum Erhitzen von Wasser und für den Kochherd verwendeten. Es gab eine Badewanne im Haus, die aber von Hand aus dem Heißwassergeysir gefüllt werden musste.

Nur etwa fünf Prozent der niederländischen Häuser verfügten über eine Zentralheizung mit Kohle oder Heizöl und Kerosin. Im Übrigen kam eine Zentralheizung wegen der Kosten für das Stadtgas nicht in Frage. In den meisten niederländischen Häusern wurde immer noch Kerosin oder Steinkohle in den Heizöfen verwendet, die viel Dreck verursachten, nur wenig heizten und nachts oft ausgingen. Manchmal, wenn Jans Kohleofen ausbrannte, wurde es oben so kalt, dass das Wasser in den Waschbecken des Schlafzimmers tatsächlich gefror.

Am nächsten Tag in seinem Büro versuchte Jan nicht weiter über sein Glück zu sinnieren, um seinem Bericht für Jersey den letzten Schliff zu geben. Er griff gerade zum Stift, als er durch einen Anruf des Generaldirektors Coen Smit unterbrochen wurde, der ihn sofort sehen wollte. Während Jan sich in Smits Vorzimmer die Beine in den Bauch stand, konnte er nicht umhin, zu denken, dass er mit dem Bericht fertig geworden wäre, wenn er nur eine halbe Stunde an seinem Schreibtisch hätte bleiben dürfen.

Als er schließlich den kathedralenähnlichen Raum betrat, saß Smit entspannt auf seiner bequemen Couch unter den hohen Glasfenstern. Smit übergab Jan die lokale Zeitung vom 17. Oktober, die die Geschichte über Senator Leemans Ankündigung des Erdgasfundes in der Schlagzeile lieferte. Jan hatte null Chance, auch nur in irgendeiner Form auf Smits Bombardement an Fragen zu reagieren.

„Wissen Sie etwas über das Erdgasgeschäft oder darüber, was es mit unseren Ölmärkten machen wird, wenn diese Sache wirklich so groß ist, wie berichtet wird? Jersey muss darüber besorgt sein, denn sie haben mich gerade angerufen, um mir mitzuteilen, dass sie einen ihrer Reservoir-Ingenieure schicken, um die Angelegenheit zu untersuchen. Sie und Cees van der Post sollen ihm jede erdenkliche Unterstützung zukommen lassen."

Jan verließ das Büro von Smit, erleichtert, dass er das nicht allein durchziehen musste. Cees van der Post war etwa zwei Jahre älter als er und Diplom-Ingenieur bei der LPG (Flüssiggas)-Marketing-Gruppe von Esso. Cees wurde sowohl innerhalb des Unternehmens als auch bei den Kunden für sein Engagement, seine Energie und seine technischen Fähigkeiten geschätzt. Jan wusste, dass Cees Informationen über diesen Markt liefern konnte.

Jan selbst war mit dem Thema Erdgas nicht vertraut, aber er wusste, dass seine Abteilung Informationen über jeden Energiemarkt in den Niederlanden zusammengetragen hatte. Esso verkaufte Propan und Butan in flüssiger Form an mehrere der städtischen Gasproduzenten, das dann zu Stadtgas mit niedrigem BTU-Gehalt umgewandelt wurde. Jan und Cees arbeiteten an diesem Abend bis spät in die Nacht und legten einen Plan für die Zusammenführung aller Bereiche in ihren beiden Abteilungen fest. Obwohl es auch in der nächsten Nacht lange Arbeit bedeuten würde, waren sie sich sicher, dass sie gut auf ihr erstes Treffen mit dem Amerikaner vorbereitet sein würden. Als Jan auf seinen Roller stieg, um nach Hause zu fahren, war es bereits dunkel, und die Kälte des Oktoberabends drang durch seine Jacke. Der neue Volkswagen würde auf ihn warten, aber welche Farbe würde er haben?

Die gelbe Antwort stand vor seinem kleinen Stadthaus. Ciny wartete drinnen, um zu sehen, was er zu ihrer Wahl sagte. Jan hielt draußen inne und fragte sich, wie sie sich wohlfühlen würde, wenn er an zwei aufeinander folgenden Abenden zu spät zum Abendessen käme. Nicht nur, dass Jan mit der Farbe Gelb einverstanden war, Ciny hatte auch gar kein Problem damit, dass Jan wieder zu spät kam. Als sie von dem Amerikaner erfuhr, schlug sie vor, dass Jan ihn zum Abendessen zu ihnen nach Hause einladen solle. Vielleicht möchte er mehr über die niederländische Küche erfahren, sagte sie.

Am nächsten Tag, als Jan und Cees die Informationen für den Amerikaner zusammenstellten, brachten sie die Bedenken, die sie über diesen Besuch hatten, lautstark zum Ausdruck. „Wie soll dieser Typ aus New York, der nichts über die niederländischen Märkte weiß, alles schnell genug erfassen können, was wir zusammengetragen haben, um die Angelegenheit anzugehen?"

Kapitel 5

Dieser Typ aus New York

Die Maschine, in der Stewart saß, hob ab in Richtung Flughafen Schiphol, und das grüne Karree aus Feldern und rot gedeckten Häusern, die sich entlang der Kanäle aneinanderreihten, kam in Sichtweite. Das Passieren des Zolls war weitaus lapidarer, als es in unserer heutigen Zeit der Hyperüberwachung der Fall ist. Der Zollbeamte sprach nur wenig Englisch, und wie von Stewart erwartet, wollte er ganz genau wissen, was in der Kiste war, die Stewart so vorsichtig trug.

„Ich habe die Kiste für ihn geöffnet", so Stewart. „Er warf einen Blick auf diese braun gesprenkelten Eier, hörte sich meine Erklärung an und rief sofort den Agrarinspektor, der auch nur wenig Englisch sprach. Ich bezweifle, dass sie begriffen haben, was ich über die Inkubation gesagt habe, aber der Inspektor hat schließlich die Hände hochgehoben und mich durchgewinkt."

Vor dem Terminal wartete die große schwarze Chrysler-Limousine des Generaldirektors Coen Smit. Der Fahrer Willem, ein blonder Hüne in Chauffeurskluft, sprach Stewart förmlich auf Englisch mit niederländischem Akzent an.

„Als Willem immer wieder respektvoll nickte, als sei ich wichtig, wurde ich abrupt wieder an meine Verantwortung erinnert, dass mein Besuch ein bestimmtes Ziel hatte", so Stewart.

Es war noch früh am Morgen. Ein dünner Nebel lag über den gepflegten Wiesen, auf denen einige Kühe grasten. Die Szene schien kunstvoll in einer Art Stillleben arrangiert worden zu sein, eigens für Stewarts anerkennenden Blick. Im Gegensatz zu den Stacheldrahtzäunen in Texas oder den Steinmauern von Connecticut bestanden die Begrenzungen der Felder in den Niederlanden aus schmalen Kanälen. Die Schlichtheit eines Bauern, der Heu in den sehr praktischen Holzschuhen, die seine Füße vor dem feuchten Boden schützten, in seine Scheune trug, löste in Stewart die Begeisterung aus, die er immer empfand, wenn er sich an Orten wiederfand, die er noch nie zuvor besucht hatte.

Willem setzte Stewart am malerischen alten Hotel De Wittebrug am Stadtrand von Den Haag ab. Das Zimmer war riesengroß mit hoher Decke. Es gab ein sehr großes Badezimmer, in dem eine voluminöse frei stehende Wanne stand. Im Gegensatz zu den modernen Wannen zu Hause bot diese sogar genug Platz für Stewarts große Statur.

„Draußen vor dem Fenster konnte ich etwas hören, das wie eine kleine Dampforgel aus dem Zirkus klang", sagte Stewart. „Ich schaute hinaus, und unter dem Fenster stand ein kleiner Mann, der eine schöne weiße Orgel auf Rädern vor sich herschob. Das Teil sah aus wie ein kleines altmodisches aufrechtes Klavier, mit vergoldeten Blumen und Verzierungen, die denen eines Zirkuswagens sehr ähnlich waren. Der Mann sah zu mir auf und lächelte, nahm seine Mütze ab und hielt sie auf. Ich warf ihm ein paar meiner neu erworbenen niederländischen Münzen zu. Ich war mir ihres Wertes nicht sicher, aber er verbeugte sich tief und nahm das Spiel mit einem breiten Lächeln wieder auf. Ich dachte daran, wie sehr Jane diesen Moment geliebt hätte."

Da er eine unbequeme Nacht im Flugzeug verbracht hatte, war Stewart nach dem Anruf in Smits Büro erleichtert. „Ich sollte ihn erst am nächsten Tag treffen. Smit war sich wohl bewusst, dass ich nach einem so langen Flug vielleicht Schlaf nachholen musste. Es war zwar eine lange Reise, aber ich war noch zu aufgeregt, um direkt einzuschlafen. Ich schaute aus dem Fenster und über den Weg entlang des Kanals. Die Szene vor mir war wie ein lebendig gewordenes Gemälde. Eine leichte Brise wehte ein paar Blätter ins Wasser, als ein Radfahrer vorbeifuhr. Wie sollte ich da einschlafen können? Es gab so viel zu sehen und so viel zu bedenken."

Stewart spürte den Drang aufzustehen, um zu schauen, was es hinter dem Hotel zu entdecken gab. „Für einen echten Ausflug hatte ich keine Zeit und Energie, aber ich begab mich zunächst in ein Wohngebiet. Die Erinnerung, die mir von diesem Spaziergang noch geblieben ist, war meine Überraschung, dass es in Den Haag echte Häuser gab, genau wie die in Manhattan. Diese waren aus Backstein, die Fenster umrandet mit weißem Stein. Manchmal standen sie ordentlich in Reih und Glied, eins neben dem anderen und direkt an der Straße, ohne Vorgarten. Egal, wohin ich ging, ich wünschte mir immer wieder, Jane wäre bei mir, um alles zu sehen. Vorsichtig stellte ich mir vor, dass sich der anstehende Job irgendwie verlängern würde, dass ich zurückkommen müsste und Jane bei mir sein würde. In dieser Nacht hatte ich keine Probleme einzuschlafen und war voller Zuversicht, dass ich das finden würde, was ich nach Jersey zurückbringen musste."

„Ich schlief gut und stand an diesem Morgen zu meinem ersten niederländischen Frühstück auf. Das, was vor mir stand, war ein Festmahl. Es war ein kaltes Frühstück, das aus allen möglichen dünn geschnittenen niederländischen Käsesorten und Schinken, gekochten Eiern und zwei oder drei Brotsorten bestand, darunter ein grobes, sehr dünnes dunkles Brot, das belegt mit Käse vorzüglich schmeckte."

Willem war pünktlich um neun Uhr da, um Stewart zum Esso-Nederland-Haus zu bringen. Als sie zu einer Kreuzung kamen, sah Stewart eine massive Festung aus dunkelroten Backsteinen, die sich aus dem Park erhob. Sie dominierte das Gebiet, in der Art und Weise, wie Standard Oil den Welterdölmarkt beherrschte. Willem erklärte, dass die Niederländer das Gebäude Esso *kirk*, das niederländische Wort für Kirche, nannten. Das Bauwerk war von einem Architekten gebaut worden, der unter anderem auf die Planung von Kirchen spezialisiert war. Es hatte große Glasfenster und einen einzigen Turm. Es war nicht der typische Spitzturm, sondern ähnelte den Türmen von Notre-Dame in Paris.

Innen war das Gebäude nicht minder beeindruckend und Stewart war recht begeistert von dem Büro des Generaldirektors Smit. „So ein Büro hatte ich noch nie gesehen. Es war ein höhlenartiger, hoher Raum mit stattlichen Glasfenstern. Herr Smit war ein großer, blonder, gut aussehender Mann Ende fünfzig, der irgendwie fast wie Willems Bruder aussah."

Smits freundliche Begrüßung nahm Stewart sofort die Anspannung. Smit hatte für sie bereits ein Treffen mit dem Generaldirektor von Shell Nederland in Rotterdam arrangiert. Er wiederholte ziemlich genau das, was Stewart von dem Esso-Berater in New York gehört hatte. Shell hatte sich nicht nur gegen den Besuch von Stewart ausgesprochen, sondern auch nicht zugestimmt, dass dieser das Büro der NAM in Oldenzaal, einer kleinen Stadt nahe der deutschen Grenze, besuchen konnte. Das klang zwar nicht sehr positiv, aber draußen wartete eine große schwarze Shell-Limousine, um die beiden nach Rotterdam zu bringen.

Als Jan und Cees herausfanden, dass der Amerikaner bereits abgereist war und sie ihn erst nach seiner Rückkehr aus Rotterdam treffen sollten, war ihre Enttäuschung nicht in Worte zu fassen. Sie waren wirklich stolz auf all die Informationen, die sie so schnell zusammenstellen konnten und ins Englische übersetzt hatten, damit Stewart es einfacher hatte. Sie konnten nicht umhin, sich zu fragen, wann oder ob sie überhaupt die Möglichkeit haben würden, ihren sorgfältig zusammengestellten Bericht zu präsentieren.

Als sich das Auto Rotterdam näherte, wunderte sich Stewart über den Zustand des Hafens. Aus seiner Dienstzeit im Krieg wusste er, dass sowohl der Hafen als auch das Herz der Altstadt durch die deutsche Bombardierung im Mai 1940 zerstört worden waren. Obwohl seit Kriegsende bereits fünfzehn Jahre vergangen waren, war er überrascht, dass Rotterdam noch immer im Wiederaufbau begriffen war: „Als wir an diesem Tag ins Zentrum von Rotterdam kamen, bekam ich einen ersten Blick auf das, was ich inzwischen als eines der bewegendsten Kriegsdenkmäler in ganz Europa betrachte", erinnerte sich Stewart. „In der Mitte des Platzes stand ein monumentales und beeindruckendes Werk aus Metall, das an die Schrecken des Bombenangriffs von 1940 erinnerte, der das Stadtzentrum auslöschte und die Kapitulation der Niederlande erzwang."

Stewart und Smit betraten das moderne Shell-Gebäude, das auf andere Weise beeindruckte als die alte und etwas schmucklose Esso-Kirche. Sie wurden in das Büro von Baren Scheffer, dem Geschäftsführer von Shell Nederland, geführt, der gedankenverloren lächelte, als Smit den Amerikaner vorstellte.

„Wie ich gestern mit Ihnen besprochen habe, Herr Scheffer", begann Smit, „möchte unser Herr Stewart nach Oldenzaal fahren, um sich die geologischen Daten der NAM anzusehen und mit ihren Leuten zu sprechen – möglichst morgen, damit er unseren Leuten in New York umgehend Bericht erstatten kann."

Scheffer erklärte ohne Umschweife seinen Standpunkt. „Also, Mr. Stewart, Sie halten sich für einen Gasexperten. Unsere eigenen Gasexperten aus London haben diese Angelegenheit bereits untersucht, und wir haben unsere Entscheidung getroffen. Wir planen, einen Teil des Gases an die staatliche Gasbehörde zur Produktion von sogenanntem

Stadtgas zu verkaufen. Da es sich um einen so kleinen Markt handelt, planen wir, unsere Elektrizitätswerke zu unseren Hauptabnehmern für das Gas zu machen. Ihr New Yorker Produktionsberater war erst letzten Monat hier und besuchte Oldenzaal für unsere jährliche Budgetüberprüfung. Wir sehen keine Notwendigkeit für Ihren Besuch bei der NAM."

Stewart wartete nicht darauf, dass Smit in seinem Namen antwortete. „Nun, Sir, ich halte mich nicht für einen Experten, aber unser Berater war sich nicht so sicher wie Sie, was diese Märkte oder die Größe dieser Reserven angeht. Der Vorstand von Jersey in New York hat mich geschickt, um die NAM zu besuchen und mit Ihren Leuten zu sprechen, damit ich ein paar Fakten sammeln kann. Ich würde es auf jeden Fall begrüßen, wenn ich die Gelegenheit hätte, dort hinzufahren."

Scheffers Benehmen war höflich, aber die kühle Distanz, die seine Haltung andeutete, machte deutlich, dass die Anwesenheit der beiden Männer von Esso ihm Zeit raubte und ihn somit von wichtigeren Aufgaben abhielt. „Wie ich gerade sagte, meine Herren, halten wir eine Fahrt nach Oldenzaal nicht für notwendig. Es tut uns leid, dass Sie den weiten Weg auf sich genommen haben, aber lassen Sie Ihr Büro wissen, dass es unsere regelmäßigen Berichte wie gewohnt erhalten wird."

Ohne ein weiteres Wort zu sagen, schlug Scheffer kurzerhand auf einen Knopf auf seinem Schreibtisch, und eine Sekretärin erschien, um die Männer hinauszubegleiten.

Stewart war verständlicherweise recht entmutigt. Smit schmollte etwas über die Ungehörigkeit, wie sie von Scheffer abgewimmelt worden waren. Smit war nicht nur Scheffers Firmenkollege, sondern verkörperte im Grunde genommen Esso in den Niederlanden und war Shells Partner bei NAM. An eine Bemerkung von Smit erinnerte sich Stewart ganz besonders: „New York wird nicht begeistert sein."

*Douglass Stewarts Ankunft im November 1960 in Schiphol. Als er
nach New York zurückkehrte, teilte er Esso nicht nur mit, dass sie
ein großes Problem mit dem Groninger Gasfund hätten, sondern
er wollte sie auch mit einer kreativen Lösung „aufschrecken".*

*Das Esso-Haus in Den Haag, das wegen des Kirchturms
den Beinamen „Esso Kirk" oder Kirche trägt. Viele
Fenster waren zudem mit Buntglas versehen.*

Kapitel 6

Und dann doch Oldenzaal

Zurück im Esso-Nederland-Haus waren Jan und Cees verwirrt. Smits Sekretärin teilte ihnen mit, dass der Amerikaner in sein Hotel zurückgekehrt sei und der geplante Besuch in Oldenzaal möglicherweise gar nicht stattfinden werde. Sie konnten nicht umhin, sich zu fragen, ob der ganze Aufwand, den sie beide für das Zusammentragen von Daten für ihren Besucher betrieben hatten, umsonst gewesen war. Dass die Reise nach Oldenzaal vielleicht nicht stattfinden würde, war für sie eigentlich keine Überraschung. Im Büro war es ein offenes Geheimnis, dass Shell die NAM so betrieb, als gäbe es Esso nicht.

Die beiden Männer fragten sich, wie dieser Amerikaner aus New York bei Shell etwas erreichen sollte, was ein freundlicher Niederländer nicht auch vermocht hätte. War er ein theoretisierender Büromensch oder ein Ingenieur mit praktischer Felderfahrung und genug technischem Verstand, um etwas Nützliches aus Shell herauszuholen? Im Laufe der Zeit würden Jan und Cees erfahren, dass Douglass Stewart über praktische Erfahrungen und auch über Fähigkeiten in den Bereichen Technik und Wirtschaft sowie über Verhandlungsgeschick verfügte, was sich bei seinem nächsten Treffen mit Shell als sehr nützlich erweisen sollte.

Stewart hatte nach seiner Rückkehr aus dem Krieg 1945 ein Masterstudium an der University of Oklahoma für Erdöltechnik begonnen. In seiner Masterarbeit schlug er ein mögliches sekundäres Rückgewinnungsprogramm vor, bei dem die Gasrückführung in ein großes neues Ölfeld in der Nähe von Oklahoma City genutzt werden konnte. Er untersuchte die Tatsache, dass aufgrund der geringen Anzahl an genauen Informationen und Daten auf dem Gebiet sowohl die Wissenschaft und die Kunst der Interpretation als auch Voraussicht nötig waren, um wirtschaftliche Programme zu entwickeln, die die Förderung steigern konnten. Stewart kam zu dem Ergebnis, dass ein erfolgreiches Programm, wenn es durchgeführt werden könnte, den Gewinn aus dem bestehenden Bereich mehr als verdoppeln würde.

Auf der Grundlage seiner Masterarbeit und seiner Bestnoten wurde er als Mitarbeiter des Petroleum-Engineering bei Humble Oil in Texas rekrutiert und eingestellt. Damals war es bei Humble üblich, dass die neuen Ingenieure auf den Ölfeldern als gewöhnliche Arbeiter, so genannte „Roustabouts" (Hilfsarbeiter), anfingen. Es war damals auch die Praxis von Humble, überall dort ein Firmenlager zu errichten, wo eine große Entdeckung gemacht wurde, sodass es überall in Südtexas kleine Lager gab.

Humble-Oil-Kollege Harold Wright hatte seine erste Begegnung mit Stewart in solch einem Lager. „Ich traf Doug zum ersten Mal, als er in Humbles Distrikt Kingsville, Texas, war. Er hatte mir etwa ein oder zwei Jahre voraus und war bereits Ingenieur, als ich dort ankam. Ich wurde auf einer Bohrinsel eingesetzt, genau wie er, als er dort anfing. Wie viele andere Lager von Humble lag auch Kingsville irgendwo im Nirgendwo, nur umgeben von Mesquiten. In einigen Lagern gab es keine richtigen Straßen, sondern nur unbefestigte Wege. Es war ziemlich schwierig, sie mit einem Fahrzeug zu befahren. Und die Hitze war tödlich."

Stewart konnte die Hitze überhaupt nicht ertragen. Und dank seines ausgeprägten Einfallsreichtums kam er auf etwas, was eigentlich noch nie zuvor versucht worden war.

„So etwas wie eine Klimaanlage gab es in den Büros auf der King Ranch nicht, aber ich habe mir etwas einfallen lassen und wollte es ausprobieren", sagte Stewart. „Vielleicht war es wegen der Termiten oder was auch immer, aber die Gebäude standen auf Stelzen, sodass durch den Schatten unter dem Gebäude eine kühle Brise wehte. Mein Büro war hinten, also holte ich ein paar sehr große Kisten, füllte sie mit Holzspänen und ließ Wasser durch sie hindurchtropfen, stellte dann einen Ventilator auf, der die entstehende kühle Luft aufwirbelte. Ich öffnete dann die Fenster, sodass die kühle Luft darunter in mein Büro zurückgeführt werden würde. Es sah irgendwie seltsam aus, aber niemand hat sich jemals beschwert, weil es funktionierte – ich hatte das kühlste Büro im ganzen Gebäude."

Humble stellte keine Einzelunterkünfte für seine Crews zur Verfügung. Stewart schlief in der Schlafbaracke, aß im Speisesaal der Herberge der „Roustabouts" und wurde mit dem Ausheben von Gräben, dem Verbinden von Rohren mit Brunnen und mit Reparaturarbeiten beauftragt. Der übliche Trupp bestand aus einem Vorarbeiter und drei Hilfsarbeitern mit einem zwei Tonnen schweren Tieflader, auf dem sich ein sogenanntes „Doghouse" befand, eine Art mobile Werkstatt für Ölfelder, womit die benötigte Ausrüstung von Standort zu Standort gebracht werden konnte. Der Trupp erledigte dann die gesamte Arbeit auf den Ölfeldern.

Stewart erinnerte sich an diese Erlebnisse, als hätten sie gestern stattgefunden. „Es gab keine Absatzmöglichkeit für das Erdgas. Es wurde von einem freistehenden Rohr aus den Ölquellen heraus einfach abgebrannt. Das Unternehmen setzte damals Dampfanlagen ein, die weniger effizient als Diesel waren, aber sie konnten mit dem kostenlosen Erdgas betrieben werden, und diese Anlagen waren daher wirtschaftlicher. Eine unserer Aufgaben war es, die Gasleitungen von den Tankbatterien zu der Stelle zu verlegen, an der die nächste Bohrung stattfinden sollte. Es war harte Arbeit, aber wir jungen Ingenieure bekamen ein Gefühl für diese praktische Seite des Ölgeschäfts. Insbesondere haben wir gelernt, mit den Jungs vor Ort zu arbeiten und sie zu verstehen."

Nachdem er etwa drei Monate lang in dem Trupp gearbeitet hatte, wurde er in einen Trupp versetzt, wo der Umgangston weitaus derber war. Diese Brunnen wurden rund um die Uhr in drei Schichten von fünf Männern gebohrt, unter der Aufsicht des „Drückers". Jeder Trupp wurde von einer Person, die jeweils als der „Bohrer" bezeichnet wurde, geleitet. Die schlimmste und zweitgefährlichste Arbeit hatte der Hilfsarbeiter, der die Kette um jede Bohrgestängeverbindung herumwerfen musste, während das Rohr gedreht wurde, um die Verbindung zu fixieren. Die jungen Ingenieure begannen mit der Mitternachtsschicht und bekamen die erste Aufgabe, die Kette um das Gestänge zu werfen. Irgendwann erhielt Stewart eine Beförderung zur Derrickman-Position (hoch oben, um das Rohr in das Loch hinein- und hinauszuschieben), was allerdings nicht lange währen sollte.

„Ich wurde von meinem Job als Derrickman abgelöst, als ich versehentlich einen Schraubenschlüssel aus einer Höhe von neunzig Metern auf den Boden des Bohrturms fallen ließ", erinnert sich Stewart. „Zum Glück wurde niemand verletzt, aber ich vermute, das war der Grund, warum ich in der darauffolgenden Woche endlich eine Beförderung zum Junior-Feldingenieur in der Außenstelle erhielt."

Eine seiner ersten Aufgaben in dieser Position war es, sich darüber zu informieren, wie das Gas in die Wohnungen der Arbeiter im Firmenlager gelang. „Jede Woche musste ich die Druckregler an der Hauptstation überprüfen, um sicherzustellen, dass das Gas mit dem richtigen Druck geliefert wurde.

Zudem war ich dafür verantwortlich, den Behälter mit Calodorant, einer stinktierartigen Geruchssubstanz, die dem Methan zugesetzt wird, aufzufüllen. Methan hat keinen Eigengeruch, und dieser unangenehme Geruch wird als Sicherheitsmaßnahme hinzugefügt, sodass die Bewohner sofort merken, dass ein Gasleck vorliegt."

Eines Tages, als Stewart die übelriechende Flüssigkeit in den Pflanzenbehälter goss, gelang versehentlich etwas in seinen Schutzanzug. Da er den ganzen Tag mit dem Odormittel zu tun hatte, war seine Nase gegen den Geruch immun geworden, und er merkte nicht, dass er roch wie ein wandelndes „Gasleck". Nach seiner Schicht eilte er mit einem anderen jungen Ingenieur in die nächste Kleinstadt, die etwa fünfundsechzig Kilometer entfernt war, um einen Film anzuschauen. Kurz nachdem sie sich auf ihren Sitzen niedergelassen hatten, rief jemand: „Gasleck! Alle raus!" Dies führte zu einer Massenevakuierung des Kinos. Stewart und sein Freund verließen das Kino mit dem Rest der Menge und machten überhaupt keine Anstalten zuzugeben, dass die Quelle des „Gaslecks" ein gewisser Jungingenieur war.

Zurück aus Rotterdam saß Stewart in seinem Zimmer im De-Wittebrug-Hotel und war damit beschäftigt, einen Weg zu finden, Shells Ablehnung doch noch in Zustimmung umzukehren. Nach New York zurückzukehren, ohne etwas zu berichten, außer dass er aus Scheffers Büro hinausgeworfen worden war, war ein Szenario, an das er überhaupt nicht gedacht hatte, als er aus dem Flugzeug stieg. Egal, welche

Gedanken und Ideen ihm auch kamen, alles endete mit den Worten „Aufgabe gescheitert".

Als das Telefon in seinem Zimmer einige Stunden später klingelte, ging er eigentlich schon von weiteren schlechten Nachrichten aus. Aber es war Smit, der einige sehr erfreuliche Neuigkeiten überbrachte. In seiner Stimme schwang etwas wie Triumph mit. Genau wie Smit erklärt hatte, hatte New York die Abfuhr von Scheffers nicht auf die leichte Schulter genommen. Nachdem Smit in sein Büro zurückgekehrt war, hatte er sich mit Jerseys Präsident Monroe „Jack" Rathbone in Verbindung gesetzt, um von Scheffers unwirscher Abfuhr zu berichten. Rathbone rief Scheffers Vorgesetzten, den Generaldirektor von Shell, in London an. Smit teilte Stewart nicht mit, was genau in diesem Übersee-Telefonat besprochen wurde, er sagte Stewart lediglich: „Morgen früh um neun Uhr wird ein Wagen von Shell vor Ihrem Hotel stehen, um Sie nach Oldenzaal zu bringen. Sie verbringen dort die Nacht und werden am nächsten Tag wieder hierher zurückgebracht. Ich bin sicher, Sie wissen, dass wir alle gespannt sind, mit welchem Ergebnis Sie zurückkommen."

Stewart war höchst erfreut über diese überraschende Wendung der Ereignisse und dachte darüber nach, was für eine Achterbahnfahrt dieser Tag war. Seine Gedanken wanderten immer wieder zum Kriegsdenkmal der Stadt und zu der Art und Weise, wie es so bildhaft das Ereignis darstellte, für dessen Gedenken es geschaffen worden war. Die menschliche Gestalt des Monuments könnte fast aus den Trümmern nach einem Bombenangriff durch Hände aus rohem Feuer geformt worden sein. Das Herz der Figur war aus dem Rumpf gerissen worden. Unter Qualen flehten ihre Arme den Himmel an, ihr Herz durch die gnadenlose und absichtliche Bombardierung einer wehrlosen Stadt und ihrer unschuldigen Zivilisten ausgelöscht. Insgesamt verloren achthundert Menschen ihr Leben, und mehr als achtundsiebzigtausend wurden an diesem schicksalhaften Tag obdachlos. Das Denkmal steht noch immer als Mahnung an die Unmenschlichkeit der Zerstörung und als Hommage an den unbesiegbaren Geist des niederländischen Volkes.

Dieses anschauliche Bild von Rotterdams Kriegstragödie rief blitzartig eine schlimme Erinnerung an den Krieg in Stewarts Gedächtnis hervor. Er hatte damals die Zerstörung in den englischen Städten London und Liverpool miterlebt.

***Die Liverpooler Docks waren durch die deutschen Fallschirmminen, die ab Mai 1940 auf die Stadt herabregneten, fast vollständig zerstört geworden. Als Wehringenieur wusste Stewart nur zu gut, wozu Bomben entwickelt worden waren

„Diese heimtückischen Dinger waren so konstruiert, dass sie nahe der Wasseroberfläche explodierten und Erschütterungswellen aussenden, die ganze Stadtteile in der Nähe verwüsteten. Den Kampfgeist dieser Menschen zu sehen, angesichts all dieser Katastrophen, war ungemein ermutigend."

Stewart und sein Bruder Francis waren auf der Jagd in Norman, Oklahoma, gewesen, als sie im Autoradio von Pearl Harbor hörten. Francis, der bereits als Offizier im aktiven Dienst stand, kehrte sofort nach Fort Sill zurück.

Aufgrund einer schweren Lungenentzündung war es Stewart bei seinen ersten beiden Versuchen nicht möglich, Francis in den aktiven Dienst zu folgen. Stattdessen schrieb er sich als Ingenieurstudent an der Universität von Oklahoma für die Wehrausbildung ein, die ihn auf die Verantwortung in einem riesigen Unternehmen vorbereitete, das Kriegsausrüstung entwickelte und Nachschub an die

Truppen an der Front liefert. Nach seinem Abschluss an der Universität als Leutnant wurde er als „hervorragender Wehringenieur" ausgezeichnet und sofort in den aktiven Dienst aufgenommen. Nach einer kurzen Einweisung in den Umgang mit einem Gewehr wurde er der 944. Motor Vehicle Distribution (MVD) Company zugewiesen.

In Bristol, England, besuchte Stewart die Bombenaufklärungsschule, wo er lernte, wie man Minen und Bomben findet und entsorgt. Das Bataillon seines Bruders Francis war gerade im nahe gelegenen Wales eingetroffen, und die beiden konnten sich zweimal sehen, bevor Stewart eingesetzt wurde. Zunächst nach Nordirland und dann weiter nach Tidworth, England, geschickt, blieb Stewarts Kompanie von Mai bis Juli dort, um die große Anzahl von Männern und Material für die kommende D-Day-Invasion zu sammeln.

„Meine Aufgabe war es, jeden Tag eine Sondereinheit von etwa vierzig Männern zu den Docks in London zu bringen und Fahrzeuge, die aus den Staaten gebracht wurden, abzuholen", sagte Stewart. „Zu dieser Zeit war London unter Beschuss der neuen deutschen V-1- und V-2-Raketenbomben. Der Anblick solcher Verwüstungen an den Häusern der Menschen war eine ernüchternde Erinnerung daran, warum wir so weit von unseren eigenen Familien entfernt waren."

Etwa einen Monat nach dem D-Day wurde Stewarts Firma zum Rangierbahnhof in Southampton beordert, um an Bord eines Schiffes in Frankreich zu gehen.

„Wir liefen im Konvoi aus und kamen am 4. Juli vor Omaha Beach an. Es war Nacht, als wir vor Anker gingen, und es war Vollmond. Der Strand war ein heller Streifen weißen Sandes unter einer Klippe, die sich über den Horizont erstreckte. Es gab keine Lichter. Wir konnten Motoren laufen hören und Flugabwehrfeuer in der Ferne sehen. Wir kletterten an den Seiten des Schiffes auf Leitern auf Landungsboote hinunter, die uns zum Strand brachten, wo wir auf einem nahe gelegenen Feld campierten. Jahre später, als mein Bruder und ich endlich dazu kamen, darüber zu sprechen, was uns im Krieg passiert war, erfuhren wir, dass wir zur gleichen Zeit an diesem Strand gelandet und nur knapp fünfhundert Meter voneinander entfernt waren."

Wegen eines großen Sturms waren die vielen Piers in Omaha Beach, die mit so viel Aufwand an Arbeitern und Ausrüstung errichtet worden waren, weggespült worden. Ohne Piers mussten die Schiffe, die die zu entladenden Fahrzeuge einfuhren, vor der Küste ankern. Die Matrosen ließen die Jeeps, Panzer und Lastwagen auf so genannte Rhino-Kähne herunter. Es handelte sich eigentlich nur um riesige Stahlkisten, die zu einem Lastkahn von der Größe eines olympischen Schwimmbeckens zusammengeschraubt worden waren, das mit zwei Außenbordmotoren an Land gebracht wurde. Die Kähne wurden dann bei Flut ans Ufer gehievt. Die Armee war nur wenige Kilometer entfernt im Einsatz und brauchte dringend so schnell wie möglich jedes Fahrzeug. Sobald die Ebbe einsetzte, konnten Stewart und seine Männer in Aktion treten.

„Ich beschlagnahmte einen Bulldozer und begann, sobald die Ebbe einsetzte, den nassen Sand in eine Rampe zu schaufeln, während mein Trupp auf den Kahn sprang, um die Fahrzeuge für den Betrieb vorzubereiten. Als die Rampe fertig war, konnten die Männer alles direkt vom Strand zum Fahrzeugmontageplatz fahren. Die Gefahren der Landminen, die ich soeben in der Sicherheit eines Armeestützpunktes untersucht hatte, verwandelten sich sofort in die nackte Realität der sterblichen Überreste eines Soldaten, der gerade in die Luft gesprengt worden war. Wenn auch nur einer von uns zur Selbstzufriedenheit neigte, so wurde dies durch die grimmige Aufgabe zerstreut, das, was von ihm übrig geblieben war, in einen Leichensack zu packen.

„Ich nahm ein paar der Männer und unsere Minendetektoren und untersuchte das Feld. Es gab eine Reihe von nicht explodierten Bomben und Minen, die ich in einen Krater legte und in die Luft sprengte. Unter diesen Umständen hat man keine Zeit, den Schock zu verarbeiten, dass plötzlich Leute weg sind, mit denen man gelacht hat, gerannt ist und gelernt hat. Der Schock bleibt und schwelt dort hinter der Kraft, weitermachen zu müssen. Es ist, als ob alles in dem weißglühenden Moment einer aktiven Handlung verschwindet, jedoch stets im Hinterkopf vorhanden ist."

Gestern waren es noch lebendige, atmende junge Männer und heute werden sie von der Front als eine Ladung Kriegstoter zurückgebracht, die auf die Ladeflächen von zwei Halbtonner-Lastwagen gekippt werden, weil sie den Heldentod gestorben sind.

In der Nähe ihres Unternehmens wurde ein provisorischer Friedhof eingerichtet. Stewart ging dort hin, um seine Ehrerbietung zu erweisen. „Nichts im Leben eines gewöhnlichen Menschen bereitet einen auf den ersten Anblick des Todes in einem so massiven Ausmaß vor. Die Leichen von Jungen, die in Feldlazaretten starben, waren nackt. Diejenigen, die auf dem Feld starben, waren noch in Uniform, einige waren in grotesken Positionen erstarrt. Es ging das Gerücht um, dass die Deutschen Gasgranaten einsetzten, deshalb wurde uns eindringlich gesagt, dass wir unsere Gasmasken immer griffbereit halten sollten. Eines Nachts schreckte ich im Schlaf hoch, weil jemand schrie: „Gas!" Zuerst konnte ich meine Maske nicht finden. Man kann diese panische Angst, die einen in diesem Augenblick überfällt, gar nicht beschreiben.

„Bei Einbruch der Dunkelheit fielen alle vor Erschöpfung nahezu um. Obwohl wir nie direkt beschossen wurden, verbrachten wir jede Nacht in Schützengräben, die von deutschen Flugzeugen auf dem Weg zu Bombeneinsätzen, die wir aus kilometerweiter Entfernung hören konnten, überflogen wurden."

Der Durchbruch begann am 25. Juli 1944 in Saint-Lô. Den ganzen Tag war der Himmel auf dem Weg zur Front bei Saint-Lô voll von Flugzeugen der Alliierten. Stewart und seine Männer begleiteten Lastwagen in die Gegend von Cherbourg und sahen die riesige Armada an Flugzeugen. Stewarts Einheit blieb bis September am Strand und erhielt für ihre Leistung dort eine dritte Auszeichnung. Sein Unternehmen wurde dann beauftragt, einen Fuhrpark in Paris zu gründen.

Ebenso wie alles an diesem Strand in der Normandie unberechenbar war, war Stewart an diesem Morgen im Jahr 1960 in Den Haag auch auf dem Weg zu einer neuen Reihe von unvorhersehbaren Ereignissen. Er wachte motiviert auf, um sich diesen zu stellen. Er hatte eine kleine Tasche für die Übernachtung gepackt und eine Liste mit Fragen vorbereitet. Unten, im geräumigen Speisesaal des De-Wittebrug-Hotels, bestaunte er wieder einmal das niederländische Frühstücksarrangement, das so anders war als der amerikanische Speck und die Eier, an die er gewöhnt war.

Um genau neun Uhr morgens ging Stewart nach draußen, um nach dem Wagen von Shell Ausschau zu halten. Aber da stand nicht nur ein Auto. Es war eine große schwarze Limousine, aus der ein älterer, aber sehr agiler grauhaariger Herr in einer Tweedjacke und mit einer ausgesprochen freundlichen Ausstrahlung ausstieg.

„Willkommen in den Niederlanden, mein Freund", sagte der ältere Herr. „Ich bin der Koordinator für die europäischen geologischen Explorationsprojekte. Ich selbst war seit über einem Jahr nicht mehr in Oldenzaal, daher kann ich Ihnen sagen, dass ich genauso gespannt wie Sie darauf bin, von den Gasfunden der NAM zu erfahren. Wir wissen, dass Esso das Gefühl hat, dass sie über die Funde nicht auf dem Laufenden sind, und das wundert mich nicht. Manchmal müssen wir ihnen sogar Informationen entlocken."

Obwohl Stewart sich durch die freundliche Begrüßung des Mannes beruhigt fühlte, konnte er erkennen, dass dieser recht förmlich war, und zunächst fand Stewart wenig Zugang zu ihm als Geschäftsfreund. Allmählich entspannte sich der Niederländer und erzählte, wie er Shell in vielen fremden Ländern bei der Suche nach Öl geholfen und viele Jahre in Indonesien verbracht hatte. Als Stewart ein wenig von seinem eigenen Hintergrund auf den amerikanischen Ölfeldern erzählte, ließ auch die Förmlichkeit bei seinem Begleiter nach.

Als Stewart davon sprach, die Provinz Limburg in den südlichen Niederlanden während der Befreiung 1945 durchquert zu haben, wurde er zum ersten Mal mit der tiefen Dankbarkeit konfrontiert, die so viele Niederländer für das empfanden, was die Amerikaner taten, um die Niederlande von fünf Jahren Unterdrückung zu befreien. Stewart sollte in den kommenden Jahren viele Male darauf stoßen. Dies wurde zwar nicht immer durch Worte vermittelt, sondern, wie im Fall des Geologen, mit einem einfachen Blick, einem Moment tiefster wortloser Anerkennung, was mehr sagt als tausend Worte.

Der Geologe erzählte von der ganzen Härte und den Grausamkeiten, die sein Volk während des Krieges erlebt hatte, insbesondere in der Zeit kurz vor der Ankunft der Briten und Amerikaner. Stewart konnte sich nur dunkel daran erinnern, dass in Indonesien viele Shell-Mitarbeiter und ihre Familien von den Japanern gefangen gehalten worden waren. Der Geologe sprach insbesondere über den Vater eines ihm bekannten Shell-Angestellten, der mehrere Jahre lang inhaftiert war und vor seiner Freilassung bei Kriegsende brutal behandelt wurde.

Als die beiden Männer zu der gemeinsamen Basis kamen, die sie als Wissenschaftler teilten, öffnete der Geologe sich etwas und erzählte, wie wenig er über die Entdeckungen von Groningen wusste. Auf der mehrstündigen Fahrt war Stewart sehr dankbar, dass sich sein neuer niederländischer Freund die Zeit nahm, auf die Geschichte interessanter Orte auf dem Weg hinzuweisen. Die von Gebiet zu Gebiet wechselnden Arten von Bauernhäusern, die Marktplätze in den Städten, die ungewöhnlichen Heuschober, die lokalen Bräuche und die verschiedenen Arten von Mühlen waren alle so anders als alles in Amerika und, um die Wahrheit zu sagen, insgeheim spannend. Stewart war gar nicht daran gelegen, sein großes Interesse und seine Wertschätzung zu verbergen.

Die erste Stadt jenseits von Den Haag war Gouda. Sie überquerten einen kleinen Kanal und kamen zum Marktplatz. Vor ihnen befand sich ein kleines graues gotisches Bauwerk, das „Stadhuis" (Rathaus) genannt wurde. Es hatte rotweiße Fensterläden und eine verschnörkelte Fassade, die aus einem Märchenland zu entstammen schien. Das Gebäude bestach durch drei große spitze Türme und mindestens sechs kleine. Hohe Fenster mit Rundbögen und einer Reihe von Statuen, die sich über seine Fassade erstreckten. Eine aufwendig gestaltete Doppeltreppe führte zum Eingang im zweiten Stock.

Der Geologe erklärte, dass das Stadhuis auf das Jahr 1450 zurückging und dass es in den gesamten Niederlanden noch viele andere ähnliche Gebäude gab. Einige waren sogar noch größer und kunstvoller. Hinter diesem Stadhuis stand ein schlichtes, aber dennoch aufwendig gestaltetes kleines, quadratisches, zweistöckiges Gebäude aus den 1600er-Jahren. Es war mit einem reizvollen Basrelief verziert, welches das Wiegen von Käse zeigt. Stewarts erster Gedanke war: *Wie schade, dass der schöne Stein durch den Ruß so geschwärzt wurde.* Als er sich das Gebäude genauer ansah, stellte er fest dass der Käse, der gewogen wurde, schon in den 1600er Jahren der berühmte runde, rotgewalzte Gouda-Käse war, der in der ganzen Welt bekannt war.

Stewarts Begleiter korrigierte sorgfältig seine falsche Aussprache. „Sie sagen es so, mein amerikanischer Freund. Es heißt „Howda", nicht „Gooda"."

Als nächstes kamen sie in die alte Stadt Utrecht, deren einhundertzwölf Meter hoher freistehender Westturm (Domtoren) des Utrechter Doms sich mit seiner verschnörkelten und kunstvoll verzierten, kaleidoskopischen Form über der Stadt erhob. Die Spitze des Turms glich eher einer Krone als einem Kirchturm. Kanäle bahnten sich überall ihren Weg durch die Stadt und lagen weit unter dem Straßenniveau. Über die Kanäle erstreckten sich Brücken aus handgefertigten Ziegeln und weißem Stein. Gepflegte Gebäude aus rotem Backstein säumten die Kanäle und Straßen.

Stewart sinnierte über die Art und Weise, wie sich die alte, gelebte Geschichte der Niederlande auf Schritt und Tritt widerspiegelte. „Die Niederlande unterscheiden sich so sehr von den Staaten in der Art und Weise, wie sie ihre Geschichte ehren, andererseits haben sie so viel mehr davon als wir."

Fünfzehn Jahre waren vergangen, seit der Krieg die Pastorale dieser schönen Landschaft beeinträchtigt hatte, aber in mehreren Städten, die sie durchquerten, war die Wiederherstellung der Kriegszerstörung in vielen Gebäuden und Kirchen immer noch nicht abgeschlossen. Der Der Geologe empfahl, dass Stewart, falls er jemals wieder in die Niederlande zurückkehren sollte, unbedingt das berühmte Freilichtmuseum in der Nähe von Arnheim besuchen sollte, in das typische Häuser, Windmühlen und Zugbrücken aus der Antike und der Neuzeit aus den gesamten Niederlanden verlegt und wieder aufgebaut worden waren, um es für zukünftige Generationen als Zeugnisse der Vergangenheit zu erhalten. In Arnheim gab es auch ein Denkmal für die Männer der alliierten Streitkräfte, die im September 1944 bei dem vergeblichen Versuch, die Besetzung der Niederlande zu beenden, ihr Leben verloren hatten.

Dank der ausführlichen Erzählungen des Geologen vergingen die Stunden im Nu.

Im NAM-Büro in Oldenzaal wartete eine große Gruppe von Geologen und Ingenieuren auf sie. Dieses Mal war der Empfang außerordentlich freundlich und offen und unterschied sich sehr von der ablehnenden Haltung, die Stewart am Vortag in Rotterdam erfahren hatte. Besonders erfreulich für ihn war das Treffen mit dem Chefgeologen der NAM, Direktor H. A. Stheeman, dessen Bohrfund das niederländische Erdgas in die Schlagzeilen gebracht hatte.

„Stheeman war offensichtlich sehr stolz auf seine Firma und insbesondere auf seine jüngsten Entdeckungen in Slochteren und Groningen", sagte Stewart. „Er führte mich in einen großen Konferenzraum mit Karten, die rundum die verschiedenen Salzstockformationen zeigen. Es waren wahrscheinlich mindestens zehn Personen dort drin, die alle sehr offen über ihre verschiedenen Entdeckungen sprachen. Ihre Theorie war, dass sich das bisher entdeckte Gas unter diesen Formationen befand. Nach den Karten, die ich sehen konnte, muss es etwa fünfundzwanzig von ihnen gegeben haben, die über ein weites Gebiet verstreut waren, und sie bohrten damals erst an der dritten Quelle."

Trotz aller Freundlichkeit unterstrich die Tatsache, dass niemand von Shell auch nur eine grobe Einschätzung der Möglichkeiten gemacht hatte, Stewarts Überzeugung, dass die wahrscheinlichen Reserven viel größer waren als alles, was die NAM offiziell herausgegeben hatte.

„Ich überredete sie, mir eine kleine Karte der Salzstöcke zu überlassen, und erhielt auch Daten über Drücke, Sandporosität und andere relevante Daten, um meine eigenen Berechnungen durchzuführen", sagte Stewart. „Ich dankte ihnen für ihr ganzes Entgegenkommen, während mein Verstand rasend schnell die Möglichkeiten durchging, die sich allein aus der kleinen Karte, die ich dort in meinen eigenen Händen hielt, ausmachen konnte."

Das Ausmaß dessen, was er auf dieser Karte sah, kann nur als überwältigend bezeichnet werden. Selbst auf einer konservativen Basis waren die nachgewiesenen Reserven nicht nur die sechzig Milliarden Kubikmeter, von denen die Shell-Ingenieure sprachen. Das sah eher nach dem Sechs- oder Siebenfachen aus. Das geologische Treffen dauerte sehr lange und wurde spät beendet. Stewart und der Shell-Geologe aus Den Haag verließen das Büro und begaben sich in einen frostigen Oktoberabend. Als die große Shell-Limousine davonraste, schwirrte Stewart der Kopf vor lauter Zahlen und Möglichkeiten. „Angenommen, es gäbe noch mehr Salzstöcke, als Shell selbst bisher wusste. Oder was wäre, wenn alle miteinander verbunden wären? Es könnte ein Riesending sein. Meines Wissens gab es keine Gasformation, die auch nur annähernd so massiv und von solcher Qualität war, mit der möglichen Ausnahme im Nahen Osten."

Die frühe Schätzung von etwa zehn Billionen Kubikfuß Gas würde durch künftige Bohrungen weit in den Schatten gestellt werden. Stewart wusste, dass er vor der Herausforderung seines Lebens stand.

Die Limousine brachte die beiden Männer zu einem kleinen zweistöckigen, malerischen Gasthaus am Rande von Oldenzaal. Die Urlaubssaison war bereits zu Ende und die beiden Männer waren die einzigen Gäste im Gasthaus. Stewart bekam oben ein kleines Zimmer mit nur einem Waschbecken ohne Badewanne. Unten war ein dunkler, aber gemütlicher Speisesaal. Er und der Geologe saßen vor dem einladenden Kamin, um sich auszutauschen. Der Geologe bestand darauf, dass sie sich einen traditionellen Genever teilen, einen starken niederländischen Schnaps, der zu Stewarts Überraschung aus Kartoffeln hergestellt wurde.

Der Shell-Geologe wollte nicht einmal eine Vermutung über die Größe der Erdgasfunde wagen, stimmte aber zu, dass diese frühen Entdeckungen gute Aussichten auf weitere Reserven boten. Stewart entschied sich, über seine eigenen, aufgeregten Spekulationen zu schweigen. Ihr Gespräch drehte sich um den Unterschied zwischen Shell und Standard Oil.

Obwohl Shell etwa doppelt so viele Mitarbeiter hatte, erzielte Jersey mehr Jahresgewinn als Shell. Stewart fragte den Geologen direkt und ohne Umschweife, was seiner Meinung nach das Geschäftsziel von Shell sei, in der Erwartung, von einem ähnlichen Ziel zu hören, wie die von Jersey angestrebten fünfzehn Prozent Rendite. Zu seinem Erstaunen antwortete der Niederländer sehr aufrichtig: „Ich denke, der Zweck von Shell Oil ist es, dass seine Mitarbeiter ein gutes Auskommen haben." Der Geologe stellte fest, dass Jersey immer einen Einheimischen als Leiter seiner ausländischen Tochtergesellschaften benannte, während Shell andererseits normalerweise entweder einen niederländischen oder einen britischen Staatsbürger als Leiter seiner ausländischen Tochtergesellschaften einsetzte. Es war auch die Politik von Shell, einige Staatsangehörige aus politischen Gründen in anderen Führungspositionen einzusetzen. Seiner Meinung nach war Shell daher in vielen Ländern politisch stärker vernetzt als Jersey. Er vermutete, da Shell zwei Hauptsitze hatte, könnte dies erklären, warum sie dazu neigen, mehr Mitarbeiter einzusetzen.

Nach einem deftigen Abendessen mit Wild und Hase, geschmorten Kartoffeln und Rosenkohl, gekrönt von einem Cognac, wünschten sich die beiden eine gute Nacht und gingen nach oben in ihre Zimmer. Stewart merkte, dass er einen Fehler gemacht hatte. Anders als in einem amerikanischen Hotel gab es in seinem Zimmer keine Toilette und keine öffentliche Toilette auf dem Stockwerk. Es gab nur eine Tür mit der Aufschrift „OO", die sich nicht öffnen ließ. Er erinnerte sich daran, dass es unten in der Nähe der Bar eine Toilette gegeben hatte, und stolperte im Dunkeln nach unten. Nun war er schlauer und würde beim nächsten Mal zuerst die wesentlichen Einrichtungen überprüfen.

Die Rückreise nach Den Haag am nächsten Tag war genauso interessant wie die Reise am Vortag. Auf dem ganzen Weg zurück setzte der Geologe seine Erzählung fort und ging noch mehr auf die Geschichte der Niederlande ein. Die Limousine hielt zunächst vor dem Büro von Shell in Den Haag, um den Geologen abzusetzen. Als das Auto um den Block zu Stewarts Unterkunft bog, kam ihm der niederländische Geologe auf seinem Rad entgegen, immer noch schick gekleidet mit Filzhut auf dem Weg nach Hause.

Am nächsten Morgen hatte Stewart in den Büros von Esso seine erste Begegnung mit Van den Berg und Van der Post.

„Jan und Cees waren natürlich vorbereitet und begannen in aller Ruhe, alle Fakten und Zahlen, die sie zusammengetragen hatten, darzulegen", sagte Stewart. „Ich entschuldigte mich dafür, dass ich kein Niederländisch lesen konnte, und dankte ihnen, dass sie sich die Mühe gemacht hatten, es auf Englisch zu formulieren, aber ich konnte mich nicht gut konzentrieren und war recht unruhig. Ich wollte ihnen unbedingt von meinen Erkenntnissen, die ich aus Oldenzaal mitgenommen hatte, erzählen."

Die beiden Niederländer erkannten in Stewart ein charmantes Paradoxon. Er hatte eine Art elegante und unnahbare Urbanität an sich, die sofort durch die bodenständige Geselligkeit seines entwaffnenden „Nennen Sie mich Doug" entschärft wurde. Damals wie heute bestach Doug nicht nur durch seinen Intellekt und sein unwiderlegbares Verständnis von Wirtschaft, sondern auch durch seine ruhige und besonnene Art. Was auch immer Jan und Cees über Stewarts technischen Hintergrund gewusst haben mögen, war vergessen, als er die Karte von Groningen, die er den Geologen der NAM abgerungen hatte, vor ihnen ausbreitete. Ihr eigener Enthusiasmus wurde schnell durch das, was er als nächstes erzählte, entfacht.

„Die möglichen Gasreserven könnten noch größer sein, wenn mehr dieser Salzstöcke produktiv sind", erklärte Stewart. „Ich kann es kaum erwarten, diese möglichen Reserven und die Produktion mit den verfügbaren Märkten zu vergleichen."

Er fuhr fort, die Auswirkungsstudie zu beschreiben, die sie zuerst benötigen würden. Man müsste ein breites Spektrum an Entdeckungsmengen berücksichtigen und feststellen, für welche Art von Märkten das Gas zu welchen Preisen interessant sein könnte.

Anhand des Materials, das Cees und Jan zusammengestellt hatten, konnten sie sehen, wie sich das Potenzial mit den lokalen niederländischen Energiemärkten des vergangenen Jahres deckte. Die Energieverbrauchssektoren wurden zu je etwa einem Drittel auf Haushalte, Industrie und Kraftwerke aufgeteilt. Stadtgas machte nur ein unbedeutendes ein Prozent des Energiesektors aus. Sie fanden Stewarts Schlussfolgerung sowohl verblüffend als auch bestürzend.

„Mir wurde sofort klar, dass, wenn alles, was nicht auf Rädern war, irgendwie plötzlich auf Erdgas bei der derzeitigen Energieintensität umgestellt werden könnte, es bereits genug Gas gäbe, um alle Öl- und Kohlemärkte für etwa 25 Jahre zu verdrängen", sagte Stewart.

Wenn das Gas nur an die niederländischen Kraftwerke ging, wie von Shell vorgeschlagen, waren diese Anlagen der preisgünstigste Markt, und dies war auch der Markt, auf dem Esso ein großer Heizöllieferant war. Stewart musste einen Schritt zurücktreten.

„Wenn ich bei dieser Annahme stehen bliebe, würde ich zurückgehen, um Downstream-Jersey zu sagen, dass ihre Ölmärkte verschwinden würden. Ich sah ein großes Problem."

Als Stewart an diesem Abend Jans Einladung zum Abendessen bei ihm und seiner Frau annahm, hatte er keine Ahnung, dass die Lösung für dieses große Problem genau dort in Jans und Cinys kleinem, feinem Stadthaus auf ihn warten würde.

Kapitel 7

Jan, ist das ein Gasrohr?

Jans Frau Ciny holte Stewart und ihren Mann in ihrem nagelneuen gelben VW ab. Sie fuhren nach Wassenaar, einem Vorort von Den Haag. Im Zentrum der Stadt erstreckten sich die Straßen strahlenförmig um eine wunderschöne alte Windmühle aus dem Jahr 1688.

Stewart vermutete, dass die Stadt einst um die Mühle herum entstanden war. „Wassenaar war ein schöner Ort, ganz anders als die beengten Wohnungen und schmalen Stadthäuser, in denen die meisten Niederländer lebten", erinnerte er sich. „Wir fuhren an großen strohgedeckten Häusern vorbei, die einzeln zwischen baumgesäumten Gärten und Alleen standen. Als man mir erklärte, dass hier die Führungskräfte der saudi-arabischen Erdölförderungsgesellschaft Aramco und anderer Ölfirmen ihr Zuhause hatten, beneidete ich sie ehrlich gesagt."

Während Ciny das Abendessen zubereitete, führte Jan Stewart durch das mit modernen Teakholzmöbeln eingerichtete Haus. Am Ende des Raumes befand sich ein Esstisch, auf dem ein persischer Läufer lag, wie man ihn normalerweise auf dem Fußboden fand. Diese schönen, handgewebten Kunstwerke auf diese Weise zu präsentieren, war eine niederländische Eigenart, die Stewart vorher noch nie gesehen hatte. Auf dem Läufer in der Mitte des Tisches stand eine wunderschöne schwarze Kaffeekanne aus Zinn. Stewart dachte sofort daran, wie sehr Jane sie bewundert hätte, wäre sie mit dabei gewesen.

Jan erklärte, dass es in den Niederlanden verschiedene Arten dieser sogenannten Kranenkannen aus unterschiedlichen Regionen gab. „Diese hier stammt aus Groningen, das liegt direkt neben dem Gasfeld, über das wir den ganzen Tag gesprochen haben." Während sie den traditionellen Genever vor dem Abendessen genossen, bemerkte Stewart, dass der Wohn- und Essbereich von einem glühenden Kohleofen im Kamin erwärmt wurde. Er wunderte sich, dass man nicht einfach Gas zum Heizen des Hauses verwendete. Jan erklärte: „Doug, das wäre einfach zu teuer. Das Stadtgas muss erst aus Kohle erzeugt werden. Es kostet etwa zwei Dollar achtundachtzig. Dieselbe Menge Heizöl kostet nur etwa dreißig amerikanische Cents, und Strom so viel wie Stadtgas."

In diesem Moment erblickte Stewart ein rundes Ein-Zoll-Rohr mit einem Verschlussstopfen, das hinter dem Herd aus dem Boden ragte. Er sprang auf und ging zum Ofen hinüber. „Jan, ist das ein Gasrohr?"

„In der Tat", erwiderte Jan. „Jedes Haus in den Niederlanden wird mit Stadtgas versorgt. Das ist seit Anfang des 19. Jahrhunderts im Baurecht verankert, als Gas noch zur Beleuchtung verwendet wurde, bevor wir Strom hatten. Wir haben auch Rohre im Obergeschoss." „Jan, das ist es! Das ist die Lösung! Wenn man das ganze System miteinander verbindet, könnte das Erdgas direkt von Groningen aus in jeden einzelnen Haushalt der Stadt geleitet werden. Das haben wir in den USA bereits getan. Warum sollte das nicht auch hier funktionieren?"

In diesem Moment wurde ihre Unterhaltung durch einen lauten Knall aus der Küche unterbrochen. Jan erklärte, dass das Geräusch auf den städtischen Gasgeysir zurückzuführen war, der bei jedem Aufdrehen des Warmwasserhahns Wasser erhitzte. Es gab sonst kein heißes Wasser im Haus, es sei denn, es wurde auf dem Gasherd erhitzt. Ciny kam aus der Küche und bat die beiden Männer, zum Abendessen Platz zu nehmen. Als Jan ihr erzählte, worüber sie gesprochen hatten, erkannte sie sofort die Bedeutung für die niederländischen Hausfrauen.

„Wir könnten jederzeit heißes Wasser direkt im Haus haben, in einer richtigen Badewanne", sagte sie aufgeregt. „Dann müsste ich nicht jeden Morgen schmutzige, rußige Kohle ins Haus schleppen lassen, um diesen Herd zu heizen."

Jan lächelte Ciny vielversprechend zu: „Und es würde bedeuten, dass du nicht jeden Morgen ganz allein vor Kälte bibbernd darauf warten müsstest, dass ich den Herd anheize."

Stewart dachte direkt in größeren Dimensionen „Überlegt mal", sagte er. „Wenn wir alle Haushalte auf Erdgas umstellen könnten, zu etwa dem gleichen Preis wie Heizöl oder Kohle, würden die Hausbesitzer all diese Öfen entsorgen. Sie könnten sauber und effizient mit Gas heizen."

Das Stadtgas in Jans Haus strömte bei niedrigem Druck durch alte gusseiserne Rohre. Erdgas besaß das doppelte Energieäquivalent bei gleichem Druck; die Leitungen waren wahrscheinlich für eine viel größere Kapazität gebaut worden als für die kleine Menge, die jetzt zum Kochen und zum Erhitzen von Wasser verwendet wurde. Stewart erkannte, dass dies eine Lösung war, die förmlich darauf wartete, umgesetzt zu werden.

Jan sah noch weitaus mehr Möglichkeiten. „Was ist mit all unseren kleinen Betrieben – Gewächshäusern und Töpfereien?"

Stewart griff Jans Idee sofort auf. „Jan, die großen Gasreserven, wie wir sie in Groningen haben, und das Marktpotenzial, das wir hier in den Niederlanden sehen können! Stellen Sie sich vor, diese Märkte existieren gleich nebenan in Deutschland und Belgien! Shells Idee, das Gas Kraftwerken zuzuführen, ist viel zu klein gedacht. Am oberen Ende des Energiemarktes könnte es einen riesigen Markt für Erdgas geben. Wir könnten dort den drei- oder vierfachen Wert erzielen."

Am nächsten Tag brüteten Stewart, Van den Berg und Van der Post mit der Akribie eines Diamantschleifers über den Daten, die direkt dort in den Haager Büros von Esso zur Verfügung standen. Obwohl es mehrere Jahre dauern würde, all diese Städte und die einzelnen Verbraucher auf Erdgas umzustellen, waren die nachgewiesenen Gasreserven mehr als ausreichend, um die Haushalte und Kleingewerbe in den Niederlanden zu versorgen. Es stand fest, dass die Reserven weit über das Maß hinausgingen, mit dem in Groningen spekuliert wurde. Die Anerkennung des unerschlossenen Marktes jenseits der Niederlande, in Deutschland und Belgien, wuchs in Stewarts Vorstellung weiter. Bestanden da noch mehr Möglichkeiten?

Sie standen vor der Aufgabe, alles über die möglichen Märkte und über die Pipelinesysteme in den Niederlanden und den anderen Ländern in Erfahrung zu bringen. Wo befanden sich die Glas- und Keramikfabriken, die Gewächshäuser und die Produktionsstätten, nicht nur in den Niederlanden, sondern auch in Deutschland und Belgien? In den Antworten auf diese Fragen verbarg sich ein zuvor nie dagewesener

Erdgasmarkt. Stewarts Gedanken überschlugen sich. Wie viel Gas würde ein typischer Haushalt nach einer Umstellung verbrauchen?

Und angenommen, der Preis stimmte: Wie wäre der Verbrauch im Winter im Vergleich zum Sommer? Welche Pipelines existierten bereits? Wem gehörten sie? Welche Fernleitungen wären notwendig? Was würde das alles kosten? Welche Auswirkungen hätte dies auf die Gewinne von Jersey?

Jan und Cees lieferten die Antworten auf diese Fragen, aber darüber hinaus hing noch so viel anderes in der Schwebe. Sie mussten sich mit der Reaktion der niederländischen Regierung auseinandersetzen, nicht nur in Bezug auf die Größenordnung der Gasfunde, sondern auch dahingehend, was diese neuartigen und potenziell riesigen Märkte für sie bedeuten würden.

Wenn dieser riesige neue Markt Realität werden würde, besäßen die Partner von NAM, Shell und Esso nur eine „Explorationsgenehmigung". Sie konnten das Gas nicht aus dem Boden holen, es sei denn, die Regierung gewährte ihnen eine Förderkonzession. Die Bedingungen für dieses Zugeständnis müssten verhandelt werden. Und schließlich, wer oder welches Unternehmen würde das Gas auf diesen neuen Märkten verkaufen?

Darüber hinaus erkannte Stewart, dass noch eine andere, viel unmittelbarere Aufgabe zu bewältigen war. „Ich fragte mich, wie wir Shell davon überzeugen konnten, dass der Verkauf des Gases an einen industriellen Markt nicht die beste Lösung sei. Und wie wäre es mit Jersey selbst? Ich müsste erst unser eigenes Unternehmen überzeugen, bevor wir dieses Potenzial ausschöpfen könnten. Ich würde mehr Hilfe in Anspruch nehmen müssen, bevor ich dem Vorstand von Jersey Bericht erstatten könnte. Ich hatte nicht vor, zurückzugehen und Probleme ohne Lösung zu unterbreiten. Ich wollte ihnen die größte Überraschung bereiten, die ich je präsentiert hatte."

Stewart legte einen Arbeitsplan für Jan und Cees vor, der sie in der kommenden Woche mit der Erfassung der Daten beschäftigen sollte. Als er Holland verließ, war er zuversichtlich, dass man ihn zur Rückkehr auffordern und er dann alles Nötige vorfinden würde.

Zu Hause in Connecticut waren die Kinder, allen voran die kleine Jane Ann, außer sich vor Freude über die holländischen Pralinen und die kleinen Holzschuhe, die er ihnen mitgebracht hatte. Seiner Frau gegenüber war er offen und direkt hinsichtlich der Wahrscheinlichkeit, dass die nächste Reise länger dauern würde.

„Jane war nicht übermäßig begeistert von der Vorstellung, dass ich in die Niederlande zurückkehren musste. Ich war der festen Überzeugung, dass Jersey an all meinen Erkenntnissen überaus interessiert sein würde. Aber wie immer ermutigte sie mich, das zu tun, was meine Arbeit verlangte. Die Frage lautete: Für wie lange? Darüber konnte ich nicht einmal spekulieren."

Als Stewart Jane die beiden kleinen holländischen Keramikhäuschen zeigte, die er von der Fluggesellschaft bekommen hatte, war sie von der handwerklichen Qualität fasziniert. Dass die beiden Häuschen die ersten einer langen Reihe auf dem Kaminsims bilden würden, konnte sie damals noch nicht wissen.

Am Montagmorgen schien die Zugfahrt nach Manhattan viel länger als üblich zu dauern. Stewart war voller Enthusiasmus, er konnte es kaum erwarten, seine Informationen aus den Niederlanden mit Priestman und Vasquez zu teilen.

Priestman jedoch begrüßte ihn nicht gerade begeistert. „Warum haben Sie so lange gebraucht?", fragte er. „Wir dachten, Sie wären spätestens in drei Tagen wieder zurück."

Stewart beschrieb Priestman die Situation, aber selbst als dieser sich die Dokumente ansah, die Stewart auf seinen Schreibtisch gelegt hatte, war er nicht sonderlich beeindruckt. Stewart beschloss, bei der nächsten Präsentation eine positivere Reaktion hervorzurufen.

Die Produktionsabteilung arrangierte ein Treffen mit den Leitern der Transport-, Marketing- und Wirtschaftsabteilung, damit alle Downstream-Abteilungen einbezogen und umfassend informiert werden konnten. Es wurde vereinbart, dass Stewart sich vor Ort ein vollständiges Bild von der Gesamtsituation machen sollte. Da Martin Orlean vor Stewarts erster Reise eine große Hilfe gewesen war, bat Stewart darum, dass Martin ihn begleiten dürfe. Nachdem er Jane versichert hatte, dass er so schnell wie möglich zurückkommen würde, befand sich Stewart wieder auf dem Weg in die Niederlande. In den Den Haager Büros von Esso begannen Orlean, Van den Berg, Van der Post und Stewart damit, gemeinsam die Daten auszuwerten. Sie verglichen Fallstudien von Alternativplänen mit unterschiedlichen Gaspreisen und unterschiedlichen Marktansätzen, darunter auch den Plan von Shell, das Gas zu Kraftwerken zu leiten.

Am anderen Ende der Skala, im Widerspruch zu Shells Konzept, stand Stewarts „Premiummarkt"-Ansatz, bei dem die Ölgesellschaften das Gas an den High-End-Markt innerhalb der Niederlande verkaufen würden. Sein Ansatz sah vor, dass alle Haushalte, Gewächshäuser und kleinen Industrien zuerst bedient werden sollten.

Erst dann würde das überschüssige Gas zu allen verfügbaren und vergleichbaren Märkten jenseits der niederländischen Grenzen exportiert werden.

Ölgesellschaften dachten damals nicht an den Endverbraucher. Stewart wusste, dass sich das ändern musste. „Wenn die Gasmenge in Groningen so groß war, wie ich vermutete, dann wäre genug für den Export vorhanden. Statt an einen Zwischenhändler ab Bohrloch sollten wir an der Stadt- und Industriepforte verkaufen.

Pipelines im erforderlichen Umfang waren nicht vorhanden. Stewart wusste, dass Esso und Shell sie bauen mussten – zunächst von den Brunnen bis zur niederländischen Grenze und dann darüber hinaus. Diese Pipelines würden ihnen den gesamten Markt sichern.

„Wir würden das Gas über unsere eigenen Pipelines an all die Städte und Industriestandorte in Deutschland, Belgien und Frankreich verkaufen."

Um eine Genehmigung für ein Vorhaben in dieser gigantischen Größenordnung zu erhalten, waren Unterlagen zur Kostenkalkulation und Zukunftsprognosen erforderlich, die unter anderem das Marktwachstum und Bauverzögerungen berücksichtigten. Stewart war sich sicher, dass die wirtschaftliche Bedeutung der Studie, an der sie gerade arbeiteten, Jersey von seinem Premiummarkt-Ansatz überzeugen würde so wie er auch Humble damals von seinem Recycling-Vorschlag überzeugen konnte.

All diese Daten mussten manuell auf mechanischen Rechnern ermittelt werden. Damalige Rechner füllten ganze Räume; in den niederländischen Büros standen keine zur Verfügung. Die Kühnheit von Stewarts Vorschlag wurde nur noch durch die Größe der Aufgabe übertroffen, insbesondere bei dem Versuch, die Kosten für die notwendigen Pipelines zu kalkulieren. Als Antwort auf Stewarts Bitte um technische Expertise schickte Jersey Paul Miles von der Pipeline-Gruppe, der bei der Berechnung dieser Kosten helfen sollte.

Tage und Wochen vergingen und die Trennung von Jane und den Kindern wirkte sich negativ auf Stewarts Gemütszustand aus. Er hatte zum ersten Mal überhaupt Halloween verpasst. Er war so beschäftigt gewesen, dass er erst zwei Tage nach der Wahl wusste, dass der junge Senator aus Massachusetts nun Präsident war. Er verpasste sogar Thanksgiving.

Wie eine lästige Mücke, die man einfach nicht los wird, konnte sich auch Stewart nicht des unguten Gefühls verwehren, dass diese Studie nicht früh genug abgeschlossen werden konnte, damit er zu seinem Hochzeitstag an Heiligabend oder am Weihnachtsmorgen bei den Kindern zu Hause sein konnte. Er hatte noch nicht mit Jane über dieses Thema gesprochen, aber er war sich sicher, dass auch sie bereits darüber nachgedacht hatte.

„Um unsere Laune zu heben, sind Martin und ich an einem Wochenende nach Amsterdam gefahren", sagte Stewart. „Das Wetter war so grau wie unsere Stimmung. Selbst als die Lichter der Stadt aufleuchteten, spürten wir keine Freude. Dann jedoch entdeckte ich einen kleinen Laden und versuchte, dort etwas zu finden, das Jane zeigen sollte, wie dankbar ich ihr für die unermüdliche Unterstützung war. Auf einem Regal hinter dem Tresen entdeckte ich eine wunderbare Kaffeekanne, ähnlich der, die ich in Jans Haus gesehen hatte. Ich kaufte sie auf der Stelle. Wir besitzen sie immer noch. Etwas für Jane zu finden, das sie sofort als einzigartig erkennen würde, verbesserte meine Stimmung ungemein." Leichteren Herzens kehrte Stewart in die „Esso-Kirche" zurück, wo sich die harte Arbeit der vier Männer auf sehr positive Weise zu bündeln begann.

In Jan van den Bergs Beitrag zu Wolf Kielichs *Subterranean Commonwealth* bezeichnet er Cees, Stewart, Martin und sich selbst als „die Vier von Esso". Laut der Studie der Professoren Aad Correlje und Geert Verbong über das niederländische Gassystem *„The Transition from Coal to Gas: Radical Change of the Dutch Gas System"*, stellte dieser Ansatz eine völlig neue Vision über die Rolle von Gas auf den Energiemärkten, die Preisstrategien und das Verhältnis zwischen öffentlichen und privaten Aktivitäten dar.

Stewarts Konzept eines Premiummarktes bedeutete nicht nur ein klares Plus für den Verkauf von Jersey, sondern auch eine Maximierung der Vorteile für die niederländische Regierung. Sie würde beim Verkauf des Gases auf diese Weise einen weitaus größeren Erlös aus Steuern und Lizenzgebühren erhalten, als wenn sie dem Plan von Shell folgen würde, das Gas in Kraftwerken zu verwenden. Stewart musste es nur noch beweisen. Gerade als alles reibungslos zu laufen schien, tauchte ein scheinbar riesiges Problem aus einer völlig unerwarteten Richtung auf. Ein Anwalt von Jersey teilte ihnen mit, dass das gesamte Gas in Groningen bereits an die staatliche Gasbehörde verkauft worden war. Jahre zuvor hatte die NAM mit der staatlichen Gasbehörde (SGB) Preise vertraglich festgelegt, die weit unter dem lagen, was durch Stewarts Premiummarkt-Ansatz realisiert werden konnte. Stewart erkannte sofort die Bedeutung des Vertrags: Shell und Esso würden durch ihre eigene Entdeckung von ihren Ölmärkten verdrängt werden.

„Schlimmer noch, der Vertrag sah einen noch niedrigeren Preis vor, falls jemals größere Reserven gefunden würden", erinnerte sich Stewart. „Es gab eine Take-or-Pay-Klausel, die die SGB dazu verpflichtete, das von der NAM angebotene Gas im Voraus zu bezahlen, und sie zwang, es zu einem niedrigen Preis zu entsorgen, wenn es vom Board in einem Jahr nicht genutzt wurde. Der Premiumwert und die Qualität des Gases würden somit verschwendet werden. Ich fragte mich, ob wir vielleicht einfach die Gasbehörde von der Regierung kaufen könnten, dann würden wir an uns selbst verkaufen und könnten den verdammten Vertrag zerreißen."

Diese Tatsache erschwerte den Einstieg in den Gastransport und die Vermarktung von Gas ab Bohrloch hinaus. Dennoch drängte Stewart darauf, den Bericht an den Vorstand in Jersey zu vervollständigen.

„Ich war optimistisch, dass wir eine gute Chance hatten, zu einer Vereinbarung zu kommen. Wir stellten unseren Plan für den Premiummarkt vor, das Gas zu wettbewerbsfähigen Preisen in die Häuser der Menschen zu bringen und gleichzeitig den Gewinn aus dem Gas an die Regierung zu erhöhen und den Umweltschutz zu verbessern."

Die Ölgesellschaften verfügten sowohl über die Motivation als auch das Kapital, um die Investitionen in die Pipelines zu tätigen, sowie über die Erfahrung und die technischen Fähigkeiten für die Umsetzung. Stewart verzichtete vorerst auf die Aufgabe, das Premiummarkt-Konzept durch das Labyrinth der Regierungskanäle zu schleusen, und wandte sich der unmittelbareren Aufgabe zu, Jersey zu überzeugen. Die Vier von Esso arbeiteten eifrig an der Fertigstellung ihres detaillierten Berichts und der Empfehlungen, die Stewart mit nach New York nehmen sollte.

Zu diesem Zeitpunkt war Shell bereits mit eben diesen Regierungskanälen beschäftigt und verhielt sich immer noch so, als ob es keinen Partner hätte. Am 8. Dezember trafen sich der Londoner

Vorsitzende von Shell, John Loudon, und Lykle Schepers von Royal Dutch zu ihren ersten informellen Gesprächen über die Entdeckung von Groningen mit Minister de Pous und Premierminister J. Zilstra – ohne sich vorher mit jemandem von Esso beraten oder dort Rücksprache gehalten zu haben.

Am 9. Dezember war der Besuch von Bob Milbrath, einem Marketingleiter aus Jersey, bei Esso Nederland geplant. Milbraths persönliche Anwesenheit wäre eine Art Probelauf für ihren Bericht und für den größten „Startle", den Stewart je präsentiert hatte.

„Wir saßen alle angespannt am großen Vorstandstisch in der Esso-Kirche, als Coen Smit und Bob Milbrath hereinkamen", sagte Stewart. „Als ich Milbrath die beiden gebundenen Bände übergab, die wir vorbereitet hatten, war er ein wenig überrascht. Er hatte wahrscheinlich nur einen Routinebericht über die mögliche Größe der Gasreserven erwartet".

Diese beiden Bände dokumentierten die Vorteile, die Esso und die niederländische Regierung aus jedem Aspekt von Stewarts Premiummarkt-Ansatz ziehen würden. Sie legten nicht nur die möglichen Gasreserven dar, sondern schlugen auch alternative Vermarktungs- und wirtschaftliche Möglichkeiten vor – all dies gestützt durch technische Daten. Darüber hinaus bot das Team Lösungsvorschläge für jedes angesprochene Problem an.

Stewart begann seinen Vortrag, den Blick auf Milbrath gerichtet. „Herr Milbrath, wir vermuten, dass die NAM eines der größten Gasfelder der Welt gefunden haben könnte. Die Art und Weise, wie diese Reserven genutzt werden, kann einerseits zu einer Störung der Ölindustrie und einer Verschwendung des Wertes der Ressource führen oder andererseits größere Gewinne aus dem Gas einbringen und seinen Wert optimieren. Die NAM verfügt derzeit nur über eine Explorationslizenz und muss bei der Regierung eine Förderkonzession beantragen. Darüber hinaus hat NAM vertraglich vereinbart, das gesamte Gas, das sie in den Niederlanden vorfindet, zu einem niedrigen Preis an die staatseigene Gasbehörde für die Stadtgasproduktion zu verkaufen. Shell hat vorgeschlagen, das überschüssige Gas an Kraftwerke und die Schwerindustrie zu verkaufen, die ebenfalls Niedrigpreismärkte sind. Wir sehen hier bessere Chancen auf dem Markt für Haushaltsheizungen und spezielle Leichtindustrie. Dies sind Märkte, an denen Jersey in den Vereinigten Staaten nicht teilnimmt, weil wir dort nur ab Bohrloch verkaufen. Um von diesen neuen Märkten, die wir als Premiummarkt bezeichnen, zu profitieren, schlagen wir vor, dass Esso und Shell neben der Produktionskonzession auch am Gastransport und der Vermarktung über das Bohrloch hinaus teilnehmen.

Wenn sich diese Gasreserven als groß genug erweisen, könnten zusätzliche Vorteile und Einnahmen durch den Export von überschüssigem Gas in die Nachbarländer zu einem Premiumpreis erzielt werden."

Das Team hielt dann seine formelle Präsentation, in der Stewarts Aussagen belegt wurden. Für einen Moment herrschte Stille im Raum. Stewarts Augen waren immer noch auf Milbrath gerichtet. Er konnte sehen, dass Milbrath nicht nur „wachgerüttelt" sondern auch begeistert war. Milbrath schlug vor, sofort nach Paris zu fahren, weil er wusste, dass Wolfe Greeven, ein Director von Jersey, sich zufällig dort aufhielt. Milbrath rief ihn unverzüglich an und Greeven stimmte einem Treffen in Paris am nächsten Tag zu.

Das Team wiederholte seine Präsentation in Paris. Director Greeven war ebenfalls so „wachgerüttelt", dass er persönlich für die nächste Woche eine Vorstandssitzung bei Jersey in New York anberaumte.

Für Stewart hatte sich die ganze harte Arbeit der Vier von Esso nicht nur einfach ausgezahlt. Seine Ideen erhielten auch die Art von Aufmerksamkeit, die nötig war, sie in die Tat umzusetzen.

„Greevens Anberaumung einer Vorstandssitzung war für mich die wichtigste Bestätigung", so Stewart. Ich hatte noch mehr erreicht, als ich mir vorgenommen hatte. In diesem Moment dachte ich jedoch nicht daran, wie es sein würde, wenn ich den Plan dem Vorstand von Jersey präsentierte. Alles, was ich wollte, war, nach Hause zu fahren. In unserer ganzen Ehe war ich noch nie so lange von Jane getrennt gewesen. Als ich in das Flugzeug stieg, hatte ich ein Gefühl, als ob nur die Hälfte von mir anwesend war. Alles, woran ich denken konnte, war, dass ich zu unserem Hochzeitstag an Heiligabend und am Weihnachtsmorgen bei den Kindern zu Hause sein wollte. Jane würde das Haus bereits weihnachtlich geschmückt haben; das wusste ich mit Sicherheit. Ich verbrachte die Stunden dieses endlosen Fluges damit, in Erinnerungen zu schwelgen. Daran, wie Jane und ich uns kennen gelernt und unsere Familie gegründet hatten."

Stewart war Jane begegnet, als er auf der King Ranch arbeitete. Die Texas A&I University war dort ganz in der Nähe. Er und ein anderer junger Ingenieur fuhren zu einer der dort stattfindenden Tanzveranstaltungen, natürlich in Stewarts grünem Cabriolet, das

Mädchen immer begeisterte. Sie hofften sehnlichst, einige Studentinnen kennenzulernen.

Bei dieser Tanzveranstaltung war es jedoch keine Studentin, auf die Stewart aufmerksam wurde. Er beobachtete ein großes, schlankes Mädchen auf der Tanzfläche. Als das Lied zu Ende war, stellte sich Stewart der lebhaften klassischen Schönheit vor und erfuhr, dass ihr Name Lively war, Jane Lively. Sie besuchte während der Ferien anlässlich George Washingtons Geburtstags ihre beiden Schwestern, von denen eine an der Universität studierte. Die andere Schwester war mit einem jungen Angestellten verheiratet, der wie Stewart im Humble Oil Camp wohnte. Tatkräftig wie er war, suchte Stewart gleich am nächsten Morgen diesen Mann auf und ließ sich nach der Arbeit zum Abendessen in dessen Zuhause einladen.

Harold Wright kannte die Stewarts seit dem Zeitpunkt ihres Kennenlernens. „Nicht lange nachdem Jane und Doug sich getroffen hatten, fuhr nur noch ein Mädchen in Dougs grünem Cabriolet mit. Zunächst einmal war Jane einfach eine herausragende Persönlichkeit. Stellen Sie sich ein Mädchen vor, eine auffallende Blondine, relativ groß und mit einer guten Figur. Dazu kommen natürliche Anmut und Sinn für Eleganz, gemischt mit entschiedenem Pragmatismus. Sie war nie irgendwo fehl am Platz. Doug war eine Führungspersönlichkeit, Jane ebenso."

Als Stewart anlässlich des Abendessens, zu dem er sich eine Einladung ergattert hatte, vor dem Haus seines Kollegen hielt, war Jane bereits dort. „Sie trug Zöpfe und Blue Jeans und tanzte barfuß mit ihrer Schwester in der Einfahrt", erinnerte er sich. „Sie nahm meine Einladung an, und an diesem Abend fuhren wir zu unserem ersten Date in einen Nachtclub in Corpus Christi. Wir waren die besten und schlechtesten Tänzer auf der Tanzfläche, einfach weil wir an diesem entspannten Montagabend die einzigen waren.

Damals arbeitete Jane in der Geschäftsstelle von Braniff Airways und lebte in San Antonio. Den ganzen Sommer lang pendelten wir die rund zweihundertvierzig Kilometer zwischen San Antonio und Kingsville. Jane und ich heirateten an Heiligabend in der Kirche in San

Antonio. Unsere Flitterwochen verbrachten wir in Houston, sodass ich die Möglichkeit hatte, an einer weiterführenden Schule für Reservoir-Engineering für ausgewählte Ingenieure zu studieren. Das war für sie völlig in Ordnung. In all den Jahren, die wir zusammen verbracht haben, war sie immer an allem interessiert, was ich tat. So war sie zum Beispiel einmal direkt an meiner Seite, als ich mir einen Ölbohrlochbrand ansehen musste.

Der Mann, der mit einem Sack voll Dynamit zum Brunnenkopf kroch, um das Feuer zu löschen, war Red Adair. Viele Jahre später war es Adairs Firma, die nach dem Golfkrieg für die Beendigung der Brände in Kuwait verantwortlich war. Ich musste ihn selbst einmal anrufen, als ich als Esso Easterns Koordinator für Australien eingesetzt wurde und eine unserer Bohrlöcher im Tasmanischen Golf explodiert war."

Aus dem Fenster des Flugzeugs sah Stewart, wie das Mondlicht die Winterlandschaft Neufundlands mit den zugefrorenen Seen und den vereisten Feldern unter ihm erhellte. Die glitzernden Lichter der Ostküste tauchten auf.

„In dieser Winternacht befanden sich irgendwo dort unten Connecticut und meine Familie", sagte er. „Einen Moment lang war ich überwältigt von der Vorstellung, wie lange ich weg gewesen war und wie sehr ich sie vermisste."

Nach der Landung schien die Taxifahrt nach Connecticut noch länger als der Flug zu dauern. Es hatte stark geschneit, und die Schneepflüge hatten hüfthohe Hügel entlang des Highways aufgeschichtet. Hatten die Schneepflüge bereits die Städte erreicht? Was, wenn das Taxi die engen Straßen bis zum Haus nicht mehr befahren konnte?"

In diesem Moment bog das Taxi um die Kurve – und da stand Jane im Schneegestöber und schaufelte den Weg frei.

„Ich stieg aus und nahm ihr die Schaufel aus der Hand. Wir schleppten meinen Koffer gemeinsam ins Haus und lachten bei jedem Schritt. Ich war so froh, sie wieder in meinen Armen zu halten, dass ich sie nicht loslassen wollte. Die Kinder waren bereits im Bett, sodass sie ihre kleinen Überraschungen erst am nächsten Tag bekamen. Jane mochte die Kaffeekanne sehr!"

Jahrzehnte später ist Stewarts Bewunderung für seine Frau unvermindert groß. „Ich wusste wirklich nicht, was für ein großartiger Mensch Jane war, bis ich sie heiratete. Sie war immer diejenige, die Partys, Tänze, Kartenspiele und kirchliche Veranstaltungen organisierte. Sie wurde in jeder Stadt, in die wir jemals umgezogen sind, Leiterin einer Frauengruppe. Ob ich Führungskräfte, Botschafter oder einen Brunnenbauer mit nach Hause brachte, Jane besaß immer genau das passende Fingerspitzengefühl. Nachdem ich Exxon verlassen hatte, gründete ich mein eigenes Erdgasgeschäft in Houston. Der wachsende Erfolg sorgte dafür, dass ich viel mehr zu Hause war. Jane gestaltete unser Leben immer wieder interessant, indem sie Reisen an exotische Orte wie Neuguinea und Südafrika plante. Sie war eine großartige Partnerin und dreiundfünfzig Jahre lang meine beste Freundin."

*Dezember 1961: vier Leute des Studienteams zum
niederländischen Gas auf einer Esso-Feier.
Hintere Reihe von links nach rechts: Paul Miles,
dritter von links, Jan van den Berg.
Vordere Reihe: Douglas Stewart und Martin Orlean.*

Jan van den Berg nachdem er Leiter des Gasvertriebs bei Gasunie wurde.

Kapitel 8

„Startle" für Jersey und Shell

John D. Rockefeller schaute aus seinem Gemälde herab, als Stewart sich am nächsten Mittwoch im Büro von Jersey von seinem Platz am Vorstandstisch erhob und seinen „Wachrüttler" vortrug.

„Meine Herren, gemäß Ihren Anweisungen habe ich die NAM-Büros in den Niederlanden besucht, und nach Ihrer Intervention, Herr Rathbone, verhielt man sich dort mir gegenüber sehr entgegenkommend. Man stellte mir alles zur Verfügung, was über die Geologie und die Daten aus den Bohrlöchern bekannt war. Nach meiner Analyse sind die nachgewiesenen Reserven sehr groß, wahrscheinlich in der Größenordnung von dreihundertfünfzig Milliarden Kubikmetern oder zwölf Billionen Kubikfuß Gas. Was das Ölvorkommen betrifft, so ist dies umfangreicher als die jüngsten Funde in Alaska. Der Sandstein ist von hervorragender Qualität. Im Bereich der Fundbohrungen ist er ungefähr dreihundert Meter dick, mit ungewöhnlich hoher Porosität. Wenn die verstreuten Funde miteinander verbunden werden, könnte dieses Feld um ein Vielfaches größer sein. Mithilfe einiger der hervorragenden Esso-Leute in den Niederlanden und unseres Martin Orlean, der Ihnen die wirtschaftlichen Aspekte erläutern wird, haben wir einen Plan entwickelt, um dieses Gas auf eine sehr profitable Weise zu nutzen. Wir wollen es als Premium-Brennstoff an die Haushalte und die Leichtindustrie verkaufen, anstatt den Plan von Shell zu übernehmen, es zu einem niedrigen Preis an Kraftwerke und die Schwerindustrie zu veräußern.

Um den optimalen Preis zu nutzen, den diese neuen Premiummärkte erzielen werden, sollte Esso eine neue Politik in Bezug auf Erdgas verfolgen. Wir werden es nicht nur ab Bohrloch verkaufen, vielmehr können wir ab Bohrloch bis zum Verbraucher daran teilhaben. Wir können der niederländischen Regierung demonstrieren, wie als Premium-Kraftstoff verkauftes Erdgas durch die Steuern und Abgaben deutlich höhere Einnahmen erzielen wird. Dies wird der Regierung ermöglichen, den Lebensstandard der Bürger zu verbessern. Das Erdgas wird auch den Einsatz von Kohle reduzieren, die überall die Häuser und die Luft verschmutzt. Der Gasüberschuss für den niederländischen Premiummarkt kann gleichzeitig dazu beitragen, die Handelsbilanz des Landes zu verbessern, und zwar indem das überschüssige Gas zum Premium-Preis exportiert wird. Jenseits der niederländischen Grenzen könnte Esso in ganz Westeuropa den gleichen noch unerschlossenen Markt von Privathaushalten und Leichtindustrie bedienen. Wenn wir in diesen Ländern in Pipelines und Marketingmaßnahmen investieren, indem wir selbst an ausgewählte Industrien und Gemeinden verkaufen, wird Esso die Spitze eines neuen Unternehmens bilden, mit einem Gewinnpotenzial, das aufgrund seiner Größe kaum kalkulierbar ist, weil es so in Europa noch nie zuvor existiert hat."

Orlean und Stewart stellten anschließend die Ergebnisse der Studie, die Stewarts Behauptungen dokumentierten, grafisch dar:

1. Die wahrscheinlichen nachgewiesenen Reserven betragen hundert Milliarden Kubikmeter. Die endgültigen Ressourcen könnten dreihundertfünfzig Milliarden Kubikmeter übersteigen, was zwei Milliarden Barrel Öl entspräche (eine Entdeckung in der Größenordnung der Reserven Alaskas).

2. Etwa die Hälfte des Gases würde zum Premiumpreis auf dem niederländischen Inlandsmarkt verbraucht werden, die andere Hälfte würde für den Export in die gleichen Märkte in nahe gelegenen Ländern zur Verfügung stehen.

3. Shell zieht es vor, große Industrie- und Kraftwerke den größten Teil des Gases zu einem niedrigen Preis verbrauchen zu lassen, wodurch in erster Linie Heizöl verdrängt werden würde. Tatsächlich ist es technisch machbar, das Gas als Premium-Brennstoff an den viel größeren Markt der Privathaushalte und gewerblichen Verbraucher zu liefern und dabei vor allem die Steinkohle zu ersetzen.

Als der Vorsitzende Rathbone um eine Stellungnahme bat, zeigte sich Bill Stott von Erdgas begeistert. Dieser neue Vorschlag würde die Steinkohle und nicht seinen Heizölmarkt betreffen. Sollte er vom Vorstand angenommen werden, dann würde seine Marketingabteilung die Leitung des neu vorgeschlagenen Geschäfts übernehmen, nicht die Produktionsabteilung, die Vasquez' Bereich war. Andere, die sich äußerten, schienen die Empfehlungen sehr zu befürworten. Milbrath kündigte an, dass er persönlich in der ersten Woche des neuen Jahres nach Den Haag und London reisen werde, um Shell persönlich von dem neuen Ansatz zu überzeugen.

Rathbone dankte Stewart und Orlean für ihre Arbeit und verwies darauf, dass der Vorstand die Entscheidung von Shell abwarten werde. Priestman war nicht allzu glücklich darüber, Stewart entbehren zu müssen, aber er dachte, es könnte sich dabei nur um wenige Wochen handeln. Stewart wusste es besser. Es würde ein langwieriger Prozess werden, Shell von der neuen Idee zu überzeugen, und vielleicht eine noch größere Herausforderung, die niederländische Regierung dazu zu bringen, die Produktionskonzession zu gewähren, die letztendlich alles ermöglichen würde. Noch schwieriger könnte es werden, die Regierung von dem beispiellosen Schritt zu überzeugen, einem mächtigen Wirtschaftsunternehmen wie den beiden Ölgiganten den Einstieg in das Gasvermarktungs- und Pipelinegeschäft in ihrem Land zu ermöglichen.

Stewart und Orlean kehrten nach Den Haag zurück, um Coen Smit, den niederländischen Präsidenten von Esso, bei den Verhandlungen über die Produktionskonzession der NAM mit der niederländischen Regierung zu unterstützen. Jersey akzeptierte, dass Shell als Betreiber von NAM diese Verhandlungen leiten würde. Es war notwendig, einen Weg zu finden, entweder die staatliche Gasgesellschaft aufzukaufen oder in irgendeiner Form ein neues Unternehmen mit dem Staat als Aktionär zu gründen.

Die Frage, wie dies geschehen sollte, wurde offengelassen. Selbst wenn diese niederländischen Ziele erreicht werden sollten, war es für Stewart offensichtlich, dass Jersey beim Verkauf des Gases über die niederländische Grenze hinaus unabhängig von Shell sein wollte. Er wusste, dass die Exportländer eine weitere große Herausforderung darstellen würden, die es zu bewältigen galt.

„In meinen Gedanken begann sich bereits ein neuer „Wachrüttler" über die Exportmöglichkeiten abzuzeichnen. Als wir den Raum verließen, schaute ich auf das Porträt von John D., und ich schwöre, dass er lächelte", sagte Stewart.

Der ehemalige Kollege Harold Wright, der inzwischen auf Stewarts Wunsch in das Büro in Jersey New York umgezogen war, erinnerte sich an eine weitere bedeutende, weitreichende Veränderung, die Stewart gefordert und schließlich auch erreicht hatte. „Ich hielt mich in der Zeit, in der Doug in Holland war, in New York auf. Neben der Organisation der ganzen Sache und der Einführung des Premiummarkt-Konzepts hat er etwas noch Bedeutenderes erreicht. Er bestand darauf, die Berechnung der Preise für Erdgas in Höhe des jeweiligen Kraftstoffäquivalents durchzusetzen. Zu dieser Zeit wurde Erdgas von den Ölgesellschaften in den USA zu einem Preis verkauft, der weit unter dem tatsächlichen Wert des Rohstoffs im Vergleich zu anderen Brennstoffen lag. Preisgestaltung für Brennstoffäquivalente war eine völlige Kehrtwendung in der Art und Weise, wie die Preise für Erdgas seit Jahren festgelegt wurden. Er musste enorme Gleichgültigkeit und völlige Ablehnung seiner Ideen überwinden, aber ich sage Ihnen eins: Wenn Doug in einer Gruppe war, dann hat er die am Ende auch geleitet."

Es war eine Woche vor Weihnachten, aber Jersey verlor keine Zeit. Shell war die erste Hürde. Eines der Vorstandsmitglieder von Jersey nahm Kontakt zu Lykle Schepers, dem Direktor von Shell/BPM in Den Haag auf und vereinbarte einen Termin für ein Treffen mit Stewart und Coen Smit in der ersten Woche des neuen Jahres.

Stewart war überglücklich, dass er und Jane ihren Hochzeitstag gemeinsam feiern würden. Als Jane sich entschied, das Dior-Kostüm aus ihren Flitterwochen zu tragen, das ihr immer noch perfekt passte, holte Stewart seine alte Offiziersuniform hervor, in die er sich gerade noch so eben hineinzwängen konnte.

Silvester war für die Stewarts in diesem Jahr besonders lustig. Sie kamen von einer Party nach Hause und Stewart blieb kaum Zeit, die Kleidung zu wechseln und in ein Taxi zum Flughafen zu steigen. Er schnappte sich eine Tasche und warf eilig alles Mögliche hinein. Als er aufblickte, sah er Jane in der Zimmertür. Sie trug immer noch eine Korsage und machte ihn auf die Tasche aufmerksam, die sie bereits für ihn vorbereitet hatte.

Im Flugzeug döste Stewart ein wenig und begann dann, die Notizen für die Shell-Präsentation durchzusehen. Er wusste, dass er Shell von seinem Plan ebenso überzeugen musste wie Essos Vorstand. Es war das

Londoner Büro von Shell, das die Marketingstudie zusammengestellt hatte, auf die Shell seine falsche Einschätzung zum Verkauf des niederländischen Gases an Kraftwerke stützte. Das Aufzeigen des Schwachpunktes an der Position von Shell war Teil von Stewarts Präsentation für Esso gewesen. Die Wiederholung dieser Feststellung in der Präsentation vor Shell würde die mangelnde Weitsicht von Shell im eigenen Haus in den Vordergrund stellen. Würde Shell sich in die Defensive begeben oder würde die Verwegenheit der Präsentation Esso den Weg versperren?

Die Arbeit an der Zustimmung von Shell zum Premiummarkt-Plan begann in dem weitläufigen alten Shell/BPM-Gebäude aus gelbem Kalksandstein in Den Haag. Smit, Stewart, Orlean und Van den Berg wurden in das Büro von Lykle Schepers, einem der einflussreichsten Industriellen der Niederlande, geführt. Das Team hielt im Wesentlichen die gleiche Präsentation vor Schepers wie zuvor vor dem Vorstand von Jersey und widerlegte die Schlussfolgerung von Shell, das Erdgas in Kraftwerke zu leiten.

Lykle Schepers' herzliche Reaktion beseitigte Stewarts Bedenken. Schepers hörte aufmerksam zu und empfahl Stewart und seinem Team, unverzüglich nach London zu reisen. Er versicherte ihnen, dass er für sie den entsprechenden Termin mit dem Management von Shell vereinbaren würde. Damit würde das Esso-Team nicht nur die wirklichen Entscheidungsträger von Shell treffen, sondern dies würde unter Schepers' Leitung vor Ort geschehen.

Auf dem Weg nach London erinnerte sich Stewart daran, wie er mit der zu einem Truppentransporter umgebauten Queen Mary in die Stadt gekommen war und dass damals Bomben auf London gefallen waren.

Als der Wagen durch die kilometerlangen Vororte zwischen Heathrow und London brauste, bot sich ihm ein weitaus fröhlicherer Anblick als in seinen Kriegserinnerungen. Die trümmerfreien Straßen waren nun von restaurierten und neu errichteten Gebäuden gesäumt. Die Denkmäler für Lord Nelson am Trafalgar Square und für Eros am Piccadilly waren nicht mehr mit Sandsäcken und Holzgerüsten zum Schutz vor nächtlichen Fliegerbomben bedeckt, sondern boten nun den Tauben einen Tummelplatz. Angesichts dieser düsteren Erinnerungen an London waren der starke Verkehr, die schwarzen Taxis und die knallroten Telefonzellen ein Zeichen des Willkommens.

Am nächsten Morgen wurde das Team in den riesigen Sitzungssaal von Shell geleitet, wo es seine Ideen und Schlussfolgerungen bezüglich des Schwachpunktes in der Studie von Shell präsentierte. Es folgte eine lebhafte Diskussion mit Shells Gasmarketingexperten. Sie wollten natürlich ihren Standpunkt nicht aufgeben, genau wie ihre unmittelbaren Vorgesetzten, die davon ausgegangen waren, dass dieser die endgültige Lösung darstellte.

Obwohl der Austausch etwas hitzig war, folgte das Esso-Team dem Beispiel Stewarts und reagierte nicht defensiv, sondern kehrte einfach immer wieder zu den Fakten zurück, die die Leute von Shell nie in Betracht gezogen hatten. Als Stewart und das Team fertig waren, versuchte keine der Führungskräfte, die eigenen Mitarbeiter davon abzubringen, die Idee zu rechtfertigen, das Gas zu niedrigen Preisen zu Kraftwerken zu leiten. Aber niemand tat dies.

Stewart wusste, dass Schepers von der Stichhaltigkeit der Argumente des Teams in Den Haag überzeugt war, sonst hätte dieser das Treffen nie arrangiert. Hatte er den Londoner Führungskräften von Shell eine Art Vorwarnung gegeben? Gewiss, die technischen Mitarbeiter von Shell schienen ihren Widerstand gegen den Esso-Plan aufzugeben.

Plötzlich kam die Diskussion unerwartet abrupt zum Stillstand. Zur Freude Stewarts und seiner Mitarbeiter verkündete der Shell-Vorsitzende: „Also, wenn niemand eine bessere Idee hat als das Esso-Team, dann lasst uns seinen Plan annehmen."

Dreißig Jahre später erinnerte Van den Berg in einem Brief an Stewart daran, dass diese Worte die gerechte Belohnung für all ihre Arbeit waren. „Von allem, was wir erlebt haben, war dies wohl der aufregendste Moment für mich."

Die unmittelbare Frage für das Team war nun, wie man an die niederländische Regierung herantreten sollte. Shell stimmte nicht nur dem Esso-Plan zu, sondern leitete die Sache auch in die Wege, indem es den späteren Ministerpräsidenten Zijlstra und Wirtschaftsminister de Pous kontaktierte, um sie zu informieren, dass die NAM eine neue Regelung erörtern wollte. Für Mitte März wurde ein Treffen mit de Pous vereinbart.

In Den Haag wurde eine gemeinsame Shell/Esso Task Force gebildet, die den Auftrag erhielt, den Bericht des Esso-Teams in die niederländische Sprache zu übersetzen und einen Vorschlag für eine gemeinsame Beteiligung von Esso und Shell am Gasgeschäft vorzubereiten. Coen Smit von Esso und der neue Geschäftsführer von Shell Nederland in Rotterdam, J. C. Boot, waren die Hauptkontakte mit der Regierung.

Ein Gedanke schoss Stewart durch den Kopf. „Ich fragte mich, ob die Unhöflichkeit von Shells vorherigem Direktor in Rotterdam gegenüber Smit und mir, damals als wir zum ersten Mal versucht hatten, nach Oldenzaal zu fahren, etwas mit diesem neuen Gesicht an der Spitze des Rotterdamer Shell-Management-Teams zu tun hatte. Aber ich bin nie dazu gekommen, mich zu erkundigen."

A. H. Klosterman, ein Pipeline-Ingenieur, leitete das Team von Shell. Stewart stand dem Esso-Team vor, zu dem Van den Berg, Van der Post und Orlean gehörten. Dies war ein vertrauter Prozess für Stewart, nicht unähnlich dem Dienst in der Armee: Er leitete ein handverlesenes Team, das zusammengestellt worden war, um eine Lösung zu finden.

„Ich wusste, es würde nicht ausreichen, der niederländischen Regierung einfach zu sagen: ‚Das wurde in den USA schon gemacht, das kann man hier also auch machen'. Wir mussten solide Informationen vorlegen, die die tatsächlichen Investitionen dokumentieren, die für den Aufbau eines Stadtgasnetzes in den Niederlanden erforderlich waren. Wir mussten in der Lage sein, das reale Preisniveau sowohl für Groß- als auch für Einzelhandelskunden vorherzusagen."

Stewarts Fachwissen in Wirtschaftsfragen war der Schlüssel zu seiner Präsentation vor Humble in Bezug auf die Gasrecyclinganlage der King Ranch gewesen, und es war der Schlüssel zu seinen Präsentationen über den Premiummarkt-Ansatz bei Esso und Shell. Er war sich ebenso sicher, dass die Präsentation der wirtschaftlichen Aspekte dieser neuen Idee bei der niederländischen Regierung den Ausschlag geben würde.

Er stellte seine Idee zuerst Van den Berg und Van der Post vor. „Sie beide sind hier Tag für Tag in die Energieversorgung eingebunden. Gibt es eine Möglichkeit, ein bestimmtes Modell zu entwickeln, das uns eine Art Vorhersehbarkeit für die verschiedenen Arten von eventuellen Verbrauchern bietet? Ich meine, gibt es eine Stadt in der Nähe, in der wir die Wirtschaftlichkeit des gegenwärtigen Gasnetzes untersuchen und herausfinden könnten, welche Nutzung bei einer Umstellung möglich wäre? Ich denke, wir könnten solch einen Ansatz als Grundlage für die Berechnung des Verbrauchs in den kommenden Jahren verwenden."

Cees hatte einen Einfall. „Ich kenne die perfekte Stadt, nur zwanzig Minuten von Schiphol entfernt ..."

Jan und Cees hatten die Angewohnheit, die Sätze des anderen zu beenden. So auch diesmal. Jan: „Hilversum!"

„Ja", sagte Cees, „Ich kenne den Gasmanager der Stadt. Wir verkaufen ihm seit ein paar Jahren Propan, um seine Gasversorgung zu erhöhen."

„Sie haben etwa zwanzigtausend Haushaltskunden und ..." Cees fuhr fort: „ ... einige kleine Industrien. Wenn wir ihn in Bezug auf Kostendaten und den Plan der Rohrleitungsnetze überzeugen, könnten wir sowohl den Großhandel als auch den Einzelhandel mit der Stadt gut in den Griff bekommen."

Genau das hatte Stewart sich erhofft. „Glauben Sie, er würde mit uns zusammenarbeiten?"

Gesagt, getan. Gerade als Cees den Hörer abnehmen wollte, riet Stewart jedoch zur Vorsicht. „Können Sie ihn zur Geheimhaltung verpflichten?" Jan und Cees reagierten überrascht, aber Stewart hatte einen guten Grund für seinen Einwand. „Dies könnte ein politisch heißes Eisen werden. Die Presse könnte unseren Versuch, diese Informationen zusammenzutragen, so interpretieren, dass Shell und Esso planen, das Gasgeschäft zu übernehmen, obwohl wir noch nicht einmal eine Förderkonzession erhalten haben. Wenn die Politiker das so sehen, dann bedeuten alle Zahlen der Welt nichts mehr. Was wir zusammenstellen, muss in möglichst eindrucksvoller Weise zeigen, dass die Regierung und das Land wirklich von unserem Projekt profitieren können." Jan und Cees waren beide der Meinung, dass ihr Mann in Hilversum fachlich klug und ein ehrenwerter Mensch war, der die Notwendigkeit, sie in Ruhe arbeiten zu lassen, einsehen würde.

Cees holte den Manager in Hilversum sofort ans Telefon – die Antwort kam ohne zu zögern: „Ja, kommen Sie her. Wir haben über dieses Erdgas gelesen. Wann können wir es bekommen?"

Nun war es Cees, der zur Vorsicht mahnte. „Nicht so schnell. Noch gibt es keins. Zuerst prüfen wir, welche Möglichkeiten überhaupt existieren. Wir möchten zuerst zu Ihnen nach Hilversum kommen, um gemeinsam zu überlegen, wie wir das Ganze realisieren können. Das einzige, was Sie tun müssen, ist, darüber zu schweigen, bis wir ein Bild von den Möglichkeiten für die Haushalte und Kleinstädte gewonnen haben. Wenn wir nicht so vorgehen, werden die Politiker über uns herfallen. Was halten Sie davon?"

Der Manager hielt sein Versprechen. In der folgenden Woche begaben sich die vier Esso-Männer in die kleine Stadt Hilversum. In gewisser Weise erwies sich ihre Bevölkerung als idealer Testfall für die Studie, Hilversum war als Stadt seiner Zeit weit voraus. Jahrhundertelang war es ein Zentrum für die Textilindustrie gewesen, aber 1961 leitete der Nachkriegsboom die dortige Entwicklung zum Medienzentrum der Nation ein. Sogar das stilistisch von Frank Lloyd Wright geprägte Rathaus, das auf einem großen Grundstück mit einem See und einem Springbrunnen stand, wies in die Zukunft.

Stewart war im Stillen beeindruckt von der Stadt und dem Leiter des Gaswerks. „Er war wirklich begeistert davon, dass seine Stadt ein Vorbild für die gesamten Niederlande sein sollte. Er hat unsere Arbeit absolut geheim gehalten, bis wir uns mit Minister de Pous treffen konnten, damit die Regierung über alle gesammelten Daten verfügen konnte. Anschließend konnten die eigenen Experten und Vertreter der Regierung diese analysieren lassen. Sie konnten selbst feststellen, ob das Vorhaben durchführbar war oder nicht."

Wieder einmal standen Stewart und das Team vor einer Unzahl akribischer Kalkulationen, die von Hand auf altmodischen mechanischen Rechnern durchgeführt werden mussten. Dennoch konnten sie gemeinsam mit dem Manager in Hilversum ein detailliertes Konzept für die Einführung von Erdgas in einer typisch niederländischen Stadt sowie die voraussichtlichen Kosten und die Preisstruktur erstellen. Wichtiger noch: Die Hilversum-Studie prognostizierte die Art und Weise, in der die Nachfrage über einen Zeitraum von fünfzehn Jahren wachsen würde. Mit nur wenigen Änderungen bei den Kosten- und Preiskalkulationen hat diese Studie den Test der Zeit überstanden. 1988 bezeichnete Gasunie die von den Vier von Esso vorgelegte Studie als „den Grundstein für den Erfolg der Erdgasindustrie in den Niederlanden".

Stewarts Team entwickelte nicht nur die Hilversum-Studie für die niederländische Regierung, sondern arbeitete auch hart daran Exportstudien über Deutschland und Belgien zu erstellen. Mitte Januar war Milbrath überzeugt, dass die Pläne für die Exportstudien fertig waren. Für Montag, den 23. Januar, wurde ein Treffen mit dem Vorstand der vollständig im Besitz von Esso befindlichen Esso A. G., ihrer deutschen Marketing-Tochtergesellschaft in Hamburg, vereinbart.

Am Freitag, dem 20. Januar, beschloss Milbrath in Den Haag bei einem frühen Abendessen zu besprechen, was Stewart und das Team in Hamburg präsentieren würden. Als sie sich entschieden, in die Urlaubsstadt Scheveningen aufzubrechen, war Stewart erfreut, dass sie das Wochenende nicht durcharbeiten sollten.

„Es war ein klarer Tag", erinnerte er sich. „Als wir aus dem Taxi stiegen, schlug uns die klirrende Kälte der Nordsee entgegen, aber ich wollte die Gelegenheit nicht verpassen, auf den berühmten Deich von Scheveningen zu gehen, der gebaut worden war, um den Gezeiten und der Wucht der Winterstürme an der Nordsee zu widerstehen."

Trotz des eisigen Windes schlossen sich die anderen Stewart an. Die Möwen über ihnen ließen sich vom Aufwind treiben. Die Männer hatten sich noch nicht entschieden, wo sie zu Abend essen wollten, also gingen sie auf einen Genever in die nächste Bar.

Inzwischen hatte sich Stewarts Umgang mit Genever weiterentwickelt. „Genever trinkt man am besten pur, sehr kalt, an einem sehr kalten Tag, die Niederlande bieten da viele Gelegenheiten. Martin beschreibt ihn als eine Art niederländischen Tequila."

Da Stewart bisher alle Team-Präsentationen geleitet hatte, teilte Milbrath ihnen mit, dass er am Montag nach seinen Einführungen die Leitung der Sitzung an Stewart und Orlean übergeben werde. Die Männer traten nach draußen. Dem eisigen Wind mühsam trotzend, erreichten sie das „Bali", das Stewart als Scheveningens berühmtestes indonesisches Restaurant in Erinnerung hat. So etwas hatte er noch nie zuvor erlebt.

„Die Wände waren mit authentischen Gemälden und Marionetten aus Indonesien dekoriert. Unsere Sinne wurden von den Düften und Aromen, die aus der Küche strömten, überwältigt. Ein exotisches Gericht nach dem anderen wurde serviert: aromatisierter Reis, Kokosnuss, einfach und gebraten, Satayspieße, Erdnusssaucen und feurige Pfeffersaucen, einige rot, einige gelb und einige schwarz, alle rochen nach getrocknetem Fisch. Je schlechter die Gerichte rochen, desto besser schmeckten sie. Es müssen fünfundzwanzig verschiedene Gerichte gewesen sein, begleitet von Garnelen und Kropok, die alle mit goldenem, kräftigem holländischem Bier hinuntergespült wurden."

Nach dem Abendessen begaben sich die Männer in den Raucherraum, um Zigarren, Cognac und Kaffee zu genießen.

„Gut, dass ich den Rest des Wochenendes hatte, um mich auszuruhen und den Geruch des Restaurants aus meinem Mantel loszuwerden", sagte Stewart. „Zum Glück war es erst Freitag, und wir hatten das

Wochenende frei, um die historische Umgebung von Den Haag zu erkunden."

Stewart erwartete das Treffen am Montagmorgen mit Spannung, hatte aber keine Vorstellung davon, wie das Team empfangen werden würde. „Dies war eine Tochtergesellschaft von Jersey, und wenn die Muttergesellschaft etwas wollte, konnte sie schnell reagieren. Aber andererseits konnte eine Tochtergesellschaft eine Entscheidung auch unendlich in die Länge ziehen ..."

In diesem Fall würde die Muttergesellschaft die Tochtergesellschaft nicht bitten, einem bewährten und realistischen Ansatz zu folgen. Vielmehr würde sie sie auffordern, für ein Projekt, das noch nicht einmal über Pipelines für den Transport verfügte, absolutes Neuland zu betreten. Was das Team über die Esso A. G. wusste, war, dass diese schnell reagiert hatte, als Jersey nach dem Krieg beschloss, sie in den Verkauf von Heizöl zu involvieren, und dass sie damit sehr schnell Erfolg gehabt hatte. Solange Hamburg nicht überzeugt werden konnte, diese Studien zu beauftragen, würde alles, was Stewart für möglich hielt, nur Spekulation bleiben. Glücklicherweise war der Schlüssel zu ihrer Überzeugung bereits gefunden: Hans Löblich, der Leiter ihres Energievertriebs. Er und seine Familie freuten sich auf das lang geplante Skiwochenende in Bayern. Die Besucher aus Den Haag waren dabei, ihm das zu verderben.

Kapitel 9

Ein neues Teammitglied

Hans Löblich war ein großer, blonder Intellektueller Anfang vierzig mit breit gefächertem Geschmack. Er verfügte über einen unbeirrbaren, mathematischen Verstand und besaß die Fähigkeit, jegliches Prätentiöse oder Pompöse zu entlarven. Er hatte auch einen unerwartet skurrilen Sinn für Humor, kombiniert mit dem Talent, komplexe Sachverhalte verständlich auszudrücken und dabei den wahren Charakter des Originals nicht zu verwässern.

Etwa zur gleichen Zeit, als das Team von Esso Den Haag beschlossen hatte, sich beim Abendessen in Scheveningen auf das Treffen am Montag vorzubereiten, überarbeitete Löblich einen Brief an ein Stahlwerk im Ruhrgebiet, den er zuvor diktiert hatte. Er schlug darin die Anwendung eines neuen Verfahrens vor, mit dem die Effizienz der Hochöfen erhöht und Kohle durch Esso-Heizöl ersetzt werden konnte. Sein Arbeitspensum war in letzter Zeit enorm und er war weit häufiger von zu Hause weg, als ihm lieb war. Er freute sich an diesem Tag darauf, sein Büro früher zu verlassen, um endlich Zeit mit seiner Familie zu verbringen. Als er an diesem Morgen losgefahren war, unterhielten sich seine Frau Gisela und die beiden Teenagertöchter Gabi und Monika voller Enthusiasmus darüber, was sie für den bevorstehenden Skiausflug einpacken würden. Gerade als er seine Unterschrift unter den Brief setzte, kam seine Sekretärin herein. Bestrebt, das Büro schnellstmöglich zu verlassen, übergab Hans ihr den Brief, schob seinen Stuhl zurück – und wurde von ihrer entschuldigenden, aber festen Stimme unterbrochen.

„Es tut mir sehr leid, Herr Löblich, aber Herr Kratzmüller bittet Sie umgehend in sein Büro."

Löblich befürchtete eine Verzögerung und eilte nach unten.

Emil Kratzmüller war ein sachlicher Mensch. Mit einem angedeuteten Kopfnicken verkündete er unwissentlich das Aus für den Skiausflug der Familie Löblich. „Löblich, am Montag trifft eine wichtige Gruppe von Jersey aus den Niederlanden ein. Sie wollen sich mit uns treffen, um über einen dortigen großen Erdgasfund zu sprechen und zu beratschlagen, ob es in Deutschland Märkte für dieses Gas gibt. Wir müssen ihnen so schnell wie möglich so viele Informationen wie möglich über die Kohlegasindustrie hier und über die Erdgasförderung in Deutschland zur Verfügung stellen. Ich möchte, dass dieses Büro als absolut kompetent wahrgenommen wird.

„Sie müssen sich darauf vorbereiten, alle Fragen der Esso-Leute beantworten zu können. Ich hoffe, Sie hatten keine Pläne fürs Wochenende? Es handelt sich um einen Notfall."

Löblichs höfliche Antwort ließ keine Spur von Enttäuschung erkennen. „Nichts, was ich nicht verschieben könnte."

Er ging grimmig in sein Büro zurück und teilte Gisela telefonisch die schlechte Nachricht mit, in der Hoffnung, dass sie die Mädchen damit trösten konnte, dass der Schnee zu dieser Jahreszeit wohl noch einige Wochen liegen bleiben würde. Die vergangenen Tage mit den unerwartet milden Temperaturen hatten seine eigenen Hoffnungen in dieser Hinsicht nicht gerade bestärkt. Es sollte ein sehr langes Wochenende werden.

Am Montagmorgen fuhr das Team aus Den Haag zum Flughafen Schiphol, um eine kleine Lufthansa-Maschine nach Hamburg zu besteigen. Am Boden waberte dichter Nebel, Stewart hatte Bedenken wegen des Wetters. Als sich die Nebelschwaden etwas lichteten, rollte das kleine Flugzeug die Startbahn hinunter. Aus der Luft konnte Stewart noch immer nicht den Boden erkennen, selbst als der Sinkflug über Hamburg begann.

„Der Anblick der hohen Schornsteine, die aus dem Nebel herausragten, war ein Anlass, ein Stoßgebet zum Himmel zu schicken. Hoffentlich wusste dieser Pilot, wo die Landebahn war", erinnerte sich Stewart. „Das dunkle, feuchte Rollfeld konnten wir erst sehen, als wir nur noch wenige Meter entfernt waren."

Der Januar hatte ganz Hamburg in gedämpfte Grautöne getaucht. Während des Krieges waren die Hälfte der Hamburger Wohngebiete, vierzig Prozent des Industriegebietes und achtzig Prozent der Hafenanlagen bei den Bombenangriffen der Alliierten in Schutt und Asche gelegt worden.

Auf der Fahrt mit der Limousine der Esso A. G. entlang der Alster konnte man erkennen, dass kaum noch Spuren dieser Verwüstung zu sehen waren. Stattdessen wurde Stewart mit dem Ideenreichtum konfrontiert, mit dem die Stadt ihren Wohlstand wiederhergestellt hatte. „Unser Hotel, das Vier Jahreszeiten, war Teil dieses dynamischen und ansprechenden Wiederaufbaus und der Restaurierung", sagte er. „Die Gebäude in der Nähe waren aus weißen oder grauen rußverschmutzten Steinen errichtet, mit kleinen Geschäften entlang der Bürgersteige. Viele Menschen eilten zur Arbeit, aber es gab nicht viel Verkehr, denn damals besaßen nur wenige Leute ein Auto. "

Stewart stieg aus der Limousine und wurde sofort mit dem unverkennbar penetranten Geruch von brennendem Koks konfrontiert. Er fragte sich, ob Hamburg jemals so etwas wie Londons Killersmogs der frühen fünfziger Jahre erlebt hatte. (Später fand er heraus, dass dies in Deutschland nicht der Fall gewesen war, weil dort Koks, und nicht wie in England Kohle, der vorherrschende Brennstoff war). Während seines Aufenthalts in London hatte ihn ein Bericht über die schwerwiegenden Auswirkungen dieses tödlichen Smogs in seinen Bann gezogen. Zu einem späteren Zeitpunkt legte er stichhaltige Daten über die Auswirkungen von Kohle auf die Städte vor, in denen sie der vorherrschende Brennstoff für Haushalte und Industrie darstellte.

„Die Debatte darüber, ob Kohlenqualm die menschliche Gesundheit beeinträchtigt oder nicht, fand im Winter 1952–53 in London ein Ende", sagte Stewart. „Am achten Dezember senkte sich kühle Luft aus dem Ärmelkanal über das Themse-Tal und blieb dort stehen. Innerhalb einer Woche gab es dreitausend mehr Todesfälle als üblich. In einem Frontline-Bericht auf PBS erinnert Devra Davis an den medizinischen Autor David Bates, damals ein junger Arzt mit Erfahrung in der Kriegsmedizin. Ihm zufolge konnten die Behörden sich nicht vorstellen, dass die Umweltverschmutzung in London mehr Opfer unter der Zivilbevölkerung verursachen könnte als der Krieg. Diese Katastrophe ließ sich in ihrem schieren Ausmaß nicht ignorieren. In einer Woche starben 4.703 Menschen, gegenüber 1.852 in der gleichen Woche des Vorjahres. Bates beschrieb den Widerwillen der Behörden, die Tatsache zu akzeptieren, dass so viele Menschen plötzlich allein durch das Einatmen schmutziger Luft tot zusammengebrochen waren, und bemerkte, dass „die Öffentlichkeit dies früher als die damalige Regierung erkannte."

„Ein Abgeordneter stellte diese Ereignisse in den entsprechenden Kontext, als er Harold Macmillan, den damaligen Wohnungsbauminister, fragte: ‚Erkennt der Minister nicht, dass im vergangenen Monat allein im Großraum London buchstäblich mehr Menschen durch Luftverschmutzung erstickt sind, als 1952 im ganzen Land bei Verkehrsunfällen getötet wurden?'"

1 Frontline: History Today, Dezember 2002, von Devra Davis.

Mit diesem Hintergrundwissen begann Stewart in späteren Präsentationen darauf hinzuweisen, dass das Heizen mit Erdgas die Möglichkeit einer solchen Katastrophe ausschloss. Er war der Ansicht, dass diese Informationen in den Marketingmaterialien enthalten sein sollten, mit denen die Vorteile von Erdgas für den Durchschnittshaushalt erklärt wurden. Er war gleichermaßen davon überzeugt, dass die Informationen von so großer Bedeutung waren, dass sie in die Präsentation vor der niederländischen Regierung aufgenommen werden sollten. Mit Blick auf die Hamburger Skyline sagte Stewart sich: „Diese Leute brauchen uns und unser Gas."

Gerüstet mit allem Wissen und Können für das bevorstehende Treffen mit den Amerikanern von Jersey traf Hans Löblich an diesem Montagmorgen früher als üblich bei der Esso A. G. ein. Am Wochenende hatte er, trotz der Enttäuschung über die verschobene Skireise, die uneingeschränkte Unterstützung seiner Familie erfahren.

Das Treffen erwies sich als hochkarätig und erinnerungswürdig, sowohl wegen der Anwesenden als auch wegen der detaillierten Präsentation des Esso-Teams. Die A.-G.-Teilnehmer waren Löblich, der stellvertretende Vorsitzende Dr. Theel und der Vorstandsvorsitzende Kratzmüller. Dr. Geyer, Geschäftsführer von Esso A. G., leitete die Sitzung und stellte die Besucher vor.

Als Vertreter des Managements von Jersey waren Stewart, Paul Temple, ein Anwalt aus der New Yorker Produktionsabteilung, Martin Orlean und Bob Milbrath anwesend.

Milbrath eröffnete das Meeting. „Wie Sie vielleicht gehört haben, hat unsere fünfzigprozentige, von Shell geführte Tochtergesellschaft NAM eine große Erdgasentdeckung in den Niederlanden gemacht. Jersey ist der Ansicht, dass die Entdeckung dieses großen Gasfeldes von enormer Bedeutung ist, sowohl vom Standpunkt des Produktionsgewinns als auch hinsichtlich seiner künftigen Auswirkungen auf die Vermarktung. Der Shell-Vorstand in London hat soeben die grundlegenden Konzepte unseres Teams zur Vermarktung des Gases in den Niederlanden gebilligt. Unser Team von Jersey ist bereits dabei, das niederländische Team der Shell-Tochtergesellschaft bei den Verhandlungen mit der niederländischen Regierung zu unterstützen, um die Förderkonzession für die Endnutzung des Erdgases zu erhalten.

Daraufhin stellte Milbrath Stewart als Projektleiter des Jersey-Teams vor. Stewart wiederholte die Präsentation, die er in London und New York gehalten hatte, und fügte dieses Mal eine kurze Geschichte der Entdeckung selbst hinzu. Er erläuterte auch sein Premiummarktwert-Konzept und den Wunsch Jerseys, sich am Gastransport und -marketing zu beteiligen. „Obwohl es derzeit noch unklar ist, wie das Exportgas verkauft werden soll, ermitteln wir dies zurzeit durch eigene Studien. Soweit wir wissen, ist Shell nicht über unsere Absicht informiert, und sie bemühen sich noch nicht um Exportmärkte. Ihr Ziel, das Gas durch den Verkauf an Kraftwerke zu einem niedrigen Preis in Konkurrenz zum Heizöl zu veräußern, ist extrem kurzsichtig. Wir von Esso können ermitteln, wo sich die Gasversorgungsunternehmen in Deutschland befinden. Welche Rechte haben sie? In welchem Bereich liegen Preise und Größe der potenziellen Märkte für Premium-Energie, in die Erdgas vordringen kann? Lassen Sie uns herausfinden, ob Esso seine eigenen Pipelines verlegen kann. Im Augenblick kann ich nicht sagen, ob Esso seinen Anteil unabhängig von Shell oder NAM vermarkten kann. Dies ist vorerst unsere Hoffnung, und wir werden so vorgehen, als ob dies möglich wäre. Jersey hat einen Fehler gemacht, als es nicht in den Vertrieb von Erdgas in den USA eingestiegen ist. Wir müssen diesen Fehler in Europa nicht wiederholen."

Löblich erinnerte sich, wie beeindruckt er war, dass Stewart bereits über die Erdgasproduktion in Norddeutschland informiert war. Die Fragen, die Stewart zu diesem Thema stellte, waren genau auf den Punkt gebracht. Besonders erstaunlich fand Löblich, dass Stewart so offen über die Unabhängigkeit der Vermarktung von Esso sprach.

„Wenn es wirtschaftlich machbar ist, will sich Esso voll und ganz am Pipelinetransport und -verkauf von Erdgas in Deutschland beteiligen", so Stewart weiter. „Wir wollen hier in Zusammenarbeit mit Ihnen eine Marketing-Arbeitsgruppe aufbauen, aber ich kann nicht genug betonen, dass wir unsere Exportabsichten auch gegenüber anderen Esso-Abteilungen völlig geheim halten müssen, um die Kohlegasverteiler nicht zu beunruhigen. Wir wollen keine Einmischung, während unsere Verhandlungen andauern. Auch wenn wir mit Shell gemeinsam über die Förderkonzession verhandeln, informieren wir sie nicht über unsere Exportabsichten."

Noch verwunderlicher für alle war Stewarts Vorsicht in Bezug auf die Kohlegasindustrie.

Solange die an der Studie Beteiligten nicht alle Ergebnisse vorliegen hatten, sollten sie gegenüber den Leuten in der Branche vorgeben, dass Esso die Möglichkeit der Lieferung von Naphtha (LPG) oder aus Afrika importiertem Flüssiggas diskutierte.

„Wir dürfen niemandem mitteilen, was wir hier zu erreichen hoffen, bevor wir nicht alle Fakten haben und wissen, was wir wirklich erreichen können", warnte Stewart.

Milbrath dankte Stewart für seine umfassende Präsentation und übergab die Sitzung an Herrn Kratzmüller, der Löblich vorstellte. Keiner der Anwesenden hatte eine Vorstellung von der Arbeit, die Löblich am Wochenende geleistet hatte, um vor der Gruppe zu sprechen, aber der Umfang und die Gründlichkeit seines Vortrags riefen Stewarts Bewunderung hervor. Löblichs Übersicht über das deutsche Gasgeschäft lieferte Antworten und treffende Hinweise auf die Fragen, die Stewart gerade gestellt hatte. Sie verdeutlichte auch, womit sich jeder Einzelne auseinandersetzen musste, wenn das niederländische Gas erfolgreich exportiert werden sollte.

Alle Hauptakteure in Deutschland verteilten Stadtgas mit niedrigem Heizwert, das in Hochöfen, Kokereien oder Anlagen in Kleinstädten erzeugt wurde. Besonders hervorzuheben war die Herstellung von Kokereigas für die Stadtverteilung. Deutschlands wichtigster Gasverteiler war die Ruhrgas, die sich damals im Besitz verschiedener Stahl- und Kohleunternehmen befand.

Löblich wies auf diverse Schwierigkeiten hin, mit denen das Unternehmen konfrontiert war. Er verwies insbesondere auf die Bemühungen der Ruhrgas. „Die Ruhrgas versucht aggressiv, das eigene

Gasgebiet und den Absatz zu erweitern. Sie befindet sich derzeit im Konflikt mit kleineren Verteilern in Süddeutschland." In der Düsseldorfer Gegend war der bekannteste Verteiler die Thyssengas, die sich damals im Besitz des Barons Heinrich Thyssen-Bornemisza de Kászon aus der berühmten deutschen Industriellenfamilie befand. Zu den weiteren zählten die Saarferngas und die Gas-Union in Bayern sowie kleinere lokale Gasversorgungsunternehmen, wie etwa im Bezirk Weser-Ems und in Hamburg selbst.

„Durch den Verkauf von Flüssiggas haben wir bereits Kontakte zu Gasversorgern. In einigen deutschen Städten gibt es schon einen großen Markt für Zentralheizungen, die derzeit mit Koks und Heizöl betrieben werden. Es werden hier in Deutschland sicherlich viel größere Premiummärkte existieren als in den Niederlanden", so Löblich weiter.

Stewart war besonders erfreut über die Anerkennung, die er für seinen Premiummarkt-Plan erhalten hatte. Er hatte erwartet, dass die Gruppe positiv reagieren würde, aber stattdessen unterbrach Dr. Geyer, der Geschäftsführer von Esso A. G., Löblich in einem ausgesprochen negativen Ton und sprach die Gruppe von Jersey direkt an. „Wir sollten unseren amerikanischen Freunden auch klarmachen, dass alle von Herrn Löblich genannten Betriebe tief in unserer Gesellschaft verwurzelt sind. Die großen Stahl- und Kohleunternehmen sind seit über hundert Jahren hier. Sie üben großen politischen Einfluss aus und werden nicht zögern, sich für den Schutz ihrer Interessen einzusetzen. Meiner Meinung nach, Herr Stewart, werden Sie Schwierigkeiten haben, mit Ihrem Vorhaben über die niederländische Grenze hinauszukommen. Aber wenn Sie wünschen, dass wir die diesbezüglichen Möglichkeiten trotzdem prüfen, werden wir kooperieren. Wir haben großes Vertrauen in unseren Herrn Löblich. Er war der Wegbereiter für unseren Einstieg in das Heizölgeschäft und wird mit Ihrem Team zusammenarbeiten." Für Stewart war die Wahl Löblichs zum Leiter des neuen Studienteams die wichtigste Entscheidung, die aus diesem Treffen hervorging. „Hans hatte die einzigartige Fähigkeit, riesige Datenmengen zu synthetisieren, ohne die Vorteile moderner Hochgeschwindigkeitscomputer zu nutzen. Aufgrund seiner enormen Marketingerfahrung innerhalb Deutschlands und seiner vielen Verbindungen spielte er eine Schlüsselrolle bei der Entwicklung unseres Exportprogramms. Hans war einfach der richtige Mann am richtigen Ort. Er hatte die Fähigkeit, genau die Fakten zusammenzutragen, die wir brauchten, um unsere Ideen in diesem neuen

Geschäft des Exports und der Vermarktung von Erdgas in Deutschland zu validieren.

Auf dem Rückweg aus Hamburg überdachte die Gruppe, was sie bei ihrem Treffen erreicht hatte.

Angesichts der Reaktion des deutschen Vorstandes auf die Präsentation hatte Milbrath ein gutes Gefühl, er war jedoch von Dr. Geyers Vorsicht überrascht. „Ihr Leute habt einen großartigen Job gemacht, Doug. Es besteht kein Zweifel, dass der Vorstand das Potenzial von Erdgas hier begreift. Aber ich schätze, Jerry Geyer weiß, wovon er in Bezug auf die Kohle- und Stahlleute und ihre politische Schlagkraft spricht. Der Widerstand wird meiner Meinung nach heftig sein. Ich wäre nicht überrascht, wenn es sogar ziemlich unangenehm wird, Doug."

Stewart sah das weniger negativ. „Bob, bevor das überhaupt passiert, werden uns die Studien, die der Vorstand heute genehmigt hat, Möglichkeiten zur Überwindung der Hindernisse aufzeigen, mit denen die Gasversorger uns konfrontieren werden. Wenn es bei ihnen eine Schwachstelle geben sollte, finden wir sie. Wir besitzen das Geld und das Know-how."

Orleans skeptisches Wesen ließ sich nicht so leicht von Stewarts stets vorhandenem Optimismus beeinflussen. „Was ist mit Ihrem Mann, Doug? Dieser Löblich scheint ziemlich schweigsam zu sein. Glauben Sie wirklich, dass er das Zeug hat, schnell genug zu realisieren, was wir brauchen?" Stewarts Antwort war entscheidend. „Martin, als ich mich auf die Frage konzentrierte, welche speziellen Märkte wir brauchen, lieferte Löblich sofort eine Schätzung der Größe dieser Märkte. Es war klar, dass er sich auf diese Frage vorbereitet hatte. Er hat seine Hausaufgaben gemacht. Haben Sie seine Reaktion nicht gesehen, als Geyer seine Zweifel an der alten Garde äußerte? Ich konnte vom anderen Ende des Raumes förmlich sehen, wie es in seinem Kopf arbeitete. Er ist Geyer schon voraus. Wenn wir diesen Jungs die Art von Gewinnen vorlegen, die unsere Studie aufzeigen wird, wird dies alle erdenklichen Einwände im Keim ersticken."

Orlean gab nicht nach. „Sie sind sich immer so sicher, Doug. Erzählen Sie uns, was passiert, wenn Shell von diesen Studien erfährt, bevor die Konzession gesichert ist."

Stewart erwiderte: „Langsam, Martin. Shell kann diese Konzession nicht ohne unsere Unterstützung verfolgen. Sie werden das nicht zunichtemachen, nur weil wir mit einigen Marketingmöglichkeiten im Vorteil sind."

Milbrath versuchte es anders: „Wir wissen bereits, dass die deutschen Gasversorger nicht an Haushalte als Primärmarkt denken. Es ist zu befürchten, dass die Kohleindustrie und diese Kokereien, die Kohlegas produzieren, sich nicht verdrängen lassen. Sie könnten schon versuchen, bei den Hausfrauen leise Zweifel, vielleicht sogar einen klaren Verdacht im Hinblick auf die Sicherheit von Erdgas zu erzeugen." Auch wenn die internationale Umweltbewegung erst in einem Jahrzehnt ins Leben gerufen werden würde, war Stewart dieser Entwicklung bereits voraus. „Wenn sie diese Taktik anwenden, wird diese direkt wieder auf sie zurückfallen. Der Qualm von Kohlefeuern, vermischt mit Nebel, wurde in England in den letzten zehn Jahren zweimal zu Killer-Smog. Ich habe davon gehört, als ich letzten Monat in England war. In den Archiven findet man eine Unmenge an Material darüber."

Als Orlean bemerkte, dass er sich vage an eine Meldung in den Nachrichten zu erinnern glaubte, erklärte Stewart mit Nachdruck: „Vielleicht war es in den USA nur eine Meldung wert, aber hier bedeutete es mit Sicherheit mehr. Wenn diese Kohleleute auch nur versuchen, unberechtigte Zweifel am Erdgas zu wecken, werden wir die europäischen Hausfrauen und Mütter daran erinnern, was der Kohlenfeuer-Smog den Kindern und alten Menschen jenseits des Ärmelkanals angetan hat. Das wird eine Gegenreaktion hervorrufen, gegen die die Kohlefraktion keine Argumente haben wird."

Milbrath fragte sich, ob dieses Argument auf den industriellen Markt zutreffen würde. Stewart wusste darauf eine Antwort. „Shell hat bereits erklärt, dass die Industrie dort vertreten ist, wo ihrer Meinung nach das Gas in den Niederlanden hingehen sollte. Wenn sie überhaupt in den Export einsteigen wollen, werden sie auch diesen Markt anstreben. Also, Bob, mein Argument funktioniert auch hier. Wie viele englische Fabriken mit kohlebetriebenen Kesseln mussten während dieser mörderischen Smog-Katastrophen geschlossen werden?"

Orleans Skepsis hatte sich nicht gelegt. „Doug, Sie können doch nicht ernsthaft erwarten, dass wir das auf der Basis von Luftverbesserung statt finanzieller Einsparungen verkaufen können?"

Milbrath hatte genug diskutiert. „Schluss damit. Wir haben ein größeres Problem als das Erfinden von Marketingszenarien. Shell hat

Esso bei diesem Fifty-fifty-Deal nie ernst genommen. Sie betreiben das Geschäft in den Niederlanden, als gäbe es uns nicht."

Stewart konterte: „Bob, es ist nur niederländisches Gebiet bis zur Grenze." „Und?"

„Ohne Pipelines strömt dieses Gas nirgendwo hin, und wenn es sich um Esso-Pipelines handelt, kaufen wir alles an der Grenze, und der ganze Rest Europas gehört uns."

Orlean konnte es nicht glauben. „Doug, Sie können doch nicht wirklich erwarten, dass der Vorstand von Jersey in den sauren Apfel beißen wird?"

Doch genau das tat Stewart: „Wir zeigen diesem Gremium, dass wir mit den großen Gasunternehmen und -versorgern Exklusivverträge abschließen können. Wir haben den ganzen verdammten Markt abgeriegelt. Shell kontrolliert also die Niederlande. Wir werden ihnen jenseits dieser Grenze so weit voraus sein. Esso wird einsehen, dass die Art von Profit, über den wir hier sprechen, den Biss in den sauren Apfel in Bezug auf die Pipeline rechtfertigt. Das kann jeder nachvollziehen."

Milbraths eigener Pragmatismus kam wieder ins Spiel. „Doug, es ist nicht vorstellbar, dass jemand all diese Kontakte knüpfen und die Art von Zusagen erhalten kann, ohne dass ein Wort an Shell durchsickert."

Stewart hatte eine klare Strategie im Sinn. „Okay, Bob, vielleicht nicht für immer und ewig, aber wenn jedes Unternehmen, an das wir uns wenden, denkt, dass es das einzige ist, das das Gas erhält, wird es schweigen, besonders wenn wir andeuten, dass es in den Esso-Pipelines geliefert wird." Milbrath stimmte dem zu. „Wenn Shell sieht, dass wir die Kunden haben, werden sie blitzschnell auf den Exportzug aufspringen."

Orleans Bedenken blieben bestehen. „Doug, wir haben keine Produktionskonzession, wir haben keine Pipelines, wir haben nicht ein einziges deutsches Unternehmen in Aussicht. Von welchen Kunden sprechen wir?"

Stewart konnte nicht widerstehen. „Was ist mit Belgien? Es ist gleich nebenan." Stewart scherzte nicht nur mit Orlean. Er war sich absolut sicher, was getan werden musste. „Ich habe nicht den geringsten Zweifel daran, wohin das führen soll. Das Vorhaben würde den Nutzen für alle Beteiligten erhöhen."

Stewart sagte, er sei „so sehr überzeugt davon, dass ich wusste, wie es funktionierte, dass ich manchmal denjenigen gegenüber, die meinen Enthusiasmus nicht teilten, ein bisschen gereizt war." Aber er räumte auch ein, dass seine Gewissheit bezüglich der Kunden jenseits der niederländischen Grenzen nur eine Vermutung war, es sei denn, es gelang dem Team, die niederländische Regierung davon zu überzeugen, dass die größte und beste Nutzung ihres neu gefundenen Erdgases durch den Export dessen, was nicht für den Inlandsverbrauch benötigt wurde, erreicht werden würde. Ihre Präsentation vor der Regierung musste dieser klar machen, dass die Erzielung des besten Preises für ihr Gas im Export zu so großen Einnahmen führen würde, dass die Regierung in der Lage sein würde, ihre Bevölkerung in einem nie zuvor vorstellbaren Ausmaß zu versorgen.

Selbst wenn Stewart und das Team Esso davon überzeugen konnten, dass die Größe des Marktes die erforderlichen enormen Investitionen in die Pipelines rechtfertigten, und selbst wenn die beiden Giganten eine Vereinbarung zur Zusammenarbeit bei der Vermarktung des Gases über die Grenzen der Niederlande hinaus trafen, hatte die Regierung die Macht, selbst alles zu bestimmen. Es blieb die Gewissheit, dass Esso und Shell nicht einmal das Gas aus dem Boden holen konnten, bis die Regierung ihre Entscheidung getroffen hatte.

Holland musste sich noch immer physisch, wirtschaftlich und psychisch von allem erholen, was ihm im Zweiten Weltkrieg widerfahren war. Das Goldene Zeitalter, das das Land einst bestimmte, war nur noch eine Erinnerung. In der Zukunft zeichnete sich ein neues Goldenes Zeitalter ab, abhängig von den vielen Entscheidungen, die die Regierung treffen musste. Für die beiden Unternehmen und für Stewart und sein Team verblassten alle Aspekte neben zwei sehr eindringlichen Fragen, auf die keiner von ihnen eine Antwort geben konnte: Welchem Unternehmen und wann würde die niederländische Regierung die Produktionskonzession erteilen?

Kapitel 10

Regierungsgeschäfte

D as „Goldene Zeitalter" der Niederlande im siebzehnten Jahrhundert bezieht sich auf die blühendste Epoche ihrer Geschichte. Aufeinanderfolgende Phasen der Fremdherrschaft veränderten die sozialen und wirtschaftlichen Verhältnisse des Landes und waren ein Gradmesser für den wirtschaftlichen Niedergang in den nachfolgenden Jahrhunderten. Die Entdeckung des riesigen Erdgasfeldes in Groningen läutete die Möglichkeit eines neuen Goldenen Zeitalters des Wohlstands, der Würde und der Anerkennung ein.

Diese erneute wirtschaftliche Blüte wurde unter der weisen Führung von J. W. de Pous und den von ihm eingesetzten Mitgliedern der Regierungsausschüsse in Gang gesetzt. In seiner Rolle als Wirtschaftsminister darf die Bedeutung dieses Mannes und seiner Amtsführung nicht unterschätzt werden. Prof. Arne Kaijser beschreibt den Einfluss von de Pous in der Einleitung zu seiner Auswahl für *The Governance of Large Technical Systems*, die für Routledge-Studien in Wirtschaftsorganisationen und Unternehmensnetzwerke entwickelt und von Oliver Coutard herausgegeben wurde:

> *Als Wirtschaftsminister hatte de Pous beträchtliche Macht. Zu seinen allgemeinen Aufgaben zählten die Industrie- und Energiepolitik. Er hatte erheblichen Einfluss auf die staatliche niederländische Bergbauaufsicht ... Sein Vorteil im Verhandlungsprozess bestand darin, dass er gemäß dem niederländischen Bergbaugesetz für die Erteilung der*

Produktionskonzession für Erdgas, die sich die NAM sichern wollte, verantwortlich war. Er erkannte schon früh, dass die Groninger Gasfrage das größte Projekt war, mit dem sich sein Ministerium je befasst hatte, und beschloss, nur eine Handvoll Mitarbeiter des Ministeriums einzubeziehen. Auf diese Weise wollte er das Risiko minimieren, dass wichtige Informationen nach außen drangen. Sein engster Mitarbeiter in der Gasangelegenheit war L. G. Wansink, der während der Verhandlungen für den täglichen Kontakt zu den übrigen Beteiligten verantwortlich war.

Die Rolle, die Wansink bei den Verhandlungen der Regierung mit den Vertretern der Ölgesellschaften spielte, wurde in Professor Kaijsers Artikel *From Slochteren to Wassenaar: the Creation of a Natural Gas Regime in the Netherlands, 1960–1963 (Von Slochteren bis Wassenaar: die Schaffung eines Erdgasregimes in den Niederlanden, 1960–1963)* hervorgehoben.

Rückblickend erkannte Stewart, dass alle, auch er selbst, hinsichtlich des Zeitplans und der Verhandlungsfortschritte mit der Regierung zu optimistisch waren. „Wir waren nicht nur unglaublich optimistisch. Wir waren auch naiv und verwegen zu glauben, dass wir (Esso und Shell) schnell zu einer Einigung mit der Regierung kommen könnten. Dies war ein Programm, welches Auswirkungen auf das Leben eines jeden niederländischen Staatsbürgers haben würde. Es gab zweieinhalb Millionen Haushalte, die umgestellt werden mussten, Tausende von kleinen Unternehmen, Industrien, Stadtgasnetze – Hunderte von Millionen niederländischer Gulden mussten in Pipelines und Gasbrunnen investiert werden. Die große Umsicht und die intensiven Verhandlungen, mit denen de Pous und die Regierungsausschüsse die Entscheidungen trafen, können nicht hoch genug geschätzt werden."

Die grundlegendste Aufgabe vor der Shell/Esso-Arbeitsgruppe war die Erstellung einer Präsentation für die Regierung, die so klar und substanziell sein musste, dass sie de Pous und seinen Ausschuss davon überzeugen konnte, dass der ausgearbeitete Vorschlag wirklich dem Wohle der Bevölkerung diente. Stewart war sicher, dass die Regierung positiv auf die Hilversum-Studie reagieren würde. Die Präsentation des Teams musste der Regierung unmissverständlich zeigen, welchen immensen Wert die kombinierte technologische Expertise, die Erfahrung und das Kapital von Shell und Esso für das Projekt darstellten. Er appellierte außerdem an das Team, in dem Bericht vorrangig die Art und Weise zu untersuchen, wie das Premiummarkt-Konzept den Wert des Erdgases auf dem Markt optimieren würde.

In der Diskussion des Teams über die verschiedenen Möglichkeiten der Präsentation kam das überzeugendste Argument von Jan van den Berg. Er war leidenschaftlich davon überzeugt, dass die Darstellung der sehr persönlichen und starken Bedürfnisse des durchschnittlichen niederländischen Haushalts von größter Bedeutung war. Jan war sich absolut sicher, dass dies der Regierung am eindrucksvollsten verdeutlichen würde, wie sich die Zukunft des Landes und seiner Bürger am ehesten zum Besseren verändern ließe. „Es steht außer Frage, dass die Wirtschaft mächtig ist, aber wir müssen auch die Regierung dazu bringen, darüber nachzudenken, was es für den Alltag der Menschen bedeutet, dieses Erdgas im Haus zu haben", sagte Jan. „Wir sollten die Regierung dazu bringen, darüber nachzudenken, wie normale Menschen in der Lage sein werden, die Temperaturen in unterschiedlichen Räumen zu regulieren, wie sie endlich eine Zentralheizung anstelle von Öfen in verschiedenen Räumen haben können. Diese Heizgeräte sind preiswert, sodass unsere Leute Baukosten und Öltanks einsparen können, ganz zu schweigen von den Unannehmlichkeiten und der Verschmutzung, die mit Kohle einhergeht. Für Sie ist das ganz normal, Doug, Sie kennen es aus Amerika nicht anders. Sie können sich nicht einmal vorstellen, wie das hier für uns ist."

Jan hatte Recht. Das Leben war vor der Markteinführung des Erdgases für den niederländischen Durchschnittshaushalt grundlegend anders. Josina Droppert aus Leiden erinnert sich: „An der Rückseite unseres Hauses befand sich ein hölzerner Lagerschuppen, in dem wir die Steinkohle aufbewahrten. Jedes Jahr vor dem Winter kauften wir so viel Kohle, wie wir brauchten, um durch den Winter zu kommen. Sie wurde in Stoffsäcken geliefert, die auf die Lieferanten auf den Schultern trugen.

Im Hinterzimmer stand ein Ofen, mit dem das gesamte Haus beheizt wurde. Der Raum konnte durch Schiebetüren vom Vorderzimmer abgetrennt werden. Sobald es sehr kalt wurde, war dies der einzige Raum, in dem wir uns aufhielten. Oben waren die Schlafzimmer, ohne jegliche Heizung. An den Fenstern bildete sich immer Eis, und als Kinder zogen wir uns unten aus, wenn es sehr kalt war.

Der Ofen brannte immer, Tag und Nacht, obwohl nachts die Wärme reduziert wurde. Das erforderte Geschick – ich erinnere mich, dass das Feuer manchmal nachts ausging, und dann war meine Mutter verzweifelt.

Ein Freund der Familie bastelte ein Stahlrohr mit kleinen Löchern am flachen Ende, und am anderen Ende wurde ein Schlauch vom Gasherd befestigt, auf dem wir kochten. Man öffnete die Gaszufuhr und zündete das flache Ende an, sodass man ziemlich große Flammen erhielt. Das flache Ende wurde dann in den Ofen gesteckt. Natürlich musste der Ofen vorher von alter Asche gesäubert und mit neuer Kohle gefüllt werden, eine sehr schmutzige Arbeit. Man durfte den Ofen nicht anfassen, wenn die Kohle brannte, aber als kleines Kind habe ich den Warnungen nicht geglaubt, also ließen meine Eltern zu, dass ich mir den Finger verbrannte!

Als die meisten Haushalte von Kohle auf Erdgas umstiegen, gehörten wir nicht zu den ersten, weil wir nicht viel Geld hatten."

Jan van den Bergs Eloquenz und sein Gefühl für die Dringlichkeit erhellten die Punkte, die dem Team vorlagen, auf ganz besondere Weise, und überzeugten alle, dass diese Vorteile einen besonderen Platz in der Präsentation einnehmen sollten.

Jan wies auch auf etwas hin, was sich Jahre später als zukunftsweisend herausstellte. „Im westlichen Teil unseres Landes sind es nicht nur die Kohleöfen in den Häusern, die viel Ruß produzieren, sondern auch das Heizöl in den Gewächshäusern – vielleicht sogar am stärksten. Wenn man die Gewächshäuser mit Erdgas betreiben würde, wäre das ein Segen für die Agrarindustrie. Durch den vermehrten Bau von Gewächshäusern könnten unsere Bürger das ganze Jahr über bessere Nahrungsmittel erhalten."

Zu jener Zeit erinnerte sich jeder Erwachsene im Land lebhaft an den Krieg und insbesondere an die Entbehrungen des Hungerwinters 1944–45, in dem dreißigtausend Niederländer ihr Leben verloren. Der Einsatz von Gas in Gewächshäusern würde die Qualität und Verfügbarkeit von einheimischen Produkten verbessern – ein bedeutender Faktor in der Präsentation des Teams.

In der ExxonMobil-Publikation *The Lamp* vom Frühjahr 2002 schreibt die Autorin Shelley Moore: „Im Laufe der Jahre beflügelte die Gasrevolution neue Industrien. Das Gebiet zwischen Rotterdam und Den Haag beispielsweise ist wegen seiner gasbeheizten Gewächshäuserlandschaft als ‚Glasstadt' bekannt. Diese Anlagen haben die Niederlande zu einem wichtigen Exporteur von Tomaten, Gurken und anderen Erzeugnissen gemacht, die normalerweise nur in wärmeren Regionen der Welt gedeihen".

Stewart führte Van den Bergs Ideen als wichtige Faktoren für die letztendliche Zustimmung der Regierung zur Präsentation des Teams an. „Aufgrund von Jans Wissen und seiner Besorgnis im Hinblick auf das tägliche Leben seiner Landsleute betonte unsere nächste Präsentation vor der Regierung ausdrücklich die lebensverändernden gesellschaftlichen und persönlichen Vorteile, die das Erdgas zunächst in die Häuser der Niederländer und dann in Leichtindustrien wie etwa Gewächshäuser bringen würde."

Im Rahmen dieser Präsentation kam auch zur Sprache, dass der NAM die Produktionskonzession erteilt werden sollte und dass sie die Produktionsanlagen entwickeln würde. Darüber hinaus wurde vorgeschlagen, dass NAM das Gas an ein zu hundert Prozent im Besitz von Shell/Esso befindliches Vertriebssystem verkaufen würde. Dieses System würde das Gas in den gesamten Niederlanden liefern und transportieren und es an die niederländischen Haushalte sowie an die Industrie und die Gemeinden verkaufen. Obwohl der Vorschlag vorsah, dass die NAM das Gas auch exportieren würde, wurde das Verfahren für den Export nicht näher erläutert.

Das nun kombinierte Team von Esso und Shell, bestehend aus Stewart, Van den Berg, Van der Post und Martin Orlean von Esso und Shells A. H. Klosterman und seinen Kollegen, hatte die Präsentation auf Englisch gehalten. Shell bereitete die niederländische Übersetzung vor. Mitte März war die Präsentation fertig. Zu Stewarts Erstaunen nahm Minister de Pous die Einladung an, zur Präsentation in Essos Nederlands Haus statt zu einem Regierungsgebäude zu kommen.

Aufgrund der langjährigen Bedeutung von Shell in den Niederlanden war J. G. C. Boot von Shell der Hauptredner. Essos Coen Smit war an seiner Seite. Stewart leitete die Präsentation, wobei er de Pous und den anderen Regierungsvertretern den Hauptpunkt vortrug. Klosterman, Orlean und Van den Berg folgten mit Einzelbeiträgen.

Minister de Pous reagierte positiv auf den Premiumplan, der vorsah, dass das Groninger Gas sowohl an Privathaushalte als auch an gewerbliche Verbraucher geleitet wurde; gleichzeitig äußerte er jedoch große Besorgnis darüber, dass die Ölgesellschaften die einzigen Verteiler der natürlichen Ressourcen seines Landes sein sollten. Er wies darauf hin, dass die staatliche Gasbehörde, die staatlichen Bergaufsichtsbehörde in Limburg und andere kleine kommunale Gruppen bereits niederkalorisches Gas verteilten, und erklärte, dass er nicht den Wunsch habe, sie auszuschließen. Der Minister äußerte zudem seine Besorgnis darüber, was es bedeuten würde, wenn zwei internationale Unternehmen sich dem bisher staatlichen Monopol anschließen würden. Minister de Pous ging sehr vorsichtig vor und betonte insbesondere die Rolle der staatlichen Bergbauaufsicht. Sie befand sich vollständig in Staatsbesitz, handelte aber dennoch in erster Linie als ein gut geführtes, von der Regierung relativ unabhängiges kommerzielles Unternehmen. Er war der Ansicht, dass die staatliche Bergbauaufsicht in Bezug auf Größe und Fachwissen am besten geeignet war, den Vorschlag des Teams zu prüfen.

Stewart wusste, dass dies kein Vorschlag war, sondern eine Anordnung.

Nach dem Aufbruch von de Pous und seiner Gruppe war es für alle an der Zeit, die Krawatten zu lockern, die Sakkos abzulegen und das Vorhergehende zu analysieren. Die Reaktion des Ministers war für Stewart besonders ermutigend. Was ihn am meisten beschäftigte, war das, was nicht geschehen war. „Sie hätten sagen können: ‚Wir machen es selbst', das haben sie aber nicht getan."

Stewart und das Team betrachteten diese Zurückhaltung als kleines Zeichen der Akzeptanz ihrer sorgfältig konstruierte Präsentation. Sie sahen auch voraus, dass bei der nächsten Sitzung nicht nur die staatliche Bergbauaufsicht, sondern auch die Regierung selbst an den Verhandlungstisch kommen würde. Weil nur ein Monat Zeit war, um herauszufinden, wie man dieses neue und potenziell heikle Thema der Vermischung von Handel und Regierung angehen konnte, beschlossen Shell und Esso, den Vorschlag noch einmal zu überprüfen. Da die NAM eine Produktions- und keine Marketingfirma war, bot es sich an, ein neues Unternehmen zu gründen, das sich ausschließlich auf das Marketing konzentrierte. Da de Pous der Ansicht war, dass die staatliche Bergbauaufsicht eine Funktion übernehmen sollte, würde das neue Unternehmen zu einem Drittel aus Esso, zu einem Drittel aus Shell und zu einem Drittel aus der staatlichen Bergbauaufsicht bestehen. Zusätzliche finanzielle und steuerliche Gründe machten dies sinnvoll. Da die Regierung bereits eine zehnprozentige Lizenzgebühr plus Einkommenssteuern auf die Produktionsgewinne erhielt, die sie gegenüber NAM erheben würde, entschieden sich die Ölgesellschaften, der Bergbauaufsicht keinen Anteil an den Produktionserträgen anzubieten.

Für Stewart und Orlean ging der Monat schnell vorbei.

Sie pendelten zwischen Den Haag, wo sie sich mit Van den Berg und Van der Post auf das Treffen mit der niederländischen staatlichen Bergbauaufsicht vorbereiteten, und Hamburg, wo sie Löblichs Team bei den Studien zu Deutschland unterstützten, hin und her.

Obwohl keine Garantie für die Förderkonzession oder die Möglichkeit des Gasexports bestand, arbeiteten Löblich und das Hamburger Team intensiv an der Argumentation für Erdgas für den deutschen Markt. Löblich tat sein Möglichstes, um seine Arbeit geheim zu halten, sogar vor den meisten Esso-Mitarbeitern.

Nach seinem Wechsel von seiner Position als Leiter des Energievertriebs bei Esso A. G. zog Löblich in ein privates Büro in einer Villa in der Nähe des Hotels Vier Jahreszeiten an der Alster. Er erinnerte sich, wie Experten der Muttergesellschaften das technische Wissen über die Probleme der Gasverteilung und des Gastransports zur Verfügung stellten, das ihnen noch fehlte. Sie hatten keinen Kontakt zur Außenwelt und arbeiteten sehr verdeckt. Löblichs detailorientiertes Denken beflügelte ihre Suche nach Antworten.

„Da wir wussten, wie attraktiv der Absatz dieses praktisch schwefelfreien Brennstoffs für den von Stewart beschriebenen Premiummarkt war, machten wir uns sofort daran, herauszufinden, wo die Absatzmärkte lagen, wie groß sie waren und wie der Marktpreis aussehen sollte", sagte Löblich. „Ich war für diese ersten Ideen verantwortlich, aber wir begannen bald, sie gemeinsam zu entwickeln."

„Wir erhielten Informationen aus mehrerer unserer Abteilungen." Löblich wurden zur Unterstützung seiner Arbeit ein Assistent, Dr. Dobmeier, und eine Sekretärin zugeteilt. Er hatte Kontakt mit Herrn Dr. Elfert von Esso in der Abteilung für Volkswirtschaft und mit Herrn Jani in der Abteilung für Marktforschung von Esso A. G. Über Jerry Laufs, einem Amerikaner, der sozusagen als Leihgabe vom Marketingbüro Jersey in New York für das Projekt zur Verfügung stand, hatte Löblich Zugang zu allem, was die Abteilungen in New York anzubieten hatten.

Löblich beschrieb die Größenordnung der komplexen Aufgabe des Teams. „Nachdem ich diese Verantwortung übernommen hatte, bat uns Doug als erstes um eine Vorstudie über das Potenzial des Gasverkaufs hinsichtlich der zukünftigen regionalen Mengen und Preise. Da damals in Deutschland noch kein wirkliches Erdgasgeschäft existierte, war die Untersuchung dieser Möglichkeiten eine große Herausforderung für mich. Nur eine Woche nach Dougs Briefing kam Martin Orlean nach Hamburg, um mit uns zusammenzuarbeiten."

Ihre Aufgabe bestand hauptsächlich in der Ermittlung des möglichen Absatzpotenzials für Erdgas für das gesamte Land sowie der regionalen Möglichkeiten für jede Stadt und jeden Landkreis. Sie benötigten auch die verschiedenen möglichen Preise für einzelne Verbrauchsgebiete und die Kosten für den Transport und die Verteilung des Gases.

Löblichs Gruppe nahm auf Anraten von Stewart auch Kontakte zu Ruhrgas und Thyssengas auf, allerdings immer unter dem Vorwand, ihnen gespaltenes Naphtha und Raffineriegas sowie die mögliche Verfügbarkeit von gefrorenem Flüssiggas aus der Esso-Anlage in Libyen zu verkaufen.

Im Rahmen dieser Gespräche konnte Löblich ein hohes Interesse ausmachen. „Obwohl diese Unternehmen sehr darauf bedacht waren, Erdgas zu bekommen, hatten sie keine Vorstellung von dem Potenzial, das, wie Esso bereits wusste, vermutlich vorhanden sein würde. Stewart und Orlean waren während des gesamten Prozesses häufig bei uns, halfen, leiteten uns an und machten neue Vorschläge."

Noch vor nicht allzulanger Zeit waren Stewarts und Löblichs Länder militärische Gegner gewesen, doch im Laufe ihrer zahlreichen Zusammenkünfte zur Entwicklung dieser Studien teilten die beiden Männer nicht nur ihre Arbeit, sondern auch ihre persönlichen Erfahrungen mit dem Krieg und seinen Folgen. Löblich war Diplom-Ingenieur, der in den dreißiger Jahren als junger Fähnrich in der deutschen Marine das Betanken mit Öl erlernt hatte. Er und Gisela heirateten während des Krieges, als er noch ein junger Marineoffizier war, bevor er auf dem Schlachtschiff Blücher zum technischen Offizier aufstieg.

Als das Schiff in einen norwegischen Fjord einlief, feuerten die Norweger vom Ufer aus drei Torpedos ab, die die Blücher mit direkten Treffern in zwei ihrer drei Kesselräume versenkten. Löblich befand sich zum Glück zufällig im dritten Kesselraum und wurde gerettet. Genau diese Torpedos waren 1906, lange vor dem Ersten Weltkrieg, von seinem eigenen Land in Norwegen installiert worden. Dass sie noch immer ausreichend funktionsfähig waren, um einen Invasor zu vernichten, war ein Beweis für die hervorragende Ingenieurskunst seines Landes.

Dies war eine Ironie, über die Löblich in den folgenden Jahren häufig nachdachte.

Nach Löblichs Entkommen von dem untergehenden Schiff kehrte er in den aktiven Dienst als leitender Offizier auf einem Zerstörer zurück. Gisela wusste lange Zeit nichts über das Schicksal ihres Mannes. Und dieser musste mit der schrecklichen Angst um sie leben, wenn er die Nachricht von Luftangriffen auf deutsche Städte Deutschland erhielt. Besonders erschütternd war für ihn die Nachricht von der Bombardierung und Zerstörung ihrer beider Heimatstadt Hamburg, mit einem so enormen Verlust an Menschenleben unter der Zivilbevölkerung.

Nach Kriegsende war Löblich für kurze Zeit britischer Kriegsgefangener. Er wurde mit der gefährlichen Aufgabe der Minenräumung betraut und führte sie mutig aus, damit die Häfen wieder frei für den kommerziellen und friedlichen Freizeitverkehr wurden. Seine letzte Aufgabe bestand darin, sein Schiff den Russen zu übergeben. Anschließend kehrte er ins zivile Leben zurück, um beim Wiederaufbau der Wirtschaft seines Landes zu helfen.

Während der Jahre, in denen das niederländische Gasprojekt umgesetzt wurde, entwickelte sich zwischen Stewart, Löblich und ihren Ehefrauen eine transkontinentale Freundschaft, welche auch die kommenden Jahrzehnte überdauern sollte. 1999 statteten Hans und Gisela Löblich den Stewarts zum fünfzigsten Hochzeitstag einen Überraschungsbesuch ab, in dessen Verlauf Hans Löblich die Wertschätzung Deutschlands für alles, was Stewart in den Jahren des niederländischen Gasprojekts getan hatte, zum Ausdruck brachte.

„Vor etwa fünfunddreißig Jahren war Doug auf dem Weg von New York nach Den Haag", sagte Löblich in seiner Rede. „Es gab ein großes Problem, weil die Niederländer all dieses Erdgas im Boden hatten. In Deutschland gab es 1963 keins. Mit Doug haben wir eine Studie eingeleitet, allerdings hatten wir keine Ahnung, wie wir das Gas verkaufen sollten. Doug und Martin Orlean sind gekommen und haben uns unterstützt. Sie haben auch daran mitgewirkt, die sehr mächtigen Kokerei-Gas-Leute davon zu überzeugen, ihr Geschäft aufzugeben und auf Erdgas umzustellen Doug Stewart und sein Partner spornten uns an. Immer wenn sie herkamen, brachten sie neue Ideen mit. In Deutschland waren wir wegen dieses stetigen Anstoßes erfolgreich. Fünfunddreißig Jahre später macht Erdgas 32 Prozent der Energie in Deutschland aus. Wir erfreuen uns daran, und wir danken Ihnen dafür. Wir wünschen

Ihnen und Jane alles Gute für das nächste Jahrzehnt, dass Sie gesund bleiben und Ihr Familienleben genießen."

Im Jahr 1960 lag all das noch in weiter Ferne. Orlean und Stewart arbeiteten eng mit dem deutschen Team zusammen und versorgten es mit allen nützlichen Informationen, die vom Team in Den Haag entwickelt worden waren.

Orlean zeigte sich besonders beeindruckt von der Effizienz Löblichs. „Fast alles, was in einer Sitzung gesagt wurde, hat er mitgeschrieben. Hans war fantastisch, wenn es darum ging, Dinge zu dokumentieren und zu archivieren. Er hat mir immer Angst gemacht. Er war so effizient. Nicht wie Doug oder ich."

Löblich schätzte die Zusammenarbeit und Koordination der Teams von Stewart und Orlean und Den Haag sehr. Er erinnerte sich an ein besonderes Problem, für das der pragmatische Orlean die perfekte Lösung hatte. „Unsere Gruppe berechnete einmal, dass sich die bestehenden Gasnetze schnell füllen würden, und dass dann wegen der sehr großen Lasten, insbesondere zu Spitzenzeiten, enorme Kosten für die Verteilung des Gases an die Haushalte anfallen würden. Wir kamen zu dem Schluss, dass das Ganze unwirtschaftlich wäre, bis Martin uns besuchte und erklärte, dass sich das Problem kostengünstig durch eine Überlagerung der Niederdrucknetze mit einigen wenigen Hochdruckleitungen, die das Erdgas über Regulatoren in die wichtigsten Bereiche einspeisen, lösen ließe."

Am 6. April wurden Stewart, Orlean und Smit von Willem in der großen Esso-Limousine zum Treffen mit der niederländischen Bergbauaufsicht chauffiert, während Van den Berg in seinem nagelneuen gelben Volkswagen selbst fuhr. Als er die Eingangstür erreichte, die Arme voller Dokumente mit allen Diagrammen und anderen Daten, die die Teams für das Treffen vorbereitet hatten, wurde er vom Türsteher der staatlichen Bergbauaufsicht aufgehalten, der ihn informierte, dass eine wichtiges Konferenz stattfand und ihn abfällig fragte, was jemand wie er überhaupt dort zu suchen hätte. Jans allgegenwärtiger Charme funktionierte auf jeder gesellschaftlichen Ebene, und nach kurzer Zeit gelang es ihm, den Mann davon zu überzeugen, dass das, was er in seinen Armen hielt, seinen Platz an eben diesem Konferenztisch rechtfertigte.

Als das Team seine Präsentation beendet hatte, kündigte die staatliche Bergbauaufsicht an, dass sie eine eigene Studie durchgeführt hätten. Zur großen Bestürzung von Stewart und seinem Team war diese

Studie zu einem ähnlichen Ergebnis wie die ursprüngliche Shell-Studie gekommen: Die staatliche Bergbauaufsicht wollte alle Maßnahmen auf die Schwerindustrie und Kraftwerke ausrichten.

Die staatliche Bergbauaufsicht hatte einfach noch nicht das Hauptanliegen des Teams verstanden, nämlich die größte Chance auf dem inländischen Prämiensegment für Haushalte zu erkennen. Das Team bemühte sich, keine Enttäuschung zu zeigen. Die Bergbauaufsicht erklärte sich bereit, die Vorschläge zu überprüfen und am 27. April ein zweites Treffen in Rotterdam anzuberaumen. In der Inlandsfrage unterstützte State Mines schließlich aufgrund der Hilversum-Studie, die von Anfang an bei der ersten Präsentation vor de Pous von großer Bedeutung war, die Richtung des Teams. Es war die Hilversum-Studie, die zur Festlegung des Preisniveaus beitrug und zur Grundlage für alles Folgende wurde.

In seinem Buch *Subterranean Commonwealth* erwähnt Wolf Kielich die Hilversum-Studie und das Team von Stewart, Van der Post, Van den Berg und Orlean als die Vier von Esso. Er lobt besonders deren Hartnäckigkeit. „Die Vier von Esso ließen sich nicht von ihrem Platz vertreiben. Sie wollten unwiderlegbar beweisen, dass ihr Plan nicht nur praktikabel war, sondern dass er für die Vertreiber wirtschaftlich enorme Möglichkeiten bot."

Kielich zitiert auch Van den Berg, der erklärte, dass das vom Team verwendete Modell illustrierte, was mit einem Gasunternehmen mit zwanzigtausend Anbindungen über einen Zeitraum von zwanzig Jahren geschehen würde. „Mit diesem theoretischen Modell konnten wir die Theorie der niedrigen Verbraucherverkäufe und vernünftigen Unternehmenskaufpreise, die zu guten Gewinnen für das Gasunternehmen führen, im Kontext der Bedingungen in den Niederlanden vollständig belegen." Van den Berg fasste das Endergebnis zusammen: „Es bildete die Basis für alle weiteren Entwicklungen."

Zu diesem Zeitpunkt war nicht bekannt, dass kurz nach der Sitzung vom 6. April ein Vertreter der staatlichen Bergbauaufsicht die Vereinigten Staaten geschickt wurde, um dort führende Gasversorgungsunternehmen zu besuchen. Im Verlauf dieses Aufenthalts wurde bestätigt, dass die Hilversum-Studie des Haager Teams eine Gültigkeit besaß, die nicht geleugnet werden konnte. In den Niederlanden könnte ein großer heimischer Heizungsmarkt entstehen, ähnlich dem amerikanischen.

Die Akzeptanz dieser Möglichkeit wurde zu einem Höhepunkt des Treffens am siebenundzwanzigsten April, aber die Bergbauaufsicht brachte noch etwas anderes mit, das bis nach New York und London Wellen schlug. Sie präsentierte dem Haager Team ihre neue Vision davon, wie die Dinge laufen sollten: Sie war nun nicht nur begeistert von den Möglichkeiten des Premiummarktes und von der Idee, an den Marketingeinnahmen teilzuhaben, sondern sie brachte auch ganz neue Einnahmeforderungen vor. Die Bergbauaufsicht erwartete nicht nur eine Beteiligung an den Marketingeinnahmen, sondern sie wollte auch ein Drittel der Produktionseinnahmen. Noch schockierender war, dass sie auch im Exportbereich ein Drittel von allem außerhalb der niederländischen Grenze verlangte.

Shells würdevoller Herr Boot ließ seine beträchtliche Bestürzung über diese erstaunliche Wendung der Ereignisse nicht erkennen. Er erklärte in aller Ruhe, dass es sich um gravierende Themen handele, die mit den Muttergesellschaften erörtert werden müssten. Coen Smit von Esso wies die Vertreter der niederländischen Bergbauaufsicht darauf hin, dass diese neue Option in Erwägung gezogen werden würde, aber nach dem Treffen hatte das Team das Gefühl, in eine Sackgasse geraten zu sein.

Die schwierige Aufgabe, Jersey die dramatische Entwicklung zu vermitteln, fiel Stewart zu. Das einzig Positive an dieser Reise zurück nach New York war, dass er zu Jane und den Kindern zurückkehren konnte. Diese letzte Reise hatte nicht nur Wochen, sondern Monate gedauert. Er war noch nie so lange von seiner Familie getrennt gewesen.

In New York zeigte sich Jersey völlig unbeeindruckt von der Tatsache, dass die staatliche Bergbauaufsicht tatsächlich einen sehr wichtigen Teil des Vorschlags der Haager Mannschaft akzeptiert hatte, nämlich dass sie (in Wirklichkeit die niederländische Regierung) die Idee unterstützte, dass Esso und Shell sich als Partner an dem einheimischen Gasgeschäft beteiligen würden. Stattdessen konzentrierte sich das New Yorker Büro auf die Forderung der Bergbauaufsicht", sich am Exportmarketing zu beteiligen. Stewart war über die Haltung Jerseys verblüfft. „Sie waren auf hundertachtzig. Niemand von Jersey war bei unseren hart geführten Verhandlungen anwesend gewesen, aber jetzt wollten sie hinterfragen, was unser Team erreicht hatte."

Jersey betrachtete natürlich die Verhandlungen der staatlichen Bergbauaufsicht durch das Prisma der Bedenken über die neuen Forderungen der Regierungen des Nahen Ostens nach einem direkten Anteil sowohl an der Produktion als auch an der weltweiten Vermarktung. Damals waren diese Länder durch alte Verträge völlig von diesen Profiten ausgeschlossen. Die Ölgesellschaften bezeichneten den Wunsch dieser Regierungen, an den Gewinnen ihrer natürlichen Reichtümer jenseits ihrer Grenzen teilzuhaben, als „Scheich-Effekt".

Die Gründung der noch jungen Organisation der erdölexportierenden Länder (OPEC) in Bagdad im September des vorangegangenen Jahres hatte Essos Besorgnis über die Aufrechterhaltung der Kontrolle dieser Profitzentren noch verstärkt. Es war noch nicht abzusehen, dass mit der Gründung der OPEC der Tag gekommen war, an dem der Nahe Osten aufhören würde, Forderungen zu stellen. Die Ölgesellschaften ahnten damals nicht, dass die Länder des Nahen Ostens durch die Verstaatlichung der gesamten Industrie und die Aneignung aller ihrer Vermögenswerte die ausländischen Ölgesellschaften einfach aus der Gleichung streichen würden. Das Schreckgespenst dieser Zukunft war bereits Jahre zuvor, 1951, aufgetaucht, als das demokratisch gewählte iranische Parlament, das Madschles, die Verstaatlichung der iranischen Ölindustrie beschloss und die Kontrolle über die britische AIOC (Anglo-Iranian Oil Company) übernahm.

Dr. Mohammad Mossadegh wurde am 28. April desselben Jahres nach der Ermordung seines Vorgängers zum Premierminister ernannt. Er war einflussreich genug, um das iranische Verstaatlichungsgesetz durchzusetzen, bis er am 19. August 1953 bei einem von den britischen und amerikanischen Geheimdiensten geförderten Putsch verhaftet wurde und der Schah die Macht übernahm. Die Verstaatlichung wurde 1956 mit der Nationalisierung des Suezkanals durch den ägyptischen Präsidenten Nasser wieder in allen Facetten sichtbar. Esso war während dieser Krisen in den fünfziger Jahren nicht untätig, sondern hatte bereits eine umfangreiche geheime Studiengruppe ins Leben gerufen, die sich mit der Frage beschäftigte, was Verstaatlichung vor allem in Venezuela bedeuten würde.

Um den „Scheich-Effekt" zu vermeiden, hatte Shell die Idee, der niederländischen Regierung durch eine Partnerschaft mit der niederländischen staatlichen Bergbauaufsicht eine zusätzliche Beteiligung am Gewinn aus der Produktion zu gewähren, indem sie sich an der Produktion ab Bohrloch beteiligte. NAM wäre der Betreiber und

---

1 Mossadegh-Konferenz: 3. bis 6. Mai 2001, Northwestern University, zum Gedenken an den fünfzigsten Jahrestag von Dr. Mossadeghs Regierung (1951–1953) © 1995, 1999, 2004 Alaa K. Ashmawy.

würde das Gas an ein neues einheimisches Unternehmen verkaufen, und die NAM würde überschüssiges Gas für den Export vertreiben.

Smit und Stewart erkannten beide, dass es politisch notwendig war, sich der Initiative von Shell anzuschließen, aber es war Stewart, der dies Stott und den anderen Führungskräften in New York vermitteln musste. Stott war besonders verärgert. Seine Tirade über die „gierige holländische Regierung" war mit der seiner Meinung nach undankbaren Vermessenheit dieser „undankbaren Scheichs aus dem Nahen Osten" gespickt, welche „versuchten, sich in die internationale Vermarktungsseite des Ölgeschäfts zu zwängen". Für Stott war der Schritt, den Niederländern ein Stück des Marketing-Kuchens zu geben, wenn auch nur im Inland, ein Schritt, der die Voraussetzungen dafür schuf, dass die Scheichs das von ihnen geforderte, sehr große Stück des Nahost-Kuchens bekommen würden.

Stewart versuchte, Stott verständlich zu machen, womit sie es in den Niederlanden zu tun hatten. Ich wies darauf hin, dass die staatliche Bergbauaufsicht auf der Produktionsseite durchaus sinnvoll war. Andernfalls würde es immer den Druck der Regierung geben, den Preis ab dem Bohrloch zu senken und den Gewinn von der Produktion in die Vermarktung zu verlagern. Ich erklärte, dass wir möglicherweise insgesamt keinen Gewinn einbüßen würden, da der Produktionsanteil der staatlichen Bergbauaufsicht weitgehend durch den hohen kommerziellen Preis ab Bohrloch ausgeglichen würde, wodurch das Gas weiterhin in den Premiummarkt mit seinen wesentlich höheren Gewinnen gelenkt würde. Der niedrigere Bohrlochpreis würde mit Stotts enger Sichtweise der Märkte für sein kostbares Heizöl konkurrieren. Er begriff einfach nicht, dass Erdgas eine neue Welt, ein ganz neues Geschäft mit Einnahmemöglichkeiten war, die noch nie zuvor existiert hatten: „Stewart sah sich mit einer unternehmerischen Generationenkluft konfrontiert. Stott vertrat altes Firmendenken. Er wurde von seinen Untergebenen weitgehend gefürchtet, die ihn als hartnäckig und rücksichtslos einschätzten. Das Heizölgeschäft war sein Modell, also großer Marktanteil, aber nicht viel Gewinn. Stewart repräsentierte die Zukunft, ein völlig neues Geschäft mit dem Potenzial für einen enormen Unternehmensgewinn. Der Unterschied zu Stott war nicht ohne Folgen. Durch die Einführung neuer Ideen zur Preisgestaltung und neuen Einnahmemöglichkeiten konnte Upstream-Stewart Downstream-Stott Marketing-Ratschläge geben. „Ich versuchte mein Bestes, um die älteren Männer dazu zu bringen, in die Zukunft zu schauen, die wir ihnen präsentierten. Ich wies darauf hin, dass diese Partnerschaft, die die niederländische Regierung vorschlug, der Verstaatlichung bei weitem vorzuziehen war und als eine Art zusätzliche Steuer betrachtet werden konnte, die die Scheichs im Nahen Osten nicht ermutigen würde."

Stewarts Versuch, das Bewusstsein von Essos alter Garde zu schärfen, gelang. Die Reaktion seiner Vorgesetzten auf seinen Bericht zeigte jedoch, dass diese Männer nicht begriffen, wie kompliziert und zeitraubend das niederländische Gasprojekt sein würde. Sie glaubten tatsächlich, dass alles innerhalb weniger Monate erledigt sei. Das Ergebnis war sicherlich schlechter als erhofft, aber sie waren erleichtert, dass die Präsentation nicht gänzlich abgelehnt worden war.

Kapitel 11

Familienchroniken

D as niederländische Gasprojekt war die größte Herausforderung in Stewarts Karriere, es zu verfolgen, hatte ihn räumlich von Jane und der Familie weggeführt. Janes Geduld während dieser langen Abwesenheit war ein Quell der Stärke, besonders während dieser letzten monatelangen Trennung. Aber es gab keinen Ersatz für Janes tägliche Präsenz, ihr wohltuendes Wesen und die Umgebung, die sie für ihr gemeinsames Leben schuf.

Als Stewart sagte, er „kannte Jane nicht wirklich, bis er sie heiratete", bezogen sich seine Worte mehr als nur auf die Entdeckung ihrer Qualitäten, die dafür sorgten, dass die beiden so gut zueinander passten. Abgesehen von Janes praktischer Natur erhellten ihre Führungsqualitäten, ihr Organisationstalent, ihre Flexibilität sowie die tiefe Kameradschaft Stewarts persönliches Leben auf einzigartige Weise.

Ohne die Möglichkeit, zu Jane nach Hause zu kommen, wurde das Leben für Stewart einfach langweilig und monoton. Er hatte den Wunsch, die Entfernung zu überwinden und Jane und die Kinder bei sich zu haben. Er wusste, dass er vom Unternehmen lediglich die Zustimmung zu einem Besuch seiner Familie zu erwarten hatte und bat erfolgreich um die Genehmigung, seine Familie „für den Sommer" kommen zu lassen. Er hatte keine Ahnung, wie er es schaffen sollte, sie darüber hinaus dortzubehalten. Er war sich jedoch ebenso sicher, dass er einen Weg finden würde, da er davon ausging, dass die niederländischen Gasverhandlungen so verlaufen würden, wie er es vorausgesagt hatte.

An diesem Abend fuhr Stewart nach Hause und überbrachte die frohe Nachricht, dass Jane und die Familie den Sommer in den Niederlanden verbringen konnten. An dem Tag, an dem sie die Tür ihres Hauses in Connecticut zumachten, hätte sich keiner von ihnen vorstellen können, dass es vier Jahre dauern würde, bis sie ihr Leben in den Vereinigten Staaten wieder aufnehmen würden.

Sobald die Freunde der Stewarts die Nachricht vom Sommeraufenthalt der Familie in den Niederlanden erfuhren, gaben sie eine Vielzahl von Abschiedsfeiern und Überraschungspartys für das Paar.

Die rasche Reisebereitschaft der Familie war für Stewart keine Überraschung. „Wie immer stürzte sich Jane direkt auf die anstehende Aufgabe, dieses Mal, um sich und die Kinder von allem Vertrauten zu trennen. Das vor uns liegende Abenteuer schien ihre organisatorischen Fähigkeiten zu neuen Höhenflügen anzuregen."

Die Stewart-Kinder hatten lebhafte Erinnerungen an die Seereise und die Jahre in den Niederlanden. Der älteste Sohn, Douglass Jr., Cutter in der Filmindustrie in Los Angeles, erinnerte sich an seine Reaktion, als ihm klar wurde, dass die Familie ins Ausland gehen würde. „Ich wusste nichts über die Niederlande, außer dass es dort Windmühlen, Holzschuhe und Tulpen gab, also war ich ziemlich unsicher, was auf mich zukommen würde. Zuerst bedeutete die Reise nach Europa nur so etwas wie elf verschiedene Impfungen, und als ich die hinter mich gebracht hatte, hatte ich keine Lust mehr, nach Übersee zu reisen. Meine Arme taten noch wochenlang weh."

Doug Stewart Sr. staunte noch immer über die Ruhe seiner Frau. „In kürzester Zeit waren Jane, die Kinder und ich und unser inzwischen trächtiges kleines Dackelmädchen Trudy bereit zur Abreise. Wir schlossen das Haus ab und fuhren mit dem schönen Schiff Liberté nach Europa."

Jane Ann, die einzige Tochter der Stewarts, die heute als Künstlerin und Produktionsdesignerin in der Filmindustrie tätig ist, erinnerte sich besonders an die Abreise mit der Liberté. „Unsere Freunde aus Connecticut kamen zu den Docks in New York, um uns zu verabschieden. Ich erinnere mich, dass sie das Schiff betraten und unsere Kabinen besichtigten, und dann standen wir auf dem Deck und schauten über die Reling, während sie uns vom Dock aus zuwinkten. Wenn ich jetzt daran denke, kommt es mir so vor, als befände ich mich in einem dieser wunderbaren alten

Schwarz-Weiß-Filme aus den dreißiger Jahren. Es war sehr, sehr aufregend für eine Sechsjährige." Ihr Vater erinnerte sich, dass alles an Bord der Liberté aufregend war. „Das Unternehmen hatte für uns die erste Klasse gebucht, was damals noch formelle Kleidung zum Abendessen erforderte. Ich fand, das war ein ziemlich aufregendes Leben für einen Okie aus Muskogee."

Der jüngere Sohn Mark, jetzt Pfarrer in Boise, Idaho, denkt gerne an diese Schiffsreise zurück. „Wir drei Kinder hatten ein Zimmer für uns allein – das Zimmer unserer Eltern war nebenan. Fast jede Nacht blieben wir lange auf; wenn unsere Eltern tanzen gingen, gingen die Kissenschlachten los. Ich glaube, meine Schwester hat immer gewonnen."

Jane Ann zufolge waren die Nächte nicht ganz so lang, wie es den drei kleinen Kindern vorkam. „Die Liberté bedeutete für uns wirklich Freiheit. Sobald unsere Eltern unsere Zimmertür von außen schlossen, brach die Hölle los. Dann kam es zu diesen Kissenschlachten. Ich erinnere mich, dass es eine große Sache war, spätabends beim Zimmerservice Orangensaft zu bestellen – einfach, weil wir es durften. Ich erinnere mich, dass meine Mutter und mein Vater in ihrer Abendgarderobe in unser Zimmer kamen, auf dem Weg zum Dinner am Kapitänstisch oder in den großen Ballsaal, meine Mutter in einem festlichen Kleid und mein Vater in seinem Smoking."

Doug Jr. sind das hervorragende Essen und die Kabinen noch gut in Erinnerung. „Es war ein großes Abenteuer, Steak und Pommes frites in unserer Kabine zu bestellen. Und wir durften unsere Schnorchel und Schwimmflossen im Salzwasserpool ausprobieren. Letztendlich fanden wir heraus, dass die niederländische Nordsee zum Tauchen nicht ideal ist, aber es war interessant, im Pool des Schiffes zu üben, besonders bei Seegang."

Auch Mark erinnerte sich an die Swimmingpools. „Der eine enthielt Süßwasser, der andere Salzwasser. Am lustigsten war es, wenn das Schiff schaukelte, weil riesige Wellen entstanden. Es war sogar irgendwie gruselig, wenn das passierte. Ich wusste, wenn ich über Bord falle, bin ich verloren. Die kleine Dackeldame Trudy wurde mit viel Aufmerksamkeit bedacht. Sie wurde mit anderen Hunden in einem Zwinger gehalten; wir mussten sie durch die Gitterstäbe hindurch streicheln und fütterten sie mit Leckereien von unserem Tisch.

Doug Jr. bemerkte als Erster, dass sich die Reise langsam dem Ende neigte. „Gegen Ende der Überfahrt ging ich zum vorderen Teil des

Bootes und schaute auf die näher kommende französische Küste. Die magische Reise sollte bald enden."

Der erste Ort, an dem sich die Familie einquartierte, war das Kasteel oud Wassenaar, ein altes Schloss in der Stadt Wassenaar, das zu einem Hotel umgebaut worden war.

Doug Sr. war begeistert. „Das Gasgeschäft sah immer mehr nach Spaß aus. Interessant war, dass drei Jahre später an diesem Ort die endgültigen Vereinbarungen für ein Abkommen mit der niederländischen Regierung unterzeichnet wurden."

Schnell begann der Alltag für die Familie. Stewart hatte die Absicht, den Aufenthalt nicht nur als Sommerurlaub mit seiner Familie zu gestalten. „Es war Frühlingsanfang, und wir wollten nicht, dass die Kinder ein ganzes Schulsemester versäumten, also meldeten wir sie an der niederländischen Montessori-Schule an."

Am darauffolgenden Morgen machten sich die Kinder im kühlen Aprilregen in ihren gelben amerikanischen Regenmänteln auf den Weg. Doug Jr. hielt dies für einen in den Niederlanden völlig untypischen Look. Er wurde direkt mit der Sprachbarriere konfrontiert. „Meistens war die Schule ein Härtetest. Können Sie sich vorstellen, eine ganz neue Maßeinheit (das metrische System) und ein neues Geldsystem (Gulden) in einer Sprache zu lernen, die Sie nicht sprechen? Glücklicherweise war zufällig ein anderer amerikanischer Junge in der Klasse, der mir bei der Arbeit half. Ich entsinne mich, dass ich eine sehr wichtige Lektion in Sachen Respekt gelernt habe: Man muss den Lehrer immer zuerst durch die Tür gehen lassen. Ich war froh, als endlich die Sommerferien anfingen."

Jane Ann hatte viel positivere Erinnerungen an die Montessori-Schule. Sie war erst sechs Jahre alt und lernte die Sprache sehr schnell. „Die älteren Kinder halfen uns jüngeren, und ich bekam sehr viel Unterstützung. Damals mochten sie die Amerikaner. Ich wurde von vielen Kindern in ihr Zuhause eingeladen. Die Schule fand ich nicht schwer, weil wir alle etwas Neues lernten. Für mich war das alles nur eine vorübergehende Situation."

Das Kasteel oud Wassenaar war teuer, und nach einigen Wochen machte Stewart sich auf die Suche nach einer anderen Bleibe. Wohnraum war in den Niederlanden knapp, da seit dem Krieg nicht viel gebaut worden war.

Man fand eine Sommerunterkunft in einem kleinen Stadthaus im Vorort Voorburg, an die Jane Ann gerne zurückdachte. „Das Haus lag an einem Kanal, der mit grünem Moos bedeckt war, und wir täuschten unserer kleinen Trudy vor, dass es grünes Gras sei. Sie war nicht gerade begeistert von dem Wasser."

Stewart war der Ansicht, sie könnten die Sprachbarriere durch den Kauf einiger niederländisch-englischsprachiger Schallplatten schneller überwinden. „Später kaufte ich auch deutsch- und französischsprachige Bücher und Schallplatten, und obwohl ich mir nach und nach einige Kenntnisse in all diesen Sprachen aneignete, geriet ich in Situationen, in denen ich versuchte, mit unseren deutschen Freunden Niederländisch und mit den Franzosen Deutsch zu sprechen. Jane begann sofort, Unterricht in Niederländisch zu nehmen, und kam schnell dazu, die Landessprache ein wenig zu beherrschen und sich mit den Händlern zu verständigen, die jeden Tag Dinge des täglichen Bedarfs brachten. Eines Tages klopfte einer von ihnen an unsere Tür, und nach einem kurzen Gespräch auf Niederländisch ging Jane nach oben, um unsere Wäsche für ihn zu holen, während er wieder hinausging, um uns Hühner zu bringen. Er war der Metzger, nicht der Mann von der Wäscherei. Sie hat diese Geschichte immer so gern erzählt."

Seine Tochter Jane Ann war sich nun einer kulturellen Andersartigkeit bewusst, die sie als Kind nicht erkennen konnte, die sie aber in positiver Weise stark beeinflusste. „Meine zweite Klasse in Connecticut ging in den Zoo in der Bronx, während meine zweite Klasse in Holland nach Paris fuhr, ein enormer kultureller Unterschied, dessen ich damals noch nicht gewahr war."

„Wir übernahmen den niederländischen Lebensstil voll und ganz. In dem einen Jahr habe ich fast den ganzen Schulweg auf Schlittschuhen auf den zugefrorenen Grachten zurückgelegt. Das hat unglaublich viel Spaß gemacht. Einige Kinder benutzten immer noch Holzschlittschuhe, genau wie Hans Brinker. Und dann gab es noch Leute, die täglich traditionelle niederländische Tracht trugen."

Die kleine Trudy brachte schließlich ihre Welpen zur Welt. Stewart erinnerte sich, wie verzaubert sie über Wochen von ihnen waren. „Die Kinder haben sich wirklich um sie gekümmert, und unsere niederländischen Nachbarn kamen vorbei, und sie waren ganz vernarrt in sie. Wir fanden für alle ein Zuhause."

Jane Ann hatte eine wirklich herzliche Beziehung zu den Niederländern, denen sie begegnete. „Ich habe nie Kritik von den Niederländern gespürt. Sie gaben mir das Gefühl, etwas ganz Besonderes zu sein. Es gab nicht sehr viele amerikanische Kinder."

Wie Stewart erwartet hatte, zogen sich die Verhandlungen mit der staatlichen Bergbauaufsicht immer weiter hin. Als sich der Mietvertrag für den Sommer dem Ende zuneigte, stieg der Druck, eine dauerhafte Bleibe zu finden, die es ihm ermöglichen würde, seine Familie bei sich zu behalten, erheblich.

„Nachdem wir die Kinder ins Sommercamp geschickt hatten, wurde uns klar, dass uns die Zeit davonlief. Jane und ich wollten nie wieder getrennt sein. Ich wusste nicht, wie ich es anstellen sollte, aber ich wollte meine Familie nicht in die USA zurückschicken. Wir verfolgten jede Möglichkeit, jedoch vergeblich. Mitte August schien die Wohnungsknappheit düsterer denn je."

Schon früh hatte Jane Zugang zur amerikanischen Gemeinde in Den Haag gefunden, hauptsächlich im Vorort Wassenaar. Dort gab es einen Frauenclub, eine amerikanische Kirche und eine amerikanische Schule. Dank ihrer einnehmenden Persönlichkeit hatte Jane schnell einen Freundeskreis aufgebaut, zu dem auch der US-Botschafter in den Niederlanden zählte. Während eines Gesprächs mit dem stellvertretenden US-Konsul erfuhr Stewart, dass der Konsul noch in derselben Woche aus den Niederlanden versetzt werden sollte. Dieser hatte ein Haus am Rande von Rijksdorp, einem Vorort von Wassenaar, gemietet.

„Als er mir sagte, dass das Haus, soweit er wusste, nicht weitervermietet worden war, erkundigte ich mich nach dem Namen des Vermieters, entschuldigte mich, so wie es sich gehört, schnappte mir Jane, und wir schlüpften bei strömendem Regen aus der Tür, um das Haus zu suchen", sagte Stewart. „Dort, am Rande eines kleinen Hügels, eingebettet in einen Hain von Bäumen, stand eine kleine dreistöckige, strohgedeckte Villa. In dem Haus brannte kein Licht, und wir konnten nicht hineinsehen, aber in unserer verzweifelten Lage mussten wir es einfach haben. Mittlerweile hatte sich der Regen in eine Sintflut verwandelt. Die Scheibenwischer konnten nicht mehr mithalten, als wir verzweifelt nach einer Telefonzelle suchten. Zum Glück fanden wir sogar eine, die funktionierte! Und zum Glück sprach der Vermieter Englisch. Während ich also im Regen telefonierte, schloss ich einen Mietvertrag über vier Jahre für ein Haus ab, das wir noch nicht einmal von innen gesehen hatten. Es war unwichtig, dass Jersey mich für einen ihrer Ansicht nach dreimonatigen Auftrag dorthin geschickt hatten. Ich war davon überzeugt, dass man sich verschätzt hatte. Nach meiner Einschätzung würde dieses Projekt bis zu einem Jahr oder noch länger dauern."

Stewart konnte nicht wissen, dass seine Vorhersage von „bis zu einem Jahr oder länger" sich als sehr konservativ erweisen würde. In jener dunklen, verregneten Nacht jedoch wusste er ganz sicher, dass seine Tage in den Niederlanden nicht länger langweilig und eintönig sein würden. Er hatte jetzt Jane und seine Familie bei sich, es war egal, wie lange dieser Job noch dauern würde.

Rijksdorp, was in etwa „reiche Stadt" bedeutet, erstreckte sich auf Sanddünen. Es war eigentlich nur ein sehr kleines Dorf. Stewarts Erinnerung an das Haus war so lebendig wie ein gerade aufgenommenes Foto. „Das Haus stand auf einem fünf Hektar großen Grundstück, auf einer schmalen Parzelle, mit einer Einfahrt und einer kleinen Garage in einem Baumhain unterhalb des Hauses. Man ging durch ein Tor von der Straße aus auf das Haus zu. In gewisser Weise war das es gar nicht so groß; mit seinem Strohdach wirkte es sehr malerisch, wie aus einem Märchenbuch."

Als Stewart und Jane das Haus in der nächsten Woche in Besitz nahmen, stellten sie fest, dass eine niederländische Anmietung nicht mit einer amerikanischen vergleichbar war. Hier war es Aufgabe des Mieters, alle Möbel zu beschaffen. Es gab keine Lampen, nur baumelnde Drähte, keinen Herd, keinen Kühlschrank und keine Vorhänge. Die Mieter waren sogar für das Anbringen von Tapeten und Bodenbelägen zuständig.

„Da wir nur für einen Sommer gekommen waren, besaßen wir keine Möbel", sagte Stewart. „Glücklicherweise hatte eines der Paare, die Jane durch die amerikanische Gemeinde kennengelernt hatte, tatsächlich zwei möblierte Haushalte. Sie liehen uns ein paar Dinge, aber am Anfang war es ziemlich spärlich."

Jan van den Bergs Frau Ciny fand besonders den Einfallsreichtum von Jane bemerkenswert. „Sie nahm einen schäbigen schwarzen Pott von einem Flohmarkt mit nach Hause, und wenn man ihn das nächste Mal sah, hatte er sich in eine silbern glänzendes Teekanne verwandelt, die aussah, als käme sie geradewegs aus einem sehr teuren Laden."

Die Kinder waren immer noch im Ferienlager, also erinnerte sich Stewart an seine Pfadfinderfertigkeiten und machte eine Woche lang im

Hinterhof ein Holzfeuer, auf dem er Frühstückskaffee und Toast für sich und Jane zubereitete. „Bei allen Verhandlungen roch ich nach Holzrauch", sagte er. „Ich bin sicher, dass meine Kollegen erleichtert waren, als wir uns einen elektrischen Kocher kauften."

Jane Ann liebte das Haus. Sie hatte eins der Zimmer unter dem Spitzdach. „Ich fand es so toll, dass ich in meinem Zimmer ein eigenes Waschbecken hatte und mir gleich nach dem Aufstehen die Zähne putzen konnte. Es war sehr romantisch, fast wie im Märchen."

Doug Junior fand Überreste aus einer Zeit, die in den Niederlanden ganz und gar nicht märchenhaft gewesen war. „Die Sanddüne hinter unserem Haus war angeblich während des Zweiten Weltkriegs als Platz für ein deutsches Maschinengewehrnest gewählt worden. Es hieß, unser Haus sei das erste Haus gewesen, das während der Besatzung im Krieg eingenommen wurde, als Soldaten mit dem Fallschirm in diese Tulpenfelder absprangen. Als wir eines Tages dort spielten, fanden mein Freund Chris Reardon und ich ein altes Telefonkabel, das aus dem Sand herausragte."

Stewarts jüngster Sohn Mark und dessen Freunde spielten auf derselben Sanddüne, und auch er hat diese Geschichte nicht vergessen. „Ich spielte Soldat auf dieser Sanddüne, und einmal fanden mein Freund und ich einige alte Maschinengewehrhülsen, die bewiesen, dass die Geschichte von dem Maschinengewehrnest stimmte."

Stewart traf die derzeitigen Besitzer des Hauses, Liz und Emiel van Veen, als er dem Land 2005 einen nostalgischen Besuch abstattete. Die van Veens bestätigten die Geschichte von den Maschinengewehrnestern sowie einige andere Ereignisse, die sich während des Krieges um das Haus herum abgespielt hatten. Im Mai 1940 landeten deutsche Fallschirmtruppen in dieser Gegend von Rijksdorp und besetzten die nahe gelegenen Flughäfen.

Emiel zufolge wurde das Haus als eine Art Hauptquartier beschlagnahmt. „1942 waren die Einwohner von Rijksdorp zur Evakuierung gezwungen, weil die Deutschen im Zusammenhang mit dem so genannten Atlantikwall begannen, in den Dünen Betonbunker zu bauen. Diese sollten eine Invasion der Alliierten blockieren oder verhindern. Natürlich wollte das deutsche Militär keine Spitzel in der Nähe haben, sodass die Menschen gezwungen waren, ihre Häuser zu verlassen. Nur zwei Niederländer, die mit den Deutschen sympathisierten, durften bleiben. Das Viertel war für die Niederländer strikt verboten.

Die Deutschen errichteten einen Stacheldrahtzaun um die Wassergräben und bauten als Teil dieses Atlantikwalls überall in Rijksdorp hölzerne Unterstände. Am 5. September 1944, an einem Dienstag, den wir ‚Dolle Dinsdag' nennen, ging das wilde Gerücht um, dass die Deutschen im Begriff seien zu fliehen, weil sich die alliierten Truppen Rotterdam näherten. Es veranlasste die Menschen in und um Den Haag, jubelnd auf die Straßen zu gehen, um zu feiern. Leider stellte sich heraus, dass sich dieses Gerücht noch nicht bewahrheitet hatte. Die Besatzer rächten sich, indem sie alle Häuser in Rijksdorp plünderten. Nach der Befreiung im Mai 1945 wurden die Häuser ihren Eigentümern zurückgegeben Danach lebten Junkheer Quarles van Uffort, Stiefvater von Audrey Hepburn, und deren Mutter viele Jahre lang in unserem Haus."

Als typische Künstlerin hatte Jane Ann farbenfrohe Erinnerungen an das Haus und das Leben in den Niederlanden. „Der Frühstücksraum gab den Blick frei auf einen endlosen Flickenteppich aus Tulpen jeder Art und Farbe. Wir Kinder dachten, die Tulpen gehörten uns. Wir wussten nicht, dass der kleine Graben, der uns von den Blumen trennte und etwa sechzig Zentimeter breit war, eine offizielle Grenze darstellte. Aber wir fanden das schnell heraus, als wir das erste Mal über den Graben stiegen, um Tulpen zu pflücken. Ein strenger Mann tauchte aus dem Nichts auf, um uns zu ermahnen, dass diese Blumen nur zum Anschauen da waren."

Auch Jane Annes Mutter hatte ein Erlebnis mit den Tulpen auf der anderen Seite des Grabens. Eines Morgens lud sie die Ehefrauen der Mitarbeiter Stewarts ein, die Tulpen in ihrer ganzen Pracht zu bewundern. Ciny van den Berg erinnerte sich an das Ereignis. „Jane war begeistert von der Idee, uns dieses Blumenfeld zu zeigen. Da waren die Frau von Paul Miles, Caroline, und die Frau von Martin Orlean, Sylvia, und ich. Jane hatte für uns einen wunderbaren Morgenkaffee vorbereitet, direkt vor den Fenstern, mit Blick auf die Tulpen. Als sie jedoch die Vorhänge für uns öffnete, stellte sich heraus, dass in der Nacht die Tulpen alle geerntet worden waren. Man sah nichts – außer Erde und braune Stoppeln."

Stewart erinnerte sich an einen glücklicheren Moment mit seiner Frau. „Eines Tages tauchte eine weiße Taube mit einem kleinen schwarzen Band um den Hals auf, und ich fing das hübsche kleine Ding ein. Wir kauften einen großen Käfig und stellten ihn gleich in Janes Küche. Auf dem Markt erwarben wir einen Gefährten für die kleine Taube und brachten ihn zu ihr nach Hause. Sie müssen glücklich miteinander gewesen sein, denn sie bekamen Babys."

Im Laufe ihrer Jahre in den Niederlanden hatten die Stewarts die Gelegenheit, die meisten der malerischen Städte und Bauernhöfe und die Nachbarländer mit dem Auto und mit dem Boot zu erkunden. In einem Brief an ihre Schwester beschrieb Jane Stewart eine dieser Urlaubsreisen.

Wir sind am vergangenen Wochenende mit den Kindern nach Gent in Belgien gefahren. Die Königin hatte Geburtstag, es war ein Nationalfeiertag. In einer Kirche, die wir besichtigten, befand sich eine wunderbare Van-Eyck-Tafel, mit dem Titel „Anbetung des Lamm Gottes". Sie war wirklich schön. Wir haben auch das Haus besichtigt, in dem Louis Bonaparte während Napoleons „Herrschaft für hundert Tage" Zuflucht fand. Es ist immer noch vollständig eingerichtet und als Museum hervorragend erhalten.

Die Kinder sind einfach verrückt nach belgischen Pommes frites. An den kleinen Ständen in den Niederlanden werden sie mit Mayonnaise verkauft (ich fand das schwer zu ertragen). In Belgien geben sie auch Mayonnaise oder eingelegte Zwiebeln auf Muscheln, die wie rot-orangefarbene Austern aussehen. Das ist die gewagteste Kombination, die man jemals gesehen oder probiert hat.

Die Kinder sind in diesem Sommer in Ferienlagern, in der Nähe von Geissen in Deutschland, es scheinen sehr gute Lager zu sein. Und dann holen wir sie am letzten Tag im Juli dort ab und fahren mit ihnen für drei Wochen nach Arosa in die Schweiz. Arosa ist ein wunderschöner Ort und ein sehr gutes Skigebiet. Dort gibt es alles, vom Reiten bis zum Tauchen. Und alle drei werden mitfahren, sodass Mark nicht einsam sein muss. Zwei seiner Zimmergenossen aus dem Ferienlager werden auch dabei sein. Anschließend werden Doug und ich weiterfahren, nach Italien, dann durch Österreich und wo immer wir in dieser Zeit noch hinkommen können. Seit wir hier sind, habe ich die Kinder nicht mehr mit einem Babysitter über Nacht zu Hause gelassen, und ich wollte, dass sie Pompeji und Rom sehen, aber Doug sagte, dass sie irgendwann mitkommen können, wenn sie größer sind.

In der amerikanischen Botschaft gab es eine Sondervorstellung von Jackies Führung durch das Weiße Haus. Ich war auch eingeladen, es war wundervoll, nicht wahr?

Doug reist heute nach Brüssel, dann nach London und kommt am Freitag wieder zurück. Zwischen dem Essen am Mai-Fellowship-Tag und dem Mutter-Tochter-Festmahl werde ich genug zu tun haben. Aber wir finden es immer noch schlimm, wenn er nicht bei uns ist.

Viele liebe Grüße von uns allen. Schreib bald. Jane

Rückblickend bereute Stewart nichts. „Ich hätte meine Karriere vielleicht weiter vorangebracht, wenn ich bereit gewesen wäre, auf diese Familienwochenenden und -urlaube zu verzichten, aber das wollte ich nie. Ich hatte Jane versprochen, dass die Wochenenden uns und den Kindern gehören würden. Jetzt, da alle Kinder erwachsen sind und Jane von uns gegangen ist, weiß ich, dass es die richtige Entscheidung war. Jane ist mit mir zu vielen wunderbaren gesellschaftlichen Veranstaltungen gegangen, die Teil des Jobs waren, und diese Ereignisse mit ihr geteilt zu haben, ist für mich eine kostbare Erinnerung."

Janes Freunde aus Weston, Connecticut, gaben eine Abschiedsfeier
für sie, und viele kamen zum Schiff, um sich zu verabschieden.

*An Bord der Liberté waren alle Abendessen formelle Angelegenheiten.
Auf der rechten Seite sitzen Jane und Doug. In der Zwischenzeit
veranstalteten die Kinder in der Kabine Kissenschlachten.*

Die Familie Stewart vor ihrem Haus in Rijksdorp, Wassenaar, Niederlande.
Von links nach rechts: Doug Jr., Jane, Jane Ann und Mark Allan.

Jane Stewart leitet als Präsidentin ein Treffen des
American Women's Club in Den Haag.

Kapitel 12

Einmal Brüssel, noch weiter und wieder nach Hause!

D ie State-Mines-Verhandlungen verliefen so langsam, wie Stewart es befürchtet hatte. Am 15. Mai fand ein drittes Treffen statt, bei dem das Esso/Shell-Team seine starken Einwände gegen eine Beteiligung des Staates in der Produktion und im Export zum Ausdruck brachte. Bei zwei weiteren Treffen im Juni wurde ein Aide-Mémoire erstellt, das sie Minister de Pous am 23. Mai überreichten. Diesmal gaben sie der Forderung von State Mines nach einer Beteiligung an der Produktion nach, behielten sich aber das Recht der NAM auf Exportverkäufe vor. Die Vorbehalte des Ministers gegenüber den gemeinsamen Operationen blieben bestehen. Es war für Stewart offensichtlich, dass de Pous keinen Vorschlag akzeptieren würde, der die Regierung in eine Minderheitsposition bringen würde.

„Minister de Pous ernannte einen Ausschuss unter der Leitung von Prof. W. C. L. van der Grinten, neben H. Vos, einem Mitglied der Labour Party in der Ersten Kammer, und Th. P. Tromp, einem Ex-Minister für öffentliche Arbeiten", sagte Stewart. Monate vergingen während sie mit Politikern, Stadträten, Gaswerken, State Mines und anderen sprachen. Wir setzten die Beratungen mit dem Ministerium fort, aber Schritt für Schritt wurde unser ursprünglicher Vorschlag ausgehöhlt, modifiziert und umgestaltet."

Die Treffen zogen sich durch den ganzen August und würden mit Sicherheit noch bis weit in den Herbst hinein fortgesetzt. Stewart war fest davon überzeugt, dass die Verhandlungen letztendlich zu einer Lösung führen würden. Da alle frühen Vorhersagen über die Weitläufigkeit der Groninger Entdeckung übertroffen worden waren, hatte das Esso-Team seine Exportstudien nicht verlangsamt. Es gab keinen Zweifel daran, dass alle nahe gelegenen Länder – Belgien, Frankreich, Österreich und sogar Großbritannien jenseits des Ärmelkanals – nach Erdgas streben würden. Getragen von den Daten der Hilversum-Studie und den Erkenntnissen aus den Studien in Deutschland schien Belgien ganz selbstverständlich der Ort für die nächste Studienrunde zu sein.

Auf dem Weg zum belgischen Hauptsitz von Esso fuhren Stewart und Orlean mit dem Zug durch mittelalterliche Dörfer. „Die erste große Stadt war Delft, berühmt für seine Kanäle und kobaltblaue Keramik", sagte Stewart. „Diese Industrie würde sicherlich Erdgas wollen. Wir fuhren vorbei an tief liegenden Weidefeldern und strohgedeckten Bauernhöfen. Hier und da gab es große Heuhaufen und manchmal hohe Erdhügel, auf die sowohl das Vieh als auch die Bauern in Zeiten der Überschwemmung fliehen konnten."

Gleich jenseits des Rheins, zwischen Holland und Belgien, ist das Land breit und flach. Auf der anderen Seite der Grenze liegt die Stadt Antwerpen mit ihrem großen Hafen. Im Westen liegen Gent und Brügge, die beiden mittelalterlichen architektonischen Perlen, an denen die Spuren der Zeit vorbeigegangen zu sein schienen, als ihr Zugang zum Meer vor Jahrhunderten im wahrsten Sinne des Wortes im Sande verlaufen war. Im Osten lag die industrielle Festungsstadt Lüttich. Südlich von Brüssel befand sich Charleroi in der Kohleregion. In der Ferne war Bastogne, der Schauplatz der Ardennenschlacht im Zweiten Weltkrieg. Das letzte Mal, als Stewart hier vorbeikam, führte er nach der Befreiung von Paris einen Konvoi an.

Im November 1944 wurde Leutnant Stewart in einem abgeordneten Dienst mit vierzig Mann entsandt, um Lastwagen und Fahrzeuge von den Häfen nach St. Dizier, Frankreich, zu begleiten und einen weiteren Fuhrpark zu bilden. Im Dezember kehrte er in den Osten von Charleroi zurück, wo die Deutschen auf Bastogne vorrückten, um ihre Ardennenoffensive zu starten. Vor ihm und seinen Männern lag die bitterste und schlimmste Schlacht für die alliierten Streitkräfte.

„Wir konnten die großen Geschütze hören, aber dann kamen sie zum Stillstand, das Wetter brach ein und der Himmel lichtete sich", erinnerte sich Stewart. „Endlich gab es einen Schwall Bomber von unserer Seite, die auf die Front zusteuerten."

Zu Weihnachten war Stewarts Kompanie rechtzeitig zur Ardennenschlacht bei Bastogne in der Nähe des Dorfes Charleroi. Sie wurden beauftragt, sich dort in die Schützengräben zu begeben, um das Dorf zu schützen, falls die Deutschen Bastogne überrennen sollten. Die Schlacht wütete unerbittlich, mit massiven Verlusten an Menschenleben, bevor die Deutschen schließlich zum Rückzug getrieben werden konnten.

Als Anerkennung für den Schutz der 944. Kompanie überreichten die Dorfbeamten Stewart und seinen Männern eine Anerkennungsmedaille, bevor sie vorrückten. Die Schlachtfelder, die die Kompanie durchquerte, sahen aus wie ein riesiges, groteskes Wimmelbild.

„Ich bin im Konvoi durch Bastogne gefahren", sagte Stewart. „Die Stadt lag in Trümmern, und die umliegenden Felder waren mit gesprengten deutschen Panzern übersät, denen das Benzin ausgegangen war. Zur Tarnung im Schnee weiß gestrichen, bildeten sie nun eine Art Kontur im tauenden Boden. Ein Feld war ein Meer von verlassenen Fahrrädern, die die Deutschen bei ihrem ursprünglichen Vorstoß benutzt hatten. Bäume, die jahrhundertelang die Landschaft beschattet hatten, waren nun nur noch zerschlagene Hülsen. Als wir vorbeikamen, waren die menschlichen Überreste des Gemetzels, sowohl militärische als auch zivile, weggebracht worden. Die gefallenen Pferde, die neben ihren umgestürzten Wagen in der Sonne verrotteten, waren ein stummer Beweis dafür, dass es den Deutschen, was die Ausrüstung betraf, viel schlechter ging als uns. Ich bin sicher, dass ihre Soldaten in der bitteren Kälte und im Schnee gelitten haben, ebenso wie unsere Männer. Die Soldaten mussten auf dem Boden schlafen oder eine Scheune oder einen Heuhaufen finden, und davon gab es nur wenige in den Ardennenwäldern."

1944 setzte Stewarts Kompanie ihre Reise fort. Über Limburg ging es in die Niederlande und dann weiter hinein nach Deutschland. Sie folgten den Truppen an der Front, ihre Konvois fuhren an Lastwagen vorbei. Aus diesen starrten sie leere Augen von abgemagerten, skelettartigen Männern an. „Zuerst dachten wir wegen ihrer gestreiften, zerrissenen Kleidung, dass sie Kriegsgefangene waren, aber dann erkannten wir an ihren rasierten Köpfen, dass diese gedemütigten Menschen gerade aus den Konzentrationslagern gerettet worden waren. Wir hatten nur Gerüchte darüber gehört, was die ersten Truppen an diesen Orten gefunden hatten, aber jetzt schauten wir in die zermürbten Gesichter der Überlebenden. Das ganze Ausmaß sollten wir erst viel später erkennen. Wir winkten und jubelten ihnen zu, als sie vorbeikamen, aber sie waren zu schwach und traumatisiert, um unseren Gruß zu erwidern. Sie konnten nur gefühllos zurückstarren."

Von Charleroi aus kamen sie über Gembloux in Belgien, wo die Franzosen und Briten ihre erste Schlacht des Krieges geschlagen hatten, bevor die überlebenden Soldaten an die Strände von Dünkirchen getrieben wurden. Stewart und einer dieser jungen französischen Soldaten waren dazu bestimmt, sich bei einer friedlichen Verfolgung zu treffen, die genau dieses Gebiet betreffen würde.

Am 10. Mai 1940 war ein junger französischer Soldat namens Yves Monod in der belgischen Region Lüttich bei Gembloux im Entdeckungsregiment des Achten Bataillons der französischen Armee, als es in einer Schlacht in der belgischen Region Lüttich zu seinem ersten Kontakt mit der deutschen Armee kam. Obwohl sie und die britischen Truppen, die sich ihnen anschlossen, siegreich waren, begann am zwölften Tag bei Gembloux eine größere Schlacht. Die Deutschen folgten mit einer so gewaltigen Luftwaffe, dass fast vierzigtausend Männer gezwungen waren, sich an die Strände von Dünkirchen an der Nordsee zurückzuziehen. Die größten Marineschiffe konnten nicht nahe genug an den Strand kommen, um die Männer zu retten, sodass sich in einer der heldenhaftesten und gewagtesten Rettungsaktionen des Krieges fast neunhundert britische Zivilisten in stürmischer See mit jeder Art von privaten Booten, die den Ärmelkanal durchqueren konnten, auf den Weg machten. Insgesamt wurden auf diese Weise knapp 338 226 Truppen über mehrere Tage evakuiert.

Am 30. Mai begab sich Yves' Regiment unter sehr schwierigen Bedingungen auf einen englischen Zerstörer nach Dover. Sechs Tage später kehrten sie über Bournemouth zurück und schifften sich auf einem Packboot wieder in Plymouth ein, da sie wussten, dass sie auf dem Weg zurück in den Kampf waren. Gerade als sie den Hafen verlassen wollten, wurden sie durch den Klang der Marseillaise ermutigt, die mit freundlicher Genehmigung des Orchesters der Plymouth Army über dem Hafen erklang. In einem tapferen, aber vergeblichen Versuch, das Vorrücken der feindlichen Truppen zu verlangsamen, griffen Yves und ein Teil seines Regiments sie bei Saumu am Rande der Loire an. Der Kampf des Regiments dauerte bis zum 27. Juni, bis der Waffenstillstand von 1940 zwischen Frankreich und Deutschland unterzeichnet wurde.

Kapitän Francis Stewart und 2. Lt. Douglass Stewart trafen sich in Wales, Großbritannien, kurz vor der Invasion der Normandie. Sie landeten beide am 3. Juli 1943 am Omaha Beach.

Von links nach rechts: Captain Cameron, Lt. Douglass Stewart und zwei Sergeants in der Normandie im Juli 1943.

Stewarts Kompanie, die 944 Ordinance Motor Vehicle
Distribution Company, war während der „Ardennenschlacht"
im Dezember 1944 in Charleroi, Belgien, stationiert.
Die Kompanie erhielt von der Stadt eine Gedenkmedaille als
Dank für die Verteidigung. Hier führte Stewart, links, einen
Zug an, der die Medaille im Rathaus entgegennahm.

Als Stewart und Orlean 1961 aus dem Zug stiegen und sich ins Brüsseler Stadtviertel begaben, waren die Spuren des Krieges verschwunden. Es gab lediglich ein paar Gedenkstätten für diejenigen, die im Krieg ihr Leben gelassen hatten. Die beiden Männer befanden sich inmitten einer Stadt, in der die wirtschaftlichen Erfolge zu spüren waren.

Die Grand Place war nur einen Block von ihrem Hotel entfernt. Das Treffen fand erst um ein Uhr statt, also nutzte Stewart die Zeit für eine kleine Erkundungstour. Er bog um eine Ecke und hatte das Gefühl, einen Schritt zurück in der Zeit zu machen. Vor ihm standen die prächtigen Zunfthäuser aus dem siebzehnten Jahrhundert, aus der Zeit, als Belgien das Zentrum der europäischen Woll- und Leinenweberindustrie war. Leider waren ihre goldverzierten Fassaden mit den Resten des jahrhundertelangen Rußes aus der Kohleverbrennung verunreinigt, die die Häuser der Stadt wärmte und ihre Industrien beheizte. „Ich dachte damals, wenn wir nur sauber verbrennendes Erdgas nach Belgien bringen könnten, könnten wir vielleicht helfen, die Stadt sauberer zu halten", sagte Stewart. „Wenn Sie in letzter Zeit auf dem Grand Place waren, werden Sie wissen, dass es uns gelungen ist, natürlich mit der Hilfe einer Armee von Gebäudereinigern."

Am Nachmittag trafen sich Stewart und Orlean mit dem belgischen Esso-Vorstand und einigen Manager und Wirtschaftswissenschaftler des Unternehmens. Sie hielten im Wesentlichen dieselbe Präsentation, die sie in Deutschland gehalten hatten, und sammelten wertvolle Informationen, die sie dem Team in Den Haag vorlegen konnten.

„Wir erfuhren, dass Distrigas in Belgien das einzige große Ferngasunternehmen war", sagte Stewart. „Es versorgte eine Reihe kleinerer unabhängiger Gasverteilungsunternehmen und Gemeinden. Das größte unabhängige Unternehmen war Imperial Continental mit Sitz in der Region Antwerpen."

Imperial Continental war der Inbegriff der „alten Garde" dieses Landes. Es war eines der frühesten Gasunternehmen in Europa, beginnend in den frühen 1800er-Jahren, als Gas erstmals für die Straßenbeleuchtung verwendet wurde. Überraschenderweise war Imperial nicht wirklich ein belgisches Unternehmen, sondern in britischem Besitz, seine Aktien wurden offen an der Londoner Börse verkauft. Stewart fragte sich, ob es nicht möglich wäre, einfach die Aktien des

Unternehmens aufzukaufen und es zu besitzen, aber diese Idee musste wegen der Komplexität einer solchen Transaktion verworfen werden.

Das bedeutendste und mächtigste Element der belgischen alten Garde war kein Kohle- oder Stahlunternehmen oder gar ein Gasunternehmen. Stattdessen war es eines der größten Finanzhäuser in Brüssel. Die Société Générale ist eine Bank, deren Gründung auf den 4. Mai 1864 zurückgeht, dem Datum des von Napoleon III. unterzeichneten Genehmigungsdekrets und dem Monat, in dem das Institut begann, Mitarbeiter einzustellen und Büros einzurichten.

Die Ambitionen der Bank spiegelten sich in ihrer ursprünglichen Satzung wider, als sie die für die damalige Zeit sehr ungewöhnliche Form einer Aktiengesellschaft, einer „Société Anonyme", annahm. Bis 1870 hatte die Bank fünfzehn Filialen in Paris und zweiunddreißig in den französischen Provinzen. Sie richtete 1871 ein ständiges Büro in London ein. Das Schild über dem Eingang zu den Büros trug von Anfang an die gravierte, emaillierte Glasaufschrift „Société Générale" zur Förderung der Entwicklung von Handel und Industrie in Frankreich.

Da dieses Motto mit Stewarts eigenen Absichten übereinstimmte, schien es für seine dortige Mission ein gutes Zeichen zu sein. Viele der anderen kleinen belgischen Vertriebsgesellschaften sowie das viel größere Distrigas wurden alle auf die eine oder andere Weise finanziell von der Société gesteuert.

In Belgien war das Heizen von Häusern weiter fortgeschritten als in den Niederlanden, aber Kohle dominierte immer noch das Heizöl. Industrien aller Art, insbesondere Stahl- und Kohlebergwerke, waren hauptsächlich entlang der Maas verstreut, die von Norden und Süden durch das Zentrum des Landes zog. Esso Belgien besaß etwa zwanzig Prozent der Ölmärkte in Belgien und eine große Raffinerie in Antwerpen. Das in Belgien verteilte Stadtgas mit niedrigem BTU-Gehalt stammte größtenteils aus Stahlkokereien und kommunalen Gaswerken. Es gab kein Erdgas.

Stewart war erfreut, als Esso Belgien dem Beispiel von Esso Deutschland folgte und sich bereit erklärte, Studien für ein zukünftiges Gasgeschäft und eine Analyse des Marktpotenzials nach dem Vorbild der in Hamburg durchgeführten Studien zu beginnen. Zwei Wirtschaftswissenschaftler und ein Jurist wurden mit dieser Aufgabe betraut. Um die belgische Industrie zu etablieren, wäre Esso als „Neuankömmling" angesehen worden. Stewart wusste, dass es keine Möglichkeit gab, sicher zu sein, dass Belgien eine Studie des „Emporkömmlings Esso" ernst nehmen würde Zumindest in Belgien wäre das neue Gasgeschäft in privater Hand.

Von Belgien aus war die nächste Station Paris. Auf dem Weg dorthin mit Orlean erinnerte sich Stewart an seinen ersten Besuch dort, siebzehn Jahre zuvor. Dann war er wenige Tage nach der Befreiung von Paris 1944 an der Spitze eines Armeekonvois gewesen.

„Meine Aufgabe war es, einen Fuhrpark im Bois de Vincennes aufzubauen. Wir hatten keine Schwierigkeiten, Paris zu finden, aber wir kamen nachts an, da wir nur wussten, dass der Park östlich der Stadt liegt. Wir alle haben einfach auf dem Bürgersteig geschlafen und dachten, wir würden den Park am Morgen finden. Wir sind umgeben von einer Menge Zivilisten aufgewacht, die uns auf Französisch anquatschten und offensichtlich sehr glücklich waren, uns zu sehen. Die Einheimischen ließen uns ihre sanitären Einrichtungen benutzen, und dann brachten sie uns Wein und Brot und sagten uns, wo wir den Park finden, in dem wir unsere Lastwagen parken sollten. Als wir uns durch die Straßen bewegten, strömten Scharen von Gratulanten herbei. Die Jungs küssten alle Mädchen, die Fahnen wehten – es war eine unvergessliche Szene. Die Truppen, die alle Kämpfe hinter sich gebracht hatten, waren als erste durch, aber sie mussten weiterziehen, sodass wir die Glücklichen waren und den Jubel und die Aufmerksamkeit bekamen."

An diesem triumphalen Tag saß Yves Monod, der seine Frau Solange geheiratet hatte, nach der Rückkehr aus dem Kampf auf einem Fahrrad und versuchte, Milch für seine neugeborene Tochter zu finden, ohne zu ahnen, dass unter den Truppen, die in diesem Park campierten, ein junger amerikanischer Leutnant war, der eines Tages sein Geschäftskollege sein würde.

Bis 1961 hatte sich ein Wandel vollzogen.

„Wir waren nur zu Fuß unterwegs", sagte Stewart. „Es gab überall Autos. Diesmal war es neblig und regnerisch, und niemand hielt auf seinem geschäftigen Weg inne, um Martin und mir einen zweiten Blick zu gewähren."

„Das Hotel George V beeindruckte durch sein riesiges vergoldetes plüschrotes Interieur. Aus dem Restaurant wehte der knoblauchartige Duft seiner berühmten Speisen – man kann nicht sagen, dass es schlimm war, nach Gasmärkten in Frankreich zu suchen."

Das Gasgeschäft in Frankreich, ob neu oder alt, war die Provinz eines seit langem etablierten, von der Regierung kontrollierten Monopols. Angesichts dieses Umstandes stellte sich für Stewart die Frage, ob Esso Frankreich überhaupt zu einer Studie bewegt werden konnte.

Das Esso-Gebäude überblickte die Stadt von einem Hügel etwa drei Kilometer nördlich der Champs-Elysées. Die Vorstellungsrunde beim Vorstand gestaltete sich kurz und Stewart war überrascht, dass die Sitzung nicht im Büro stattfinden sollte, sondern während des Mittagessens in einem Penthouse-Speisesaal an einem großen Tisch mit Leinentischdecke, Blumen, Weingläsern und Tellern mit Goldrand.

„Ich war beeindruckt, aber irgendwie kam mir das Porträt von John D. in den Sinn, und ich fragte mich, ob er bei unserem teuren Mittagessen ein grimmiges Gesicht machen würde. Mit typisch amerikanischer Tapferkeit begann ich mit meiner inzwischen gut einstudierten niederländischen Gasgeschichte und wagte die Bemerkung, dass es möglich sei, dass das Gas gerade bis nach Paris reicht und wir das Gas in Frankreich direkt aus unseren eigenen Pipelines verkaufen möchten.

„Serge Sheer, der Präsident von Esso Frankreich, saß zu meiner Rechten. Er unterbrach meinen Monolog, indem er sich nach vorne beugte, mein hartes Brötchen von meinem Butterteller riss und es auf das weiße Tischtuch vor meinem Essteller legte. ‚In Frankreich‘, sagte er, ‚ist es üblich, das Brot auf die Tischdecke zu legen.‘"

War er einem dreisten jungen Amerikaner behilflich oder sagte er Stewart auf seine gallische Art, dass es viel über Frankreich zu lernen gab? Stewart hatte zuvor nicht bemerkt, dass „auf dem Tisch" genau dort war, wo alle anderen ihr Brot hingelegt hatten. In den kommenden Tagen würde er noch viel mehr über Frankreich erfahren.

Bei Forellenfilet und Pouilly-Fuissé-Weißwein erfuhr Stewart, dass es im Süden des Landes in der Nähe von Lacq eine Erdgasproduktion gab, und südlich von Paris bereits ein beträchtliches Gasnetz. Die Regierung hatte Gaz de France als ein virtuelles Monopol für die Verteilung von Erdgas eingerichtet. Es sah zwar so aus, als könnte es in Frankreich einen großen Markt für niederländisches Gas geben, aber die Chancen für Esso, sich an der Direktvermarktung und dem Pipelinetransport zu beteiligen, schienen ziemlich unwahrscheinlich. Die Esso-Tochtergesellschaften in Deutschland und Belgien hatten schnell auf die Idee von Studien reagiert, um ihre eigenen zukünftigen finanziellen Möglichkeiten zu ermitteln, aber Stewart musste bei der Pariser Tochtergesellschaft einen anderen Weg einschlagen, da ihr Hauptziel die Leichtindustrie war, wo Esso France einen großen Anteil seines Ölmarktes in Frankreich hatte.

„Ich konnte sie davon überzeugen, eine Studie zu initiieren, welche die rechtlichen Aspekte dessen untersucht, was mit einem privaten Unternehmen, das in Frankreich ein staatliches Monopol hat, zu tun haben würde. Sie vereinbarten auch, eine Studie über die möglichen Erdgasmärkte durchzuführen, die sich aus dem Import von niederländischem Gas entwickeln könnten. Sie beauftragten einen Wirtschaftswissenschaftler und einen Juristen mit dieser Aufgabe."

Obwohl diese Entscheidung das Ende des Tages zu sein schien, verließ niemand den Tisch. Cognac und Zigarren mussten erst einmal genossen werden, bevor Stewart und Orlean sich von ihren französischen Kollegen verabschieden konnten, indem sie versprachen, sie auf dem Laufenden zu halten. Stewart erinnerte sich, dass sie kaum den Flug zurück nach London schafften, wo ihr nächster Termin bei Esso UK stattfand.

In London waren Stewart und Orlean wieder einmal in der Lage, eine Esso-Tochtergesellschaft davon zu überzeugen, dass es sinnvoll war, eine Studie durchzuführen, wenn das Gasgeschäft in den Händen eines Monopols lag, nämlich des British Gas Council. In ihrem Gespräch auf ihrem Flug nach London war dies ein Anliegen von Orlean, aber für Stewart war es ein unabdingbares Ziel.

„Auch nach unserer Landung hatte sich gegenüber unserem vorherigen Treffen mit Shell nichts geändert", sagte Stewart. „Der Smog durch die Verbrennung von Kohle erfüllte noch immer die Luft und verschmutzte die Gebäude und Parks. Als wir von Heathrow aus hineinfuhren, schaute ich auf all die Dächer, aus denen Tausende rauchende Schornsteine ragten, und fühlte eine gewisse Aufregung. Dies war ein enormer potenzieller Premiummarkt, wenn wir England nur dazu bringen könnten, danach zu greifen."

Die inzwischen berühmten Öl- und Gasfunde in der Nordsee waren noch nicht entdeckt worden. Obwohl sie einen enormen Einfluss auf die Lebensqualität im ganzen Land gehabt hatten, war zum Zeitpunkt des Besuchs von Stewart und Orlean die einzige Quelle für Erdgas in England LNG (Flüssigerdgas), das zu hohen Kosten per Schiff aus Libyen oder Algerien eingeführt wurde und nur in kleinen Mengen verfügbar war. Esso UK war der Ansicht, dass das staatliche Monopol der einzige Abnehmer für niederländisches Gas sein würde.

Das Vereinigte Königreich führte die industrielle Revolution in Europa in den 1800er-Jahren an, auch bei der Produktion verfügbarer Kohle und gasförmiger Nebenprodukte von Stahl- und Koksöfen. Das Stadtgas mit niedrigem THG-Gehalt wurde erstmals vor über hundert Jahren zur Beleuchtung und zum Kochen verwendet. Bis 1960 war das Land mit Gasnetzen und Gasproduktionsanlagen verbunden, und bis auf sehr ländliche Gebiete wurden alle Häuser durch Gasleitungen versorgt.

Dennoch waren hochwertige Anthrazitkohle und Koks die bevorzugten Brennstoffe für die Öfen der Hausbesitzer. Weil diese Brennstoffe so teuer waren, drangen Dieselöl und Kerosin rasch in die Heizungsmärkte der Haushalte ein.

Stadtgas wurde zum Heizen der wohlhabenderen Gegenden verwendet, aber es wurde hauptsächlich für die Warmwasserbereitung und zum Kochen verbraucht. Der Gasrat versuchte aggressiv, seine Stadtgasquelle durch den Bau von Reformierungsanlagen zur Spaltung von LP-Gas und Leichtölen in Stadtgas mit niedrigem BTU-Gehalt zu erweitern. Trotz der hohen Kosten verhandelte der Rat aktiv über den Import von Flüssiggas aus Algerien und von Esso in Libyen.

Bevor der Stadtrat die enorme Aufgabe der Umstellung der Gasnetze und der Haushalte auf das hohe BTU-Gas, das aus den Niederlanden kommen würde, in Betracht ziehen würde, müsste zunächst eine große, langfristige und sichere Versorgung gewährleistet werden. Er müsste davon überzeugt werden, dass importiertes niederländisches Gas nicht die hohen Kosten für den Transport auf dem Seeweg mit sich bringen würde. Er müsste auch von der Durchführbarkeit der Umwandlung und vom Wert des Premiummarkt-Potenzials überzeugt sein.

Stewart wusste, dass die Antworten auf diese Fragen gefunden werden würden, indem er Studien initiierte, die sie enthüllen würden. „Wir haben Esso UK versichert, dass die Versorgung gesichert ist, wenn das Vereinigte Königreich einen Gaspreis zahlt, der ausreicht, um eine Untersee-Pipeline wirtschaftlich und einen Vertrag attraktiver als andere europäische Käufer zu machen. Keine Gaspipeline der von uns in Betracht gezogenen Größe war jemals in den Tiefen der Nordseekreuzung verlegt worden, aber die Pipeline-Ingenieure von Jersey glaubten, dass die Technologie entwickelt werden könnte."

Jetzt, da neben Esso Niederlande vier weitere Esso-Mitgliedsunternehmen das Potenzial für Erdgas untersuchen, konnte Stewart erkennen, dass das Team eine gewisse Expertise im Pipelining benötigte. Er bat darum, einen Pipeline-Experten zu sich und Orlean in das Den Haager Team zu holen, und Paul Miles vom New Yorker Büro wurde mit dieser Aufgabe betraut.

Vor allem deshalb, weil er vom Vorstand zuerst nach Europa entsandt worden war, und wegen der Eindringlichkeit seiner Ideen und seiner Persönlichkeit hatte Stewart als Leiter fungiert, ohne dass er offiziell in dieser Rolle benannt worden war. Zum ersten Mal wurde diese Führungsrolle aufgrund von Stewarts Ideen bezüglich der britischen Studie in Frage gestellt. Für Stewart war die Nordsee-Pipeline nicht nur notwendig, sondern sie sollte auch realisiert werden. Obwohl Esso UK der Einrichtung einer Gasstudiengruppe zustimmte, machte Miles sofort klar, dass er Stewarts Vision zu dieser Pipeline nicht teilte. Was Miles betraf, so wurde die Pipeline nicht nur nicht benötigt, sondern auch nicht realisiert. Orlean stimmte zu. Die beiden hatten Stewarts Strategie bei der Initiierung der Studie einfach nicht verstanden.

Für Stewart ging es im Vereinigten Königreich nicht in erster Linie um den Import von Erdgas, und es ging auch nicht um diese Pipeline. „Obwohl ich privat der Meinung war, dass die Studie in Großbritannien vielleicht nicht das Blatt wenden würde, war ich fest davon überzeugt, dass wir jedem europäischen Gasversorger eine solide Front bieten und in jedem Fall zeigen mussten, dass wir entschlossen waren, ins Gasgeschäft einzusteigen. Wir konnten uns bei diesen frühen Verhandlungen nicht von einem einzelnen Land zurückziehen, ohne unsere Position bei den anderen zu schwächen. Miles hat die grundsätzliche Richtigkeit dieser Strategie nie begriffen. Er war mir nicht nur weiterhin ein Dorn im Auge. Er wurde zu einem Hindernis für das, was ich als Notwendigkeit sah, absolut konsistent zu sein, und zwar in allen Bereichen."

Miles und Orlean waren sich nicht nur in ihrer Meinung über die Pipeline einig, sondern ebenso unerschütterlich in ihrer Überzeugung, dass es sinnlos sei, wegen des Monopols des Gasrats über einen Einstieg in das Gasgeschäft in Großbritannien nachzudenken.

Stewart ließ sich nicht durch interne Meinungsverschiedenheiten davon abbringen, die technischen und wirtschaftlichen Herausforderungen des Exports von niederländischem Gas aus den Niederlanden nach ganz Europa und sicherlich nicht nach

Großbritannien zu bewältigen. Er und Orlean hatten eine Reihe von Auseinandersetzungen über verschiedene Taktiken.

Miles und Orlean dazu zu bringen, die Pipeline-Studie entschlossen in Angriff zu nehmen, wurde zu einem Tauziehen. Möglicherweise weil Orlean seine Vorbehalte nach Jersey übermittelte, tauchten plötzlich Unternehmensberater aus New York auf, um sich über die Fortschritte des Teams zu informieren. Stewart nannte diese Leute „Mutt und Jeff" „Diese beiden verbrachten ihre Nächte mit Trinkgelagen und prahlten häufig mit ihren nächtlichen Abenteuern. Mutt war ein kleiner Kerl, ein sanft aussehender, adretter Typ, außer wenn er betrunken war und kampflustig wurde. Irgendwie zog er Ärger magisch an und tauchte oftmals am nächsten Tag mit einem blauen Auge oder einer geschwollenen Lippe auf. Wahrscheinlich war einer der Gründe, warum diese beiden uns so häufig Ärger bereiteten, dass sie fern der Heimat waren und die Freiheit hatten, die körperlichen Freuden von Amsterdam zu erkunden."

Mutt und Jeff sprachen negativ über Dinge, die Stewart als Fortschritt betrachtete, zum Beispiel die Tatsache, dass das Team an so vielen Fronten vorankam.

„Miles und Orlean trafen sich oft allein mit Mutt und Jeff und gaben wahrscheinlich ihre eigenen Ideen weiter, von denen sie vielleicht hofften, dass sie Jersey erreichten, zusammen mit ihren Beschwerden über meine Ideen und über die Art und Weise, wie ich sie vorantrieb", sagte Stewart.

„Obwohl Jersey nie etwas zu tun schien, um meinen Fortschritt zu behindern, machte es die Negativität, die dieses Verhalten in die Situation brachte, manchmal schwieriger, meine Ideen in New York zu verkaufen."

Stewart sorgte Tag für Tag dafür, dass die Handlungsfreiheit für das Team nicht eingeschränkt wurde. Aber es wurde zu einer Belastungsprobe, als er überlegte, wie man New York zwar auf dem Laufenden halten sollte, ohne zu viel Informationen preiszugeben und so die Flexibilität der Verhandlungen des Teams zu behindern. Sicherlich informierten Miles und Orlean Mutt und Jeff über alles, sobald diese das Team aufsuchten. Schließlich ersetzte Stewart Miles, aber er zog nie in Betracht, Orlean zu ersetzen.

„Martin holte mich oft auf den Boden der Tatsachen zurück, wenn ich zu enthusiastisch war. Er war ein kluger Wirtschaftswissenschaftler und verdient viel Anerkennung für den Erfolg der Studienteams." Während das Esso-Team damit beschäftigt war, Exportstudien mit den

Mitgliedsunternehmen in Gang zu bringen, setzten Smit von Dutch Esso und Boot von Dutch Shell ihre Zusammenarbeit mit Minister de Pous fort, der selbst Schwierigkeiten hatte.

Sackgasse gelöst

Minister de Pous erkannte an, dass das gesamte Erdgasprojekt in der Öffentlichkeit, insbesondere bei der oppositionellen Arbeitspartei, zu einem sehr heißen Eisen werden könnte. Möglicherweise hatte er auch Einwände von anderen niederländischen Stellen wie der staatlichen Gasbehörde und einigen der kommunalen Versorgungsunternehmen erhalten. Das von ihm früher eingesetzte Komitee, das heute als Van-der-Grinten-Komitee bekannt ist und dessen Sekretär L. G. Wansink ist, begann schnell mit Anhörungen.

Die Ölgesellschaften erkannten nun, dass nichts anderes als die Beteiligung von State Mines an der Produktion und Vermarktung ein Ausweg aus dieser Sackgasse wäre. Sie kamen an einen Punkt, an dem sie sich auf ein Drittel der Produktion und Vermarktung für State Mines einigen konnten. Wegen des „Scheich-Effekts" mussten sie an ihrem Standpunkt festhalten, dass der Export ausgeschlossen werden musste. Ebenso unerschütterlich blieb die Regierung in ihrer Forderung nach fünfzig Prozent der Exporteinnahmen.

Im Dezember schickte das Van-der-Grinten-Komitee einen geheimen Bericht an de Pous, der folgende Passage enthielt: „Die Ölgesellschaften haben sehr deutlich gemacht, dass sie es für ihre Position gegenüber anderen Ländern für äußerst wichtig halten, dass die an sich akzeptable Beteiligung der State Mines im Gewinnungssektor in einer Form verschleiert wird, die sie nicht gefährdet. Diesem Antrag kann entsprochen werden, wenn die Konzession formell der NAM erteilt wird und die NAM die Konzession in eine Partnerschaft mit den staatlichen Bergwerken einbringt."[4]

Bei einem Treffen am 26. Juni zwischen de Pous, Wansink, Verkade, Dutch State Mines, Shell und Esso waren beide Seiten unnachgiebig, aber diese Sackgasse verflüchtigte sich innerhalb von nur vierundzwanzig Stunden.

---

4   Subterranean Commonwealth von Wolf Kielich.

Lykle Schepers, der bei Shell für den Bereich Erdgas zuständig war, hatte das erste Treffen organisiert, bei dem Shell-Führungskräfte an Bord kamen. Er war wieder einmal der entscheidende Faktor, diesmal auf dem Weg durch die Sackgasse.

Am 27. Juni trafen Schepers und Minister de Pous in einer faszinierenden Sitzung aufeinander, die nun „die Kuhhandelssitzung" genannt wurde und die weitreichende Konsequenzen hatte.

Prof. Arne Kaijser beschrieb in seinem Artikel *Striking Bonanza* das Ergebnis:

> *Lykle Schepers war de Pous wichtigster Ansprechpartner auf der Industrieseite und der Hauptvertreter der NAM-Partner. Er war einer der einflussreichsten Industriellen des Landes. An einem Punkt blieben die Verhandlungen stecken und Pous lud Schepers zu einem Tête-à-tête in sein Büro ein. Der Minister sprach seine letzte Drohung aus: Er sagte Schepers, dass der Staat, falls die NAM seinem Vorschlag nicht zustimmen sollte, ihnen die Konzession für das Groninger Feld verweigern und ihnen stattdessen ein für alle Mal ein Entschädigungspaket zukommen lassen würde. Schepers antwortete, dass in diesem Fall die Raffinerien und petrochemischen Anlagen im Rotterdamer Hafen nicht weiter ausgebaut würden. Konfrontiert mit ihrer gegenseitigen Abhängigkeit voneinander erkannten sie, dass ein offener Konflikt katastrophal wäre. Sie mussten nur eine gemeinsame Basis finden.*

Diese Gemeinsamkeit wurde deutlich, als Minister de Pous seinen Bericht zusammen mit seinen Vorschlägen für den Anteil der Regierung an den Marketing- und Produktionseinnahmen vorlegte. Es gäbe ein Marketing- und Transportunternehmen mit dem Namen Gasunie. Insgesamt vierzig Prozent von Gasunie würden sich im Besitz von State Mines befinden, 10 Prozent im Besitz der niederländischen Regierung und jeweils 25 Prozent im Besitz von Shell und Esso. Dieses neue Unternehmen würde das gesamte Erdgas von NAM kaufen und das Gas im Inland und auch im Export über NAM verkaufen.

Die Produktionsgewinne würden in einer separaten Partnerschaft mit dem Namen Maatschappij („Maatschappij" bedeutet „Unternehmen") geteilt. Insgesamt würden sich vierzig Prozent davon im Besitz von State Mines, dreißig Prozent im Besitz von Esso und dreißig Prozent im Besitz von Shell befinden. Da die Regierung auch eine zehnprozentige Lizenzgebühr hatte, handelte es sich faktisch um eine fünfzigprozentige Beteiligung des Staates an der Produktion. Wenn die Einkommenssteuern hinzukämen, würde die Regierung etwa siebzig Prozent der Einnahmen erhalten. NAM wäre der Betreiber der Exploration und Produktion.

Laut einem weiteren Artikel *„From Slochteren to Wassenaar: The Creation of a Natural Gas Regime in the Netherlands, 1960–1963"*, wurde am 11. Juli 1962 ein wichtiges Gesetz ‚Nota inzake het aardgas' dem Parlament vorgelegt. Am 4. Oktober wurde dieser Gesetzesentwurf schließlich in der Zweiten Kammer besprochen. Die Stunde der Wahrheit kam, als der niederländische Vertreter der PvdA (der sozialdemokratischen Partei) seine Rede hielt."

Nun kam die sorgfältige Konsensbildung von de Pous in vollem Umfang zum Tragen. Die Debatte reduzierte sich auf ein Minimum, nachdem die Niederländer de Pous' Bemühungen ruhig und entschieden gebilligt hatten: „Wir sind gezwungen, ehrlich zu sagen, dass der Minister unsere Einwände offen zur Kenntnis genommen hat. Er hat das Parlament wirklich informiert, dass wir dem Minister nicht vorwerfen können, dass er bei den Verhandlungen nicht alles erreicht hat. Genauso wenig geben wir der anderen Partei die Schuld, nachdem die Phase der Verhandlungen, die nun die Zeit der Zusammenarbeit einläutet, vorbei ist. Ab nun wird ein frischer Wind durch die etwas verschlafene Gaswelt wehen. Die Gemeinschaft kann davon nur profitieren."

Einem Gas-Memorandum wurde in der Zweiten Kammer ohne Dissens zugestimmt. Shell, Esso und State Mines konnten nun ernsthaft damit beginnen, die Gründung des neuen Unternehmens zu planen und Details für Pipelines zu entwickeln, in Erwartung der endgültigen Genehmigung der Produktionskonzession durch das niederländische Parlament. Der Minister schlug vor, dass das neue Unternehmen, das unter dem Namen Gasunie bekannt wurde, und die produzierende Maatschappij (Gesellschaft) von einem Lenkungsausschuss aus fünf ernannten Delegierten – einem von jeder Ölgesellschaft, zwei von State Mines und einem von der Regierung – koordiniert werden sollten.

Bis zu diesem Zeitpunkt waren Stewarts Gruppe in Den Haag und die Esso-Studienteams in anderen Ländern die einzigen Akteure, die aktiv die Exportaussichten erkundeten. Nun aber war ein neuer Akteur im niederländischen Gas-Szenario, Johan Bernard Schepers, dabei, die niederländische Gasbühne zu betreten – den ganzen Weg von Casablanca aus.

Kapitel 13

Der Niederländer aus Casablanca

Das Telegramm von Royal Dutch Shell traf genau zu dem Zeitpunkt in Casablanca ein, als Schepers und seine Frau Louise Gäste empfangen wollten. Inzwischen war Schepers für Shell in einer Führungsrolle nach der anderen um die ganze Welt gereist. Er und seine Familie hatten in London, Spanien, Indonesien, Algerien und Kanada gelebt. Dieses Mal schickten sie ihn nach Hause – in die Niederlande.

Als die Niederlande 1940 von Nazideutschland überfallen wurden, lebte Schepers mit seiner Familie in der Kleinstadt Voorburg. Er war damals ein Teenager, seit seiner Kindheit wurde er Krik genannt. Sein Vater Jan Dirk, ein Offizier der niederländischen Armee, wurde in ein deutsches Gefangenenlager deportiert, ein Umstand, der Krik zum männlichen Oberhaupt der Familie werden ließ. In den Jahren der Besatzung wurden die Lebensmittelvorräte immer knapper; Krik gelang es, die spärlichen Rationen der Familie aufzubessern, wobei er in ein anderthalb Stunden entferntes Gebiet mit landwirtschaftlichen Höfen in der Umgebung von Zoetermeer radeln musste.

Die größte Angst seiner Familie war, dass die Nazis herausfinden würden, dass er, obwohl erst siebzehn Jahre alt, bereits das Gymnasium abgeschlossen hatte. Unter der deutschen Besatzung wurden alle Jungen nach ihrem Abschluss entweder als Zwangsarbeiter oder zur Eingliederung in die deutsche Armee nach Deutschland deportiert. Krik war eine Zeitlang sicher, weil er jünger aussah. Gemeinsam mit einem Freund war er im niederländischen Widerstand aktiv, überbrachte Botschaften und observierte bestimmte Personen.

Ein Mädchen aus seinem Freundeskreis arbeitete als Sekretärin in einem örtlichen deutschen Verwaltungsbüro. Zu ihrer Aufgabe gehörte es, verschiedene Dokumente unterschreiben zu lassen. Es gelang ihr, ein Dokument zu beschaffen, das es Krik ermöglichte, nach der Ausgangssperre ab zwanzig Uhr das Haus zu verlassen und so mehr Handlungsspielraum bei seinen Aktionen für den Widerstand zu gewinnen. Als sein engster Freund im Herbst 1944 verhaftet wurde, war die Wahrscheinlichkeit groß, dass die Polizei auch nach ihm suchen würde. Andere Widerstandskämpfer halfen ihm, ein Versteck im Krankenhaus von Voorburg zu organisieren.

Nachdem die Alliierten den südlichen Teil der Niederlande befreit hatten, wurde die Besatzung des Landes grausamer und verschärfte sich nach dem Erfolg eines nationalen Eisenbahnstreiks noch weiter. Der Streik war von der Exilregierung der Niederlande ausgerufen worden, um den Transport von Bürgern zur Zwangsarbeit und in Konzentrationslager zu stoppen und um weitere Befreiungsversuche der Alliierten zu unterstützen.

Im September 1944 wurde ein Befreiungsversuch der Niederlande abgebrochen, ein Ereignis, das in dem Film *Die Brücke von Arnheim* geschildert wird. Tausende alliierte Bodentruppen, Fallschirmjäger und Zivilisten verloren ihr Leben in der Schlacht um Arnheim. Viele niederländische Zivilisten riskierten ihr Leben, indem sie den wenigen britischen und amerikanischen Fallschirmjägern, die entkommen konnten, Unterschlupf gewährten. Als Bestrafung sowohl für den Eisenbahnstreik als auch für den Befreiungsversuch verhängten die Deutschen ein Embargo für alle Lebensmitteltransporte in die westlichen Niederlande. Im November wurde es teilweise aufgehoben, aber ein überaus strenger Winter verschärfte die Probleme der Lebensmitteltransporte. Die Situation in dem Krankenhaus, in dem sich Krik versteckte, wurde immer verzweifelter, Patienten verhungerten. Im Norden des Landes gab es ab der Herbsternte ausreichende Lebensmittelvorräte, wegen des kürzlich verhängten Transportembargos aber bestand keine Möglichkeit, die Lebensmittel auf alle Provinzen zu verteilen.

Krik hatte Verwandte auf Bauernhöfen in der Nähe von Groningen, dort befand sich auch die Lebensmittelkommission. Er schlug der Krankenhausleitung vor, sich auf eigene Faust auf den Weg zu machen, um Lebensmittel für die Patienten zu beschaffen. Obgleich man die

Erfolgsaussichten für den schmalen, energischen Teenager als gering einschätzte, gab die Verwaltung Krik ein Empfehlungsschreiben für die Kommission und für die Krankenhäuser Schreiben mit, welche die Bitte enthielten, ihm Unterkunft zu gewähren. Seine Freundin im Verwaltungsbüro hatte ebenfalls Familie in Groningen, und er erklärte sich bereit, sie mitzunehmen. Er lieh sich das Motorrad eines ihm bekannten Arztes, aber sie kamen nur bis Utrecht, bevor die Deutschen es beschlagnahmten.

Da in den niederländischen Schulen fünf Jahre Deutschunterricht Pflicht war, sprach Krik die Sprache einwandfrei, und mit den deutschen Papieren, die er bei sich trug, konnte er für sich und seine Freundin einen Platz in einem Militärtransport Richtung Norden organisieren. Das war eine äußerst gefährliche Angelegenheit, denn die einzigen Züge, die in den Niederlanden verkehrten, waren deutsche Transporte, und die Alliierten bombardierten sie bei jeder sich bietenden Gelegenheit. Daher konnten die Züge nur wenige Stunden pro Nacht fahren, es dauerte Tage, bis die beiden Teenager ihr Ziel erreichten.

In Groningen machte sich Kriks Freundin auf den Weg zu ihrer Familie, während er zur Lebensmittelkommission fuhr. Als er an einer Straßenecke hielt, näherte sich ihm zu seinem Schrecken ein deutscher Offizier, aber er stellte sich heraus, dass dieser nur nach dem Weg fragen wollte. Da Krik Groningen gut kannte, konnte er dem Mann helfen. Dieser zeigte sich überrascht von Kriks Höflichkeit und hervorragendem Deutsch. (Die einzige kleine Auflehnung, die die Niederländer sich gegen die Besetzung herausnehmen konnten, bestand darin, so zu tun, als würden sie kein Deutsch verstehen). Der Offizier setzte seinen Weg fort, ohne den leisesten Verdacht über Kriks wahre Absichten zu hegen.

Bei der Lebensmittelkommission war man eifrig bemüht, ihm alle gewünschten Hilfsgüter zu übergeben, es gab jedoch ein großes Problem: Der Transport der kostbaren Ladung war nur mit einem Schiff möglich. Unbeirrt machte sich Krik auf den Weg zum Hafen, wo zahlreiche deutsche Boote vor sich hin dümpelten. Krik suchte sich eins aus, das groß genug für seine Ladung war, aber nicht groß genug, um Aufmerksamkeit zu erregen, und kletterte an Bord. Er zeigte seine deutschen Papiere und bat den Offizier in perfektem Deutsch in aller Dringlichkeit, den Transport zu übernehmen. Anstatt jedoch die Wahrheit zu sagen, gab er vor, die Lebensmittel seien für ein deutsches Militärkrankenhaus bestimmt. Überzeugt davon, seinen Landsleuten zu helfen, stimmte der Hauptmann zu, vorausgesetzt, Krik konnte einen Transportauftrag vom befehlshabenden deutschen Marineoffizier vorweisen.

Krik ignorierte die Gefahr, die ihm bei einer Enttarnung seines Täuschungsmanövers drohte, und machte sich auf die Suche nach dem Marinebüro. Zu seiner Überraschung stellte sich heraus, dass es sich bei besagtem Marineoffizier um den Mann handelte, dem er kurz zuvor behilflich gewesen war. Abermals benutzte er das deutsche Wort Lazarett und präsentierte seine deutschen Genehmigungsdokumente. Der Offizier warf nur einen flüchtigen Blick darauf, widmete sich der Liste der mit dem Siegel der Lebensmittelkommission versehenen Vorräte und stellte die Genehmigung für den Transport aus. Krik saß still da, bemüht, sich seine Besorgnis darüber, dass in letzter Minute ein Fehler seine wahre Identität und Mission verraten könnte, nicht anmerken zu lassen. Während er wartete, führte er ein zwangloses Gespräch mit dem Offizier, als sei sein Leben nicht in Gefahr. Er wusste jedoch, dass er erst nach seiner Rückkehr nach Voorburg richtig würde durchatmen können.

Mit dem Transportauftrag in der Hand begab Krik sich zurück zum Schiff, wo die Besatzung die Ladung vorbereitete. Bei Tageslicht wurden auch Schiffe auf den Kanälen von den Alliierten beschossen, sodass nur nachts die Fahrt von Groningen nach Friesland möglich war. Schließlich erreichte das Schiff die Stadt Lemmer. Vor der Überquerung des IJsselmeers musste es warten, bis sich ein Konvoi gebildet hatte. Wenn das anwesende Militär beschließen sollte, an Bord zu kommen, um den Bestimmungsort zu verifizieren, würde die kostbare Fracht Voorburg und die Menschen, die so verzweifelt darauf angewiesen waren, nie erreichen. In einem solchen Fall würde auch Krik Voorburg nie wiedersehen. Als das Schiff schließlich passieren durfte, ließ Kriks Spannung ein wenig nach.

Im Verlauf der Fahrt freundete sich der Kapitän mit Krik an und gestand, dass er wusste, dass der Krieg fast vorbei war. Er wollte nur noch nach Hause und hoffte, dass er und seine dreiköpfige Besatzung am Ende der Reise im Krankenhaus eine gute Mahlzeit bekommen würden. Krik beschloss, ihm die Wahrheit zu sagen. Es gab kein Militärkrankenhaus. Der Kapitän unternahm keinen Versuch, Kriks Mission zu unterbrechen. Stattdessen bat er um Hilfe für sich und seine Besatzung bei der Beschaffung von Zivilkleidung, damit sie am Ende der Reise untertauchen und den Weg zurück nach Hause schaffen konnten. Krik stimmte bereitwillig zu.

In Voorburg hielt Krik Wort. Während die Besatzung sich unter Deck versteckte, trieb er die benötigten Kleidungsstücke auf und brachte diese zusammen mit einigen Lebensmitteln der Besatzung zurück, die im Gegenzug beim Entladen des Schiffes half. Als Krik zusah, wie das Schiff auf Nimmerwiedersehen in Richtung Amsterdam verschwand, holte er zum ersten Mal seit sehr langer Zeit wieder tief Luft.

Es war mittlerweile Dezember, und der Hungerwinter in den Niederlanden sollte vor der Befreiung im Mai noch Tausende von Menschenleben fordern. Die Vorräte, die Krik mitbrachte, retteten viele Leben im Krankenhaus von Voorburg, machten ihn aber auch zur Zielscheibe für die Deutschen, sodass er bis zum Tag der Befreiung von Freunden auf dem Dachboden einer Garage versteckt wurde. Krik war dabei, als sein Vater nach langer Gefangenschaft von der vollständig versammelten Familie zu Hause willkommen geheißen wurde.

Nach dem Krieg verließ Schepers, immer noch im Teenageralter, erneut seine Heimat, dieses Mal, um eine Offiziersausbildung in England zu machen. Er diente seinem Land in Indonesien und kehrte 1949 nach Amsterdam zurück, wo er mit Shell in die Geschäftswelt wechselte. Sein Einfallsreichtum und seine Fähigkeit, Chancen zu erkennen, entstanden im niederländischen Widerstand und entwickelten sich zu Vorzügen, die in den folgenden Jahren immer mehr geschätzt wurden.

Kriks zukünftige Ehefrau Louise war im Jahr 1949 Pharmaziestudentin. Nach nur drei Monaten des Werbens um sie hatte er sie davon überzeugt, ihn zu heiraten – jedoch trennten zwei Hindernisse die Liebenden voneinander: Shell versetzte Krik nach England, und die Eltern von Louise erwarteten, dass sie ihr Studium abschloss.

Louises Vater war Arzt, die Mutter Apothekerin. Damals konnte man Medikamente jedoch nicht wie heute einfach in Apotheken kaufen, sondern sie wurden nach den Vorgaben des Arztes für bestimmte Erkrankungen selbst hergestellt. Ihre Mutter beherrschte ihr Metier und arbeitete Seite an Seite mit Louises Vater, eine Berufung, der auch Louise folgen sollte. Obwohl Louise ihr Studium abschloss, ergriff sie nicht den Beruf der Apothekerin.

Als Krik ein Jahr später aus London zurückkehrte, heirateten er und Louise in Amsterdam. Sie lebten zunächst in Epsom in den Niederlanden, wo ihre Tochter Louise geboren wurde. Ein Jahr später, am 24. Juni 1953, erblickte ihr erster Sohn Jan Dirk in Haarlem das Licht der Welt.

Louise und Krik Schepers 1962 auf dem Londoner Ball,
nachdem Krik aus Marokko zu den niederländischen
Shell-Gasverhandlungen versetzt worden war.

*Anfang 1945, als die Niederlande besetzt waren, überredete
der junge Schepers die Deutschen, ihm eine Bootsladung mit
Krankenhausvorräten zu überlassen und ihm zu helfen, diese zu
einem zivilen Krankenhaus in der Nähe von Den Haag zu bringen.*

Laut Louise „hatten wir uns kaum in Madrid eingelebt, als Shell Krik in Tanger als Generaldirektor der dortigen winzigen Shell-Gesellschaft brauchte. Damals war Marokko eine Enklave, die international regiert wurde. Das Land war noch ursprünglich und traditionell. Die Ankunft war ein kleiner Kulturschock für uns, aber das Leben dort war sehr angenehm. Es gab viele Ausländer aus Frankreich, England, den Niederlanden und Spanien. Wir wohnten fünf Minuten vom Strand entfernt, für die Kinder war das ideal.

Unser zweiter Sohn Willem wurde am 18. Februar 1955 in Tanger geboren. Wir wurden für ein Jahr nach Kanada versetzt und kehrten 1956 nach Marokko zurück, aber dieses Mal für etwa sechs Jahre nach Casablanca, bis wir 1962 nach Den Haag beordert wurden."

Kurz bevor die Schepers 1962 das Telegramm erhielten, hatten sie die Möglichkeit besprochen, Shell zu ersuchen, sie zurück in die Niederlande zu versetzen, damit ihre Tochter dort die weiterführende Schule besuchen konnte, wo auch ihre Eltern zur Schule gegangen waren. Aber bevor sie zu einem Entschluss gekommen waren, wurde ihnen die Entscheidung abgenommen. Schepers fand bei seiner Ankunft in Den Haag die Dinge nicht ganz so vor, wie er es erwartet hatte.

„Ich dachte, ich würde eine Art Anweisung erhalten, was meine Aufgaben in diesem neuen Job anging, aber als ich J. C. Boot, der für alles verantwortlich war, fragte, um welche Aufgaben es sich dabei handeln könnte, sagte er: ‚Ich habe keine Ahnung. Warum schreiben Sie nicht auf, welchen Arbeitsauftrag Sie Ihrer Meinung nach erhalten sollten?'"

Schepers Onkel Lykle war der Shell-Vorstandsvorsitzende, der sich bei den niederländischen Gasverhandlungen bereits so effizient gezeigt hatte. Schepers hatte schon vor langer Zeit seine besondere Position innerhalb des Unternehmens erworben, gleich wo er sich befand, und dieses Mal bildete keine Ausnahme. Da das Unternehmen keine Stellenbeschreibung lieferte, musste er diese für sich selbst definieren. Er begann damit, zu erläutern, was er nicht tun wollte.

„Als Erstes schrieb ich, dass ich nicht mehr als drei Nächte pro Woche von zu Hause weg sein wollte, damit ich das Familienleben aufrechterhalten konnte. Ich erklärte, dass ich der Ansicht war, dass die Arbeit auf diese Weise durchaus erledigt werden konnte."

Ohne einen Funken Bedenken erklärte Boot: „Das ist für mich in Ordnung."

Da die Aufgaben unklar blieben, fühlte es sich zunächst ein wenig an, als solle man mit einer dunklen Brille auf der Nase über die neblige Autobahn fahren. „In diesem verrückten Job wurde mir ein kleiner Raum in der Nähe des Büros des Geschäftsführers zur Verfügung gestellt, wo früher das Büro des stellvertretenden Vorstandssekretärs war. Der Raum war also sehr alt und dunkel getäfelt. Ich saß dort allein und wusste nicht so recht, was die Nummer 5 in der Managermannschaft bedeuten sollte. Ich erinnere mich, um eine Sekretärin gebeten zu haben, und sie schickten mir eine. Beim Vorstellungsgespräch saß sie vor mir und meinte: ‚Das ist ein schönes Büro. Aber was ist Ihr Job?' Ich sagte: ‚Ich weiß es nicht.'"

In den Den Haager Büros von Esso hörte Stewart das erste Gerücht, Shell habe einen eigenen Koordinator für das niederländische Erdgasgeschäft ernannt. Stewart konnte nicht sagen, ob diese Ernennung das Ergebnis davon war, dass Shell von Essos Exportstudien erfahren hatte, oder ob es sich lediglich um einen Auftrag handelte, der als eine Art Gegengewicht zu Stewarts Position im Esso-Team dienen sollte.

„Ich wusste nicht, ob Schepers die klassische, anfangs zurückhaltende niederländische Geschäftspersönlichkeit oder ein weit gereister, weltoffener internationaler Geschäftsmann war", sagte Stewart. „An dem Tag, an dem er zum ersten Mal unser Büro betrat, waren Martin, Jan und ich damit beschäftigt, unseren nächsten Schritt bei den Verhandlungen in den Exportländern zu planen."

Stewart blickte von seiner Arbeit auf und sah eine große, schlanke, an Abraham Lincoln erinnernde Gestalt mit einem Schopf dunkelblonder Haare, die den Türrahmen ausfüllte. Schepers begrüßte ihn in fließendem Englisch mit einem leichten niederländischen Akzent. Stewart erkannte, dass diese ausdrucksvollen blauen Augen mit einem klugen, einfallsreichen Verstand einhergingen. Schepers' offenes Lächeln und seine humorvolle Art täuschten nicht über starken Ehrgeiz und harten Wettbewerbsgeist hinweg, der dem von Stewart nicht unähnlich war. Stewart mochte Schepers auf Anhieb. „Es hieß auf Anhieb: ‚Nennen Sie mich Krik'. Ich war angetan von seiner freundlichen Art und seiner klaren Intelligenz, ich mochte ihn einfach sofort. Aber er war ein Shell-Mann. Es war offensichtlich klug, das meiste von dem, was wir in den potenziellen Exportländern bereits unternahmen, zunächst geheim zu halten." Während Schepers die üblichen Begrüßungsfragen wie „Was ist Ihre Tätigkeit bei Esso?" beantwortete, wanderten seine strahlend blauen Augen zu den Flussdiagrammen an der Wand, welche die verschiedenen Esso-Studiengruppen veranschaulichten, die Stewart und das Team über potenzielle Märkte in anderen Ländern ins Leben gerufen hatten. „Während Schepers und ich uns unterhielten, schlenderte er durch den großen, scheunenartigen Raum, in dem unsere Schreibtische standen", sagte Stewart. „An der Wand hing ein Kalender, randvoll mit Reiseterminen und Orten, an die Martin und ich ständig reisten, um unsere Exportstudien zu vertiefen."

Schepers' erster Kommentar ließ keinen Zweifel daran, dass er den Zweck dieser Aufzeichnungen erkannt hatte. „Wie ich sehe, reisen Sie häufig nach Deutschland und Belgien. Glauben Sie, dass man dort Gas gebrauchen könnte?"

Stewart antwortete beiläufig: „Ich habe die unverbindliche Bemerkung gemacht, dass wir die Möglichkeit prüfen, und dann das Thema gewechselt. Später erfuhr ich, dass Schepers nach seinem Besuch Shell zum Handeln bewegt hat. Schepers war nicht bereit, Esso die Führungsrolle zu überlassen, wenn niederländisches Gas exportiert werden sollte."

„Stewarts Charts ließen bei mir die Alarmglocken klingeln, denn Shell war vorübergehend in der Unterbesetzung", sagte Schepers. „Vor meinen Augen befand sich der Beweis, dass Esso bereits technische und wirtschaftliche Mitarbeiter für Studien in anderen Ländern im Einsatz hatte. Ich konnte sehen, dass sie uns weit genug voraus waren, sodass sie ohne uns sehr wohl vorankommen konnten, wenn wir nicht eingriffen. Ich wollte nicht, dass dieser Amerikaner und sein Esso-Team Shell schwächen. Ich merkte mir, was ich an dieser Wand gesehen hatte, begab mich zurück in mein eigenes Büro und veranlasste, dass Shell schnell ein eigenes Studienteam in Den Haag zusammenstellte. Wir statteten Deutschland und Belgien eine Reihe von Besuchen ab. Binnen kurzer Zeit war ich zufrieden. Shell würde von Esso nicht übertroffen werden, wenn die Zeit gekommen war, um das Gasgeschäft in diesen Ländern zu konkurrieren." Das Forschungsteam von Shell war äußerst interessiert an der Art und Weise, wie Erdgas in den Vereinigten Staaten zu einem Haushaltsbrennstoff geworden war, und so reisten Schepers und ein Kollege namens Vi Vizzard vom Londoner Shell-Büro gemeinsam in die Staaten, um sich aus erster Hand ein Bild davon zu machen, wie das Verfahren funktionierte. Schepers erinnerte sich an seine Sorge, dass Esso seiner Firma bereits voraus sei. „Wir versuchten, auf kürzestem Wege an alle nützlichen Informationen zu gelangen, die wir über die praktische Verwendung von Erdgas finden konnten. Ich veranlasste unser Büro, Reisen zu verschiedenen Versorgungsunternehmen in den USA zu organisieren. Vizzard war so britisch, immer mit einem Taschentuch im Ärmel und sehr ordentlich. Unter der Woche reisten wir herum und trafen uns mit dem Hilfspersonal. Täglich schrieben wir dann auf, was wir erfahren hatten. An den Wochenenden hatten wir frei, und Shell ermutigte uns, in jede beliebige Stadt in Amerika zu fahren, die wir sehen wollten. Einmal fuhren wir nach Las Vegas. Wir spielten nicht, wir wollten nur sehen, was es mit diesem Unterhaltungsmekka auf sich hat. Shell hatte immer unsere Hotels für uns gebucht, aber in der Nacht, in der wir dort ankamen, war es nach 19:00 Uhr. Der Portier trug unser Gepäck bis zum Schreibtisch, wo der für die Reservierung zuständige Mitarbeiter sagte: ‚Entschuldigung, Sie sind nicht rechtzeitig gekommen. Die Zimmer wurden vergeben.‘ Wir hatten kein Zimmer, weil Shell die Buchung nicht garantiert hatte. ‚Keine Sorge‘, sagte der Rezeptionist, ‚nebenan werden sie ein Zimmer für Sie haben.‘

Nun war das benachbarte Hotel etwa fünf Meter entfernt, aber der Portier wollte unsere Taschen nicht dorthin tragen. Das erschien uns zwar wenig gastfreundlich, aber wir trugen sie selbst so weit, dass der Portier im anderen Hotel bereit war, uns zu helfen. Es stellte sich heraus, dass sie auf unterschiedlichen, rivalisierenden Gewerkschaftslisten standen. Und hier war dieser Brite mit seinem Taschentuch im Ärmel, der eine viel angemessenere Behandlung erwartete. Der arme gewissenhafte und ernste Vizzard verlor sein Taschentuch in der Drehtür, geriet beim Versuch, es wieder aufzuheben, in den Drehmechanismus und gab währenddessen eine überaus lustige Figur ab.

Wir fuhren auch ein Wochenende nach Los Angeles. Wir waren in ein Hotel eingebucht, und alle anderen besaßen ein Auto, aber aus irgendeinem Grund hatten wir keins. Wir hatten keine Ahnung, wo irgendetwas lag oder wohin wir fahren sollten, also wagten wir uns in einen Bus und baten den Fahrer um eine Fahrkarte bis zur Endstation. Als wir dort ankamen, war es nicht nur die Endstation der Linie. Es war das Ende der Welt. Wir waren in Santa Monica am Ozean gelandet, mit seinem sehr langen Pier, auf dem zu unserer Überraschung eine ganze Achterbahn thronte. Wir entschieden uns dafür, sie nicht auszuprobieren, aber wir genossen die Aussicht und das Essen, das in kleinen Papierbooten serviert wurde."

Die Esso-Gruppen in den anderen Ländern machten auf Drängen des Teams in Den Haag echte Fortschritte bei der Ausarbeitung der

Exportmöglichkeiten für Märkte und Pipeline-Investitionen. Inzwischen wusste Stewart, dass Shell eigene Studien zu diesen Themen durchgeführt hatte, und er begann, seine eigenen früheren Überlegungen im Hinblick auf einen Alleingang von Esso jenseits der niederländischen Grenze infrage zu stellen.

Nun, da sich die Regierung und die Ölgesellschaften nahezu einig waren, dass das Gas im Inland und im Export über die NAM verkauft werden sollte, erschien die Idee, den Anteil von Esso ohne Shell gesondert zu vermarkten, nicht mehr realistisch. Ebenso unrealistisch war es natürlich, dass Esso das Gas ohne die Zustimmung der niederländischen Regierung allein in andere Länder transportieren konnte. Diese würde versuchen, ihre wertvolle Ressource zu schützen und deren Wert zu optimieren. Shell hatte sicherlich nicht vor, seinen Anteil am Gas in irgendeiner Form an Esso abzutreten.

Schepers war inzwischen zu einem regelmäßigen Besucher der Esso-Niederlassung geworden und wurde von Stewart offen empfangen. „Krik schaute immer öfter vorbei, um zu plaudern und zu Mittag zu essen. Er war die Art von Mensch, der intuitiv jede manipulative Absicht gespürt hätte. Hätte man einmal das für erfolgreiche Verhandlungen so notwendige Vertrauen eines solchen Mannes verspielt, hätte man es nie wieder zurückgewinnen können."

Stewart hatte es nicht mehr mit einem gesichtslosen Konkurrenzunternehmen zu tun. Stattdessen stand er in häufigem Kontakt mit einem Mann, dessen Verstand und Intelligenz sich mit Sicherheit mit genau denselben Problemen beschäftigte, mit denen er und sein Team zu kämpfen hatten. Stewart entschied sich für Offenheit. „Es war für uns beide offensichtlich, dass es völlig unpraktisch war, die Ressourcen unserer beiden Teams hinsichtlich der Marktinformationen nicht zu bündeln. Mit der Zustimmung unserer Anwälte und unserer Zentrale zogen Krik und ich in benachbarte Büros im KLM-Gebäude und arbeiteten zusammen, um die Bemühungen der kombinierten Esso/Shell-Teams in Deutschland und Brüssel zu koordinieren. Wir hatten noch nicht einmal versucht zu regeln, wie oder von welchem unserer Unternehmen das Gas tatsächlich exportiert werden sollte." Schepers' Respekt für Stewart wurde immer größer. „Als Geschäftspartner und als Freund war Doug absolut zuverlässig, was die Zusammenarbeit mit ihm angenehm und unkompliziert machte. Ich musste keine Zeit mit dem Gedanken ‚Wie konnte er mich nur hintergehen?' verschwenden."

Schepers verglich den Erfolg ihrer Arbeitsbeziehung mit einer glücklichen Ehe. „Es wird oft behauptet, dass Sinn für Humor förderlich für eine gute Beziehung der Ehepartner ist; das trifft aber auch auf eine Geschäftsbeziehung zu. Ich habe sehr oft seinen ausgezeichneten Sinn für Humor genossen. Die drei Jahre der Zusammenarbeit mit Doug waren die besten meines Berufslebens.

Der Erfolg sowohl ihrer Arbeit als auch ihrer persönlichen Beziehung beruhte auf der Integrität und dem Einsatz, den jeder von ihnen nicht nur in ihre berufliche Beziehung, sondern auch in ihre Freundschaft einbrachte, die vierzig Jahre lang bestehen bleiben sollte.

Bis zum heutigen Tag führte Stewart den gemeinsamen Erfolg zu einem großen Teil auf die persönliche Wertschätzung zurück, die beide füreinander empfanden. „Einer der Gründe, warum wir bei den Exportverhandlungen in Deutschland, Belgien und Frankreich so erfolgreich waren, hatte mit dem Vertrauen zu tun, das wir einander entgegenbrachten."

Das Familienleben war für beide Männer von zentraler Bedeutung. Stewart und Schepers einigten sich in den ersten Tagen ihrer Zusammenarbeit, dass die Wochenenden der Familie gehören sollten. Sie würden nur drei Tage in der Woche reisen. Diese Übereinkunft konnten sie über die Jahre ihrer Zusammenarbeit aufrechterhalten.

Für Stewart wurde die neue Aufgabe, sich mit Schepers auf den Export zu konzentrieren, dadurch erschwert, dass er nach wie vor alle Teams nicht nur in Hamburg und Den Haag, sondern auch in Belgien, Frankreich und dem Vereinigten Königreich betreute. Darüber hinaus unterstützte er Smit bei den niederländischen Verhandlungen, die keine Anzeichen für eine baldige Lösung zeigten.

„All diese Verpflichtungen lenkten mich immer wieder von den Exportvorbereitungen ab, und genau auf die wollte ich mich konzentrieren", sagte Stewart. „Ich wusste, dass, wenn die Exportvorbereitungen wirklich anlaufen würden, auch eine andere Art Reiseplan erforderlich sein würde. Ich war nicht bereit, mein Familienleben dafür zu opfern, also traf ich die Managemententscheidung, nach New York zu reisen, um die wachsende Arbeitsbelastung zu erklären und meinen Bedarf an zusätzlichem Personal darzulegen."

Als Stewart seine Präsentation bezüglich seines Bedarfs an zusätzlichen Arbeitskräften für Jersey vorbereitete, unterbrach er die

Arbeit, um einen Bericht für Milbrath zu schreiben, in dem er seine Schlussfolgerungen über den Verkauf von „regelbarem Gas" und die nützlichen Auswirkungen seiner Verkäufe auf die Pipeline-Investitionen ausführte. „Jedes Mal, wenn ich mit der NAM sprach, hielt der Bohrerfolg unvermindert an. Die Gasreserven nahmen weiter zu. Ich konnte sehen, dass der Export einen großen Teil der Gasnachfrage ausmachen würde und dass Jersey ein enormes Gewinnpotenzial haben würde, wenn wir mit unseren Bemühungen Erfolg hätten. Um die Pipelines für diese neuen Märkte wirtschaftlich zu bauen, würde es wirtschaftlichen und politischen Druck geben, den Gasverkauf auf niedrigpreisige Industriemärkte auszuweiten, da war ich mir sicher. Es war für mich auch offensichtlich, dass der Verkauf von ‚unterbrechbarem Gas' die Investitionen in die Pipeline optimieren würde, ohne den ganzjährigen Verkauf in diese Niedrigpreismärkte in Kauf nehmen zu müssen."

Der Verkauf von „regelbarem Gas" nutzt die Differenz zwischen dem geringen Gasvolumen, das während der Sommerperiode verkauft wird, und dem hohen Volumen während des Winters. Die für Pipelines erforderlichen Investitionen setzen voraus, dass die Leitungen für die Deckung des Bedarfs in den Spitzenmonaten des Winters ausreichen. Im Grunde genommen bedeutet dies, dass die Transportkosten für die Versorgung der Winternachfrage die gesamten Kosten decken. Es besteht die Möglichkeit, diese Kosten zu amortisieren, wenn die Verkäufe auf dem Premium-Haushaltsmarkt gering sind. Anstatt in diesen Zeiten niedriger Nachfrage in Gasspeicheranlagen zu investieren, könnte das Gas für kurze, regelbare Zeiträume an den Industriemarkt verkauft werden, wodurch diese Unternehmen beträchtliche Einsparungen erzielen könnten, weil sie ihre kohle- oder ölbeheizten Kessel abschalten und Erdgas einsetzen würden.

Stewart befürchtete, dass das Konzept Bill Stott nicht überzeugen würde, da Stott einen Teil seiner sommerlichen Heizölverkäufe verlieren würde, die ihm besonders am Herzen lagen. Dennoch schickte er seinen Bericht über unterbrechbares Gas an Milbrath, in der Erwartung, dass er angemessen in Umlauf gebracht werden würde. Er widmete sich wieder seinem Hauptanliegen, seiner Präsentation über seinen Bedarf an zusätzlichem Personal.

Stewart hatte von Jersey noch keine Antwort auf den Bericht über das regelbare Gas erhalten, als er unerwarteten Besuch von Mutt und Jeff bekam. „Natürlich setzte ich sie über den aktuellen Stand der Dinge in Kenntnis, und im Laufe unseres Gesprächs teilte ich ihnen auch meine Einschätzungen bezüglich der ständig steigenden Gasreservenschätzungen und meine Vorstellungen über die Machbarkeit des Verkaufs von regelbarem Gas mit."

Stewarts Vorschläge zu regelbarem Gas sollten sowohl frischen Wind in die Bürokratie der Unternehmen bringen als auch einen weiteren Ausbruch der Kluft zwischen den Generationen der Unternehmen auslösen und seine Karriere unerwartet in eine andere, höchst dramatische Richtung lenken.

—Kapitel 14—

Stewart, ausgebremst

Kurz nach dem Besuch von Mutt und Jeff erhielt Stewart einen dringenden Anruf aus New York mit der Bitte, so bald wie möglich dorthin zurückzukehren. Stewart erkannte darin hauptsächlich die Möglichkeit, schnell Gehör für seine Forderung nach mehr Mitarbeitern zu finden.

„Ich reiste gut vorbereitet nach New York, um meine Argumente für weitere Mitarbeiter so nachdrücklich wie möglich darzulegen", sagte Stewart. „Ich wollte erklären, dass unser Arbeitspensum exponentiell anstieg, und zwar genau im Verhältnis zu unseren wachsenden Chancen. Ich wusste bereits, welche Leute ich für die neuen Aufgaben aus verschiedenen Standorten in Jersey abziehen wollte, um mich dann auf den Export konzentrieren zu können. Ich wollte für den Export mehr Zeit aufwenden, weil ich wusste, dass ich in diesem Bereich am effektivsten arbeiten konnte."

Gleich nach seiner Ankunft in New York begann Stewart mit einigen Personen, die er in Den Haag dabeihaben wollte, Gespräche zu führen. Ganz überraschend sah er sich mit einer unerwarteten Forderung von Bill Stott konfrontiert.

„Er bestand darauf, dass ich einen umfassenden Vortrag über regelbare Gaslieferungen halten sollte, worauf ich nicht vorbereitet war. Ich hatte den Bericht nur deshalb verfasst, weil ich der Meinung war, wir müssten darüber nachdenken, welche Auswirkungen auf das Premiummarkt-Konzept und die Wirtschaftlichkeit der Pipeline bestehen könnten, und nicht, weil wir daran dachten, dies in irgendeiner Weise zu propagieren.

Rückblickend war Stotts Forderung nach dieser Präsentation ein Alarmsignal, das Stewart nicht erkannte. Er nahm an, sie sei durch den Bericht über die regelbare Gaslieferung ausgelöst worden oder Mutt und Jeff hätten die Ideen mit ihrer üblichen negativen Interpretation an Stott weitergegeben.

Stewart hatte die Sachlage für die Nutzung von regelbaren Gaslieferungen und deren Vorteile klar vor Augen, also bereitete er schnell einige Schaudiagramme vor, welche die Größenordnung der Gasreserven zusammen mit einer Prognose des zu erwartenden niederländischen Marktes zeigten und die großen Mengen veranschaulichten, die für den Export zur Verfügung stehen würden. Er beabsichtigte nach wie vor, den Schwerpunkt seiner Präsentation auf den unmittelbaren Bedarf an mehr Personal für das Projekt zu legen. „Ich begann mit der Erläuterung unseres Personalbedarfs und präsentierte meine Einschätzung der Vermarktungsperspektiven für niederländisches Gas in den Exportländern. Anschließend präsentierte ich die Daten über regelbare Gaslieferungen und verdeutlichte, wie sich die Nachfrageschwankungen für den Winter im Vergleich zum Sommer auf die Investitionen für Pipelines auswirken würden. Dies veranschaulichte, wie der Verkauf von regelbaren Gaslieferungen die Nachfrage stabilisieren und die Gesamtwirtschaftlichkeit verbessern würde. Zu meinem absoluten Erstaunen unterbrach mich Stott laut und bestimmt."

„Da machen wir nicht mit", sagte er.

Er schien überhaupt nicht zugehört zu haben, denn die Informationen zeigten deutlich, wie Esso von regelbaren Gaslieferungen profitieren würde. Dass das niederländische Gasprojekt mehr Mitarbeiter erforderte, wurde komplett ignoriert. Stattdessen begann Stott mit einer seiner typischen Tiraden.

„Und wieder einmal brachten mich meine Ideen bei Stott in Misskredit. Es hatte den Anschein, als sei er mit einer vorgefassten Meinung zum Meeting gekommen. Ich fand, Bob Milbrath hätte sich dazu äußern können, weil ich ihm den Bericht geschickt hatte, und ich wusste, dass er das Konzept verstand, aber offensichtlich wollte er Stott nicht vor zwanzig Anwesenden unter Druck setzen. Stott war mit allen Wassern gewaschen und verhielt sich wie eine Art General. Es war ein Wunder, dass er mich nicht auf der Stelle feuerte."

Allerdings konnte Stott Stewart auch nicht endgültig entlassen. Das niederländische Gasprojekt war ursprünglich von der

Produktionsabteilung von Jersey in New York finanziert und vor kurzem aus der Marketingabteilung von Jersey transferiert worden.

Im Jahr zuvor, am 10. März 1961, war Bob Milbrath zum Präsidenten und Vorsitzenden des Exekutivausschusses der Esso Export Corporation, der internationalen Marketing-Tochtergesellschaft von Esso, ernannt worden. Die Exportbemühungen waren Teil von Essos internationalen Aktivitäten. Milbraths Interesse an Stewart und seine Unterstützung für das niederländische Gasprojekt waren offizieller und zu jener Zeit auch tatsächlich vorhanden.

Sofort nachdem das Meeting abgebrochen worden war, war Stewart entschlossen, herauszufinden, warum Milbrath sich nicht zu Wort gemeldet hatte. „Nach dem Treffen ging ich direkt zu Milbrath und verlangte eine Erklärung dafür, warum Stott sich so verhielt, als ob er mit völlig neuen Informationen konfrontiert worden war. Milbrath äußerte seine Bestürzung darüber, dass ich Stott nicht im Voraus auf meine Ankunft vorbereitet hatte. Er fragte mich, ob ich vergessen hätte, dass Stott den Heizölverkauf als sein persönliches Anliegen ansah. Bob meinte, ich hätte die Reaktion von Stott vorhersehen und die Informationen im Voraus an die Abteilung weiterleiten sollen. Ich erinnerte Milbrath daran, dass er schließlich genau hier in New York war. Hätte er sich die Mühe gemacht, meinen Bericht zu lesen oder sich zumindest die Diagramme anzusehen, die ich ihm ganz sicher geschickt hatte, hätte er bei Stott selbst intervenieren können. Bevor ich meinen Satz zu Ende bringen konnte, hob Milbrath die Hand. Wir drehten uns um und gingen ohne ein weiteres Wort direkt zu dem Mann, der für die Zustellung und Weiterleitung meiner Berichte und Briefe verantwortlich war."

Obwohl der Bericht über regelbare Gaslieferungen, zusammen mit allem anderen, was Stewart geschickt hatte, einwandfrei war, war nichts davon über den Schreibtisch des Mannes hinausgegangen. Nicht einmal ein Umlaufstempel war zu sehen. War dieser Mensch nur ein menschliches schwaches Bindeglied, das „dem Projekt da drüben" in den Niederlanden keine Bedeutung beimaß? Oder war er möglicherweise angewiesen worden, alle Informationen von Stewart zurückzuhalten, weil dieser im Upstream-Bereich tätig war und all seine Informationen als nicht als marketingbezogen erachtet wurden?

In der anschließenden Besprechung machten sich Stewart und Milbrath Gedanken über das Treffen und waren sich einig, dass es keinen Unterschied bedeutet hätte, wenn Stott diesen vorläufigen Bericht über regelbare Gaslieferung gesehen hätte. Die Unmittelbarkeit seines Verhaltens zeigte deutlich, dass er sich entschieden hatte, die Sache abzulehnen, bevor das Meeting überhaupt begonnen hatte.

Da der Ausbruch von Stott die Aufmerksamkeit vom Bedarf an zusätzlichem Personal für das Projekt ablenkte, könnte es sich um eine bewusste Strategie gehandelt haben – so wie die Ablehnung der Idee des regelbaren Gases durch Stott eine bewusste Strategie war. Die höhere Anzahl an Mitarbeitern und die Generierung zusätzlicher Aktivitäten hätten Stewarts selbstständige, aber bis dahin nicht weiter definierte Führung in eine offiziellere Ernennung verwandeln können. Noch wichtiger aber: Stotts Ausbruch wurde möglicherweise durch die Erkenntnis ausgelöst, dass Upstream-Stewart wieder in Stotts Downstream-Marketinggebiet vordrang.

„Stott hatte nicht gerne Leute um sich, die ihm nicht bedingungslos folgten", sagte Stewart. „Und besonders mochte er niemanden, der die Unverfrorenheit besaß, mutige Vorschläge einzubringen, die nicht von ihm stammten. Stott schien meine Ideen als persönlichen Affront aufgefasst zu haben, als ob ich es persönlich auf seine Ölmärkte abgesehen hätte."

Als diese Pipelines schließlich in die Realität umgesetzt wurden und sich das exportierte niederländische Gas in die am dichtesten besiedelten Gebiete Europas verteilte, wurde die Stichhaltigkeit von Stewarts Vorhersagen über regelbare Gaslieferungen vielfach bestätigt. 1976 wies Ruhrgas, das größte Gasunternehmen in Deutschland, auf Seite 12 seines Jahresberichts für 1976 auf die Bedeutung von Verträgen über regelbares Gas hin: „Die Gasindustrie muss Verträge über regelbare Gaslieferungen abschließen, in denen Erdgas in Zeiten geringer Nachfrage an Kraftwerke geliefert wird und die Lieferungen gestoppt werden, wenn die Erdgasnachfrage hoch ist. *Wenn diese Option nicht zur Verfügung stünde, wäre die Gasindustrie nicht in der Lage, die Versorgung der privaten, gewerblichen und industriellen Kunden zu sichern.*"

Doch 1962 setzte sich die kurzsichtige Einschätzung von Stott durch. Nicht lange nach seiner Intervention gab Jersey ein allgemeines Memorandum zur Unternehmenspolitik heraus, in dem allen Beteiligten mitgeteilt wurde, dass das Unternehmen regelbare Gaslieferungen nicht als Teil einer Marketingstrategie für niederländisches Gas akzeptieren würde. Es würden nur Premium-Preise in Betracht gezogen werden.

Stewart zweifelte nicht daran, dass das Memorandum an ihn persönlich gerichtet war. „Trotz der Tatsache, dass ich die Premiumpreis-Strategie von Anfang an entwickelt hatte, war es jemandem, höchstwahrscheinlich Stott, gelungen, Jerseys Unternehmenshierarchie davon zu überzeugen, nicht darauf zu vertrauen, dass ich meine eigene Vorstellung von einer Premiumpreis-Strategie aufrechterhalten konnte. Das Memo deutete darauf hin, dass ich letztendlich möglicherweise Gas an die Niedrigpreismärkte verkaufen würde. Das beabsichtigte ich keinesfalls und Stott wusste das ganz genau."

Obwohl Stewart anfangs keinen formellen Titel innehatte, war er mit Sicherheit aufgrund seines Fach- und Hintergrundwissens ausgewählt worden. Im Laufe der Zeit hatten diese Faktoren, gepaart mit seiner Persönlichkeit und seinem Elan, das Upstream-Erdgasprojekt genau dorthin gebracht, wo Stewart es in seiner ersten vollständigen Präsentation vor dem Vorstand von Jersey gesehen hatte. In einem anderen Managementklima wäre die Kombination von Stewarts Fachwissen in den Bereichen Technik und Wirtschaft zusammen mit seinem Verhandlungstalent und seinen inspirierenden Marketingideen als einzigartige wertvolle Kombination von Upstream- und Downstream-Aktivitäten anerkannt worden. Doch es herrschte kein modernes Managementklima; dies war Jersey 1960.

Don Cox, ein Amerikaner und Mann des Downstream-Bereichs, dem Bill Stott vertraute, war bereits als Vizepräsident von Esso A. G. in Deutschland in Europa. Cox wurde nach Den Haag versetzt und zum Koordinator für das niederländische Gasprojekt ernannt. Coen Smit als Präsident von Esso Nederland sollte der wichtigste Kontakt mit Dutch Shell und der Regierung bleiben. Bill Ganskopp, der von einer amerikanischen Tochtergesellschaft von Jersey geholt worden war, wurde zum Projektleiter für inländische niederländische Gasangelegenheiten ernannt. Er würde für die täglichen Verhandlungen mit Smit und für die Planung mit einem gemeinsamen Esso-/Shell-/Bergbauaufsicht-Ausschuss zur Vorbereitung einer möglichen inländischen Erdgasgesellschaft (später Gasunie) verantwortlich sein.

Obgleich Stewart nicht mehr täglich als selbstständiger Verantwortlicher für das gesamte Projekt agieren würde, wurde er zum Projektmanager für den Export ernannt, auf den er seine Energie ohnehin konzentrieren wollte. Er war Cox unterstellt, der keine Erfahrung in dieser neuen Erdgasbranche hatte. Sollte es Stotts Absicht gewesen sein,

Stewart in die Schranken zu weisen, so hatte er diesem eigentlich nur das gegeben, was er sich mehr als alles andere gewünscht hatte. „Ich hatte um Hilfe gebeten, weil das niederländische Projekt immer ausgefeilter und technischer wurde. Ich wollte vor allem in der Lage sein, mich auf die Exportmöglichkeiten zu konzentrieren. Diese breite Veränderung im Management hatte ich nicht vorausgesehen, aber als Projektmanager für den Export wurde ich von den täglichen Komitee-Details befreit und konnte mich so völlig auf die Durchführung des Exports konzentrieren. Mir gefiel die Herausforderung, mit anderen Menschen zu verhandeln, und war definitiv fasziniert von den Aussichten auf die Reisen, welche die Exporttätigkeit mit Sicherheit mit sich bringen würde."

Was auch immer Stotts Absicht gewesen war, Stewart fegte sie weg wie ein Staubkorn auf seiner Jacke. Er blickte nie zurück. Um die Arbeit der Exportprojektteams von Esso/Shell zu erleichtern, waren Stewart und Schepers bereits in das KLM-Gebäude eingezogen. Beide begannen damit, die jeweils als am wichtigsten erachteten Mitarbeiter einzubinden.

Während seines Aufenthalts in New York hatte Stewart bereits Gespräche geführt und die Personen ausgewählt, die seiner Ansicht nach am besten für die Aufgaben des Exports gerüstet waren. „Ich fand einen Weg, den pessimistischen Paul Miles wieder zurück nach New York zu schicken und ersetzte ihn durch Millard Clegg, einen Pipeline-Experten von Humble Oil. Aus meiner Zeit bei Humble kannte ich seine beträchtlichen Fähigkeiten. Millard war aufgrund des Erfolgs, den wir mit der Entwicklung der Recyclinganlage King Ranch hatten, wirklich gut über Erdgas und dessen technologische Anforderungen informiert."

Clegg erinnerte sich, wie er den Job bekam. „Doug interviewte mich und einen anderen Bewerber für die Stelle gleichzeitig, was ein wenig verunsichernd war, aber schließlich entschied er sich für mich. Man teilte mir mit, ich würde dringend gebraucht. Ich erklärte mich bereit, die Stelle nur für ein Jahr zu übernehmen, vorausgesetzt, meine Frau und meine Familie würden mich begleiten. Im September 1962 meldete ich mich in den alten Büros der Esso-Kirche. Doug war noch nicht zurückgekehrt, von wo auch immer, und niemand konnte mir sagen, für wen ich arbeiten sollte. Ich wurde mit einem Kollegen in ein Büro gesteckt, der dann auf die Idee kam, ich würde für ihn arbeiten. Es schien sich lange hinzuziehen, bis Doug zurückkam, und die Sache klärte. Doug teilte diesem Kollegen kurzerhand mit, dass man mich nicht hatte herkommen lassen, um für ihn zu arbeiten. Ungefähr zu dieser Zeit zogen wir mit einer Gruppe von Shell-Leuten in das KLM-Gebäude um."

Clegg erinnerte sich auch daran, dass einer der Chefingenieure von Shell ein Niederländer namens van Leerdom war, der mehrere Sprachen sprach. „Dank seiner sprachlichen Fähigkeiten erleichterte er mir vieles. Er erzählte mir, sein Vater sei während des Krieges Sprachlehrer in der niederländischen Kolonie in Indonesien gewesen und dort zusammen mit vielen anderen niederländischen Staatsbürgern von den Japanern die gesamte Dauer des Krieges über inhaftiert worden."

Stewart erinnerte sich an die Geschichte, die er von dem Shell-Geologen auf dem Weg nach Oldenzaal gehört hatte, und er und Clegg fragten sich, ob dieser Lehrer vielleicht van Leerdoms Vater gewesen sein könnte.

Es war Stewart ein Rätsel, wie Clegg in der Lage war, schnell Antworten zu finden, für die Miles immer Tage brauchte, weil sie keine Computer besaßen. Clegg erläuterte das geniale System, das er sich ausgedacht hatte, um Zahlen zu liefern. „Wir stellten eine Reihe von Ausrichtungsdiagrammen zusammen, die es uns erlaubten, anhand bestimmter Elemente, wie beispielsweise Volumen, eine Schätzung vorzunehmen, die uns einen Punkt auf der Kurve lieferte. Sobald wir die Punkte all dieser unzähligen Elemente eingezeichnet hatten, konnten wir einen optimalen Kostenvoranschlag für die Durchführung einer Maßnahme erstellen. Wir hatten eine Linie für einen Fall, eine Linie für einen anderen. Dann brauchten wir nur noch zu diesem Ausrichtungsdiagramm zu wechseln, um das Volumen zu ermitteln. Das lieferte uns den optimalen Tarif für diese spezielle Bedingung, und wir konnten die Kosten in wenigen Sekunden im Voraus berechnen."

Clegg erinnerte sich an zahlreiche Reisen, die er mit Stewart im damaligen Jahr unternommen hatte. Sie umfassten verschiedene Orte in Deutschland, Belgien, Frankreich und dem Vereinigten Königreich. „Ich beschäftige mich oft mit Problemen, die mit der Einschätzung des Marktpotenzials in einer bestimmten Stadt oder einem bestimmten Land zu tun hatten, mit dem Ziel, ein mögliches Mengenwachstum zu prognostizieren. Zu den besonderen Herausforderungen zählten all die unterschiedlichen Währungssysteme und die Einheiten und Baupraktiken in jedem Land."

Dorothy Clegg, Millards Ehefrau, berichtete, dass der Winter 1962/1963 der kälteste Winter in Holland seit 183 Jahren gewesen sei. „Eines Nachts zog heftiger, heftiger Nebel auf. Auf dem Nachhauseweg gefror der Nebel wirklich, und man konnte all dieses Eis zu Boden prasseln hören. Dann klarte es plötzlich auf. Es war absolut fantastisch. Der Winter war so kalt, dass sie die Tankstellen draußen auf der Zuiderzee errichteten, und die Leute fuhren hinaus, um dort zu tanken. Ich glaube, sie fanden heraus, dass das Tauwetter eingesetzt hatte, als die Autos einbrachen. Eigentlich hatten wir in den Niederlanden ein höllisches Jahr, wahrscheinlich nicht wie die meisten Leute, die ins Ausland versetzt werden. Wir mussten zweimal umziehen und bekamen vier Kinder, die wir zu verschiedenen Schulen bringen und dort wieder abholen mussten. Einmal fiel unser kleiner Junge aus dem Fenster im dritten Stock. Und zweimal wurde bei uns eingebrochen. Als ob das noch nicht gereicht hätte, fing unser Haus Feuer, als ein Nachbar, dessen Haus und unser einen gemeinsamen Schornstein besaßen, beschloss, ein Feuer anzuzünden, ohne zu wissen, dass Störche auf dem Schornstein ein Nest gebaut hatten. Und als Krönung des Ganzen brach ich mir in jenem Jahr noch ein Bein!"

Damals machten Ärzte in Holland Hausbesuche, und bei der Gelegenheit wies ihr Arzt einmal auf eine verblüffende Entdeckung in Dorothys Esszimmer hin.

„In unserem Haus befand sich früher die israelische Botschaft, und es war möbliert", erinnerte sie sich. „Im Esszimmer stand dieser riesige Porzellanschrank, dessen Unterteil ich als Spirituosenschrank benutzte. Der Arzt starrte ihn eine Minute lang an, ging hin und sagte: ‚Lassen Sie mich Ihnen etwas zeigen.' Dahinter befindet sich eine Schiebetür. Als er sie zurückschob, war da ein offener Raum, von dem wir nie etwas gewusst hatten. Der Arzt war Teil des niederländischen Widerstands gewesen, und dieser kleine Raum war genutzt worden, um britische und amerikanische Soldaten zu verstecken, die in der Schlacht von Arnheim mit dem Fallschirm abgesprungen waren. Wir hatten keine Ahnung, dass unser Haus Teil der niederländischen Geschichte war."

Millard Clegg war Stewart eine große Hilfe bei der Planung der Exportpipelines, aber bevor Europas Energierevolution die Grenzen der Niederlande überwinden konnte, stellten das amerikanische Kartellrecht und der Standard Oil Consent Decree Barrieren dar, so wie der Deich bei Scheveningen die Nordsee zurückhielt. In einem bekannten Restaurant oberhalb dieses Deiches versuchten Stewart und Schepers, eine Lösung zu finden, welche die Grenzen respektierte und den freien Fluss von niederländischem Gas in das übrige Europa ermöglichte.

Kapitel 15

Die „Uitsmijter"-Lösung

m Laufe der Monate rückte die Genehmigung der niederländischen Regierung für ein Inlands- und Exportprogramm näher. Und mit jedem Tag, der verging, machte sich Stewart mehr Gedanken darüber, wie die Organisationsstruktur für den Exportplan aussehen sollte.

„Bevor wir Krik an Bord holten und Orlean und ich die ersten Reisen in die anderen Länder unternahmen, ging ich so vor, als ob es für Esso möglich wäre, eigene Pipelines zu bauen und die Hälfte des Gases an der Grenze zu verkaufen. Aber jetzt, da unsere beiden Unternehmen gemeinsam mit der niederländischen Regierung verhandelten und wir gemeinsam Exportstudien durchführten, war es offensichtlich, dass Exportverkäufe nicht getrennt voneinander durchgeführt werden konnten. Egal, welches Szenario wir uns ausdachten, die Anwälte lehnten es ab. Die Kartellgesetzgebung verbot Shell und Esso absolut, gemeinsam zu vermarkten." Schließlich stießen die Anwälte aus Jersey auf eine wichtige neue Information. Obwohl das Kartellrecht vorschrieb, dass Esso und Shell nicht gemeinsam vermarkten durften, erlaubte der Zustimmungserlass die gemeinsame Nutzung von Pipelines. Durch diese winzige und doch bedeutende Information der Anwälte begann es im Hinterkopf von Stewart zu rattern. Aber noch war er nicht in der Lage, den Gedanken vollständig zu Ende zu führen. Eines Morgens schlug er Schepers vor, nach Scheveningen zu fahren und dort in einem Restaurant namens *The Sienpost* mit Blick auf die Nordsee zu Mittag zu essen. Dass „Sienpost" auf Niederländisch „Leuchtturm" bedeutete, könnte sich als gutes Omen erweisen.

„Krik und ich zerbrachen uns die Köpfe darüber, wie wir die rechtlichen und politischen Probleme umgehen können, die uns ausbremsten", sagte Stewart. „Wir bestellten beide die typisch niederländische Spezialität des Tages – einen ‚Uitsmijter' – bestehend aus zwei Spiegeleiern auf einem aufgeklappten Steak-Sandwich. Als der Kellner unsere Bestellung brachte, machte es klick."

Stewart fiel es praktisch wie Schuppen von den Augen. Er hatte die Antwort darauf gefunden, wie das niederländische Gas von der gemeinsamen Studienphase zum tatsächlichen Export kommen könnte.

„Krik, ich hab's!", sagte Stewart aufgeregt. „Warum nicht zwei getrennte Unternehmen gründen? Das eine wird das Gas an der niederländischen Grenze vermarkten, und das andere wird das Gas von der niederländischen Grenze gegen eine Gebühr zu den Verbrauchern in den Exportländern transportieren."

Dadurch würden die rechtlichen Fragen, die sich bei einer gemeinsamen Vermarktung ergeben würden, beseitigt. Die gemeinsame Teilnahme am Pipelinetransport war bereits eine akzeptable und übliche Praxis.

„Also, Krik", fuhr Stewart fort, „Sie werden Präsident einer NAM-Unterabteilung sein.

Sie werden es verkaufen."

„Wie sollen wir das ganze Ding nennen?" fragte Schepers. „Das dürfen Sie entscheiden, Krik. Es ist Ihr Unternehmen."

„Wir werden es einfach halten. NAM Gas Export mit Shell als Betreiber."

„Okay. Dann werde ich Präsident der Pipelinegesellschaft sein, Shell und Esso mit gleichen Anteilen und Esso als Betreiber. Wie sollen wir das nennen?"

Schepers fügte eine niederländische Bezeichnung hinzu. „Doug, mein Freund, Sie sollten Generaldirektor bei International Gas Transport Maatschappij sein."

„Maatschappij? Ich kann das nicht einmal buchstabieren."

„Maatschappij" ist das niederländische Wort für Unternehmen. Wir werden die Abkürzung IGTM verwenden."

Beide Männer grinsten, bevor Stewart ein neues Hindernis zur Sprache brachte: „Keines unserer Büros wird sich dafür einsetzen, dass wir uns selbst zum Chef von etwas machen."

„Sie sind der Mann mit den Ideen. Lassen Sie sich etwas einfallen, wie wir das hinkriegen", sagte Schepers.

„Sie könnten Shell sagen, dass Esso die beiden Unternehmen vorgeschlagen hat, und ich werde Jersey sagen, dass der Vorschlag von Shell kam. Mal sehen, was sie tun."

Beide schickten Telegramme ab. Stewart merkte an, dass von beiden Seiten mehrere Tage lang keine Reaktion erfolgte. „Damals wollte ich wegen der Zeitverschiebung und der schwierigen Telefonverbindungen nur ungern telefonieren, und außerdem hatte ich keine Lust, lange über den ‚Vorschlag' von Shell befragt werden." Und dann, ganz plötzlich, nahm die Sache doch langsam Form an. Frau Krullars, die Sekretärin von Herrn Smit, rief an und sagte, es gebe ein Telegramm für mich aus New York. Ich eilte von unserem Büro im KLM-Gebäude herüber, um die Nachricht zu lesen: ‚Der Vorschlag von Shell für NAM Gas Export und International Gas Transport Maatschappij wurde hiermit geprüft und genehmigt. Bitte wenden Sie sich an Shell, um Vereinbarungen zu treffen.' Ziemlich aufgeregt rannte ich zum KLM-Gebäude zurück und schaute in Kriks Büro, das Telegramm hinter mir versteckend, und grinste wie ein Honigkuchenpferd."

„Was ist los?" fragte Schepers. „Sie kommen doch nicht ohne Grund aus dem Grinsen nicht mehr raus."

Stewart verbeugte sich tief und verkündete: „Ich bin hier, um Sie offiziell darüber zu informieren, dass der Vorschlag von Shell zur Gründung der beiden Unternehmen von Jersey genehmigt wurde."

„Tatsächlich? Moment, ich frage mal in der Hauptniederlassung nach und schaue, wie sie auf mein Telegramm reagieren." Stewart wartete, während Schepers mit seinen Leuten Kontakt aufnahm. „Nach einem langen Telefongespräch auf Niederländisch, von dem ich kein Wort verstand, drehte er sich mit einem breiten Grinsen um und sagte: ‚Ongelofelijk!' Die Anwälte müssen die Einzelheiten regeln, aber Sie und ich sind im Geschäft, mein Freund." Er musste mir erklären, dass das seltsame niederländische Wort ‚unglaublich' bedeutete, und er teilte mir mit, dass nicht nur sein Büro begeistert war. Sie waren von Jerseys Vorschlag begeistert. Ich fand, wir sollten gleich zum t'Jagertie-Club zu einer Konferenz fahren. Krik lehnte dies ab."

„Nein, nein. Wir warten, bis wir es schwarz auf weiß haben."

In einigen Veröffentlichungen wurde die Gründung von NAM Gas Export und Gasunie beschrieben, ohne zu verdeutlichen, wie und wann

NAM Gas Export entstanden war. Die vorläufigen Vereinbarungen mit State Mines und de Pous hatten zu der Lösung geführt, dass ein neues Unternehmen (Gasunie) das Gas an Industriebetriebe, Gemeinden und niederländische Haushalte in den gesamten Niederlanden liefern und transportieren würde. Obwohl man davon ausging, dass die NAM das Gas im Export verkaufen würde, war nicht genau festgelegt worden, wie oder mit welchen Mitteln. Vielleicht wurde aufgrund dieses frühen Hinweises berichtet, dass es NAM Gas Export schon ganz früh gab, obwohl es in Wirklichkeit nicht existierte. Erst am 8. April 1963 wurde durch ein Beteiligungsabkommen zwischen BPM und Jersey die NAM Gas Export ins Leben gerufen und die IGTM gegründet. Cox von Esso und Vale von Shell wurden zu Beratern von Stewart und Schepers ernannt. Am 21. Juni wurde IGTM formell gegründet, mit Douglass Stewart als Geschäftsführer. J. P. Schepers wurde zum Generaldirektor von NAM Gas Export, einer neu gegründeten Tochtergesellschaft von NAM (dem ursprünglichen Explorations- und Produktionsunternehmen), berufen.

Der 8. April war der Tag, an dem IGTM und NAM Gas Export offiziell gegründet wurden und an diesem Tag feierten Schepers und Stewart mit ihrem Team im t'Jagertie Club.

Zunächst machte sich Stewart keine großen Gedanken darüber, welches Verhältnis zu den Muttergesellschaften bestehen würde. „Wir wollten nur die Freiheit haben, mehr oder weniger ungehindert vorwärts zu kommen. Als wir zu den Verhandlungen kamen, wollten wir mit der Art von „Energie" kommen, die die Gasunternehmen in anderen Ländern anerkennen und respektieren würden."

Mit der Zeit wurde den beiden klar, dass sie tatsächlich etwas bekommen hatten, um das sie nicht gebeten hatten, etwas, das sich als weitaus wertvoller herausstellte, als das, was sie sich gewünscht hatten. Als Geschäftsführer dieser beiden neuen Unternehmen stellte Stewart fest, dass ihm und Schepers die Wertschätzung und Unabhängigkeit von ihren eigenen Muttergesellschaften zuteilwurde, welche die Managementpolitik für die Leiter der Mitgliedsorganisationen vorschrieb. „Wir wurden sowohl von der Geschäftsleitung als auch von den Gasversorgungsunternehmen als Führungskräfte angesehen, die befugt waren, Verträge auszuhandeln", sagte Stewart. „Letztendlich ging natürlich alles an die Konzernzentrale und an die niederländische Regierung. Aber wir wurden nicht einfach als Mitarbeiter empfangen, die zur Genehmigung in das Unternehmen zurückkehren mussten. Es waren nicht Esso und Shell an den Verhandlungstischen, an denen die Geschäfte initiiert und ausgehandelt wurden. Es waren NAM Gas Export und IGTM. Diese Wahrnehmung war von unschätzbarem Wert. Es waren Krik und ich, die hin und her verhandelten, bis wir alles auf einen Punkt gebracht hatten, an dem es für die Unternehmen und die Regierung etwas Reales gab, das sie sich ansehen konnten."

Die Gründung der IGTM als eigenständige Tochtergesellschaft des Mutterkonzerns hat für Stewart etwas besonders Wichtiges bewirkt. Während er organisatorisch an Esso gebunden war, konnte er die Unternehmensanleihen der vor- und nachgelagerten Gegensätzlichkeit von Esso loswerden.

Am nächsten Tag, nach der kleinen Feier im t'Jagertie Club, trafen sich Schepers und Stewart mit ihrem Team, um die Strategie zu planen. Schepers eröffnete die Sitzung. „Das erste, was wir tun müssen, ist, uns ein paar anständige Büros zu besorgen. Wir müssen uns ein Image schaffen, sodass wir mit den großen Jungs wie Ruhrgas konkurrieren können." Schepers wandte sich an Donald Maclean, einen jungen Engländer, den er von Shell in das Projekt eingebracht hatte. „Donald, können Sie für uns ein paar wirklich erstklassige Büros suchen?"

Die unternehmensbejahende Einstellung, aufgrund derer Schepers ihn abgeworben hatte, war sofort offensichtlich, denn Maclean kündigte an, er habe bereits einige gefunden. „Ich habe darüber nachgedacht, seit ihr angefangen habt zu reden. Es gibt ein wirklich großartiges Gebäude in Smidswater, nur einen Block von der amerikanischen Botschaft entfernt. Es ist bestimmt dreihundert Jahre alt und hat eine tolle Fassade. Der Vermieter sagt, wir können es innen so gestalten, wie wir möchten. Es hat drei Stockwerke und es sollte Platz genug für uns alle vorhanden sein."

Es überrascht nicht, dass es Orlean war, der als erster Bedenken äußerte. „Das wird eine Menge Geld kosten. Wie kommen Sie darauf, dass unsere Unternehmen ihre Zustimmung dazu geben werden?"

Und nicht überraschend hatte Stewart die Antwort. „Sie haben bereits ein unbegrenztes Ausgabenkonto eingerichtet. Es gibt kein spezielles Budget dafür. Wir können sicher begründen, warum wir ein bestimmtes Image brauchen, also tun wir es. Wenn wir einmal damit begonnen haben, gibt es kein Zurück mehr. Krik und ich nehmen die Verantwortung auf uns, sollte es Ärger geben."

Schepers hatte nur eines hinzuzufügen. „Maclean, legen sie mit der Einrichtung los."

Die Renovierungsarbeiten des schönen alten Gebäudes in Smidswater gingen zügig voran.

Es stand an einer idyllischen, von Bäumen gesäumten Straße an einem Kanal mit Steinufern, genau gegenüber dem Haus, in dem Mata Hari, die berühmte Spionin des Ersten Weltkriegs, einst gelebt hatte. Stewart bat Millard Clegg, sein Ingenieurstalent bei der Kernsanierung und Neugestaltung der Büros einzusetzen.

Clegg wies darauf hin, dass die Sanierung nicht nur eine große Aufgabe war, sondern auch so schnell wie möglich umgesetzt werden musste. „Im Erdgeschoss saßen die Angestellten. Die Hauptbüros im zweiten Stock hatten diese imposanten hohen Decken. Stewart hatte das eine große, üppige Eckbüro mit einem riesigen Schreibtisch, der beeindrucken sollte. Schepers gab sich zwar mit dem kleineren zufrieden, war aber eigentlich vom Arbeitsstandpunkt aus gesehen der wichtigere. Dort bauten wir eine Kombination aus Konferenztisch und Empfangstheke, um die herum so viel Strategie geplant wurde. Die einzige wirkliche Vergünstigung, die Stewart und Schepers sich wünschten, war ihr eigenes privates WC, was damals überhaupt nicht selbstverständlich war. Maclean brachte mit seinem tadellosen Gespür für Stil die neuesten niederländischen Möbel aus modernem Mahagoni, Stofftapeten und transparenten Gardinen ein. Wie beabsichtigt, wurden die Besucher in Stewarts Büro empfangen. Nicht nur die Kunden waren beeindruckt. Als Smit von Esso und Boot von Shell von all dieser Üppigkeit hörten, kamen sie, um sich alles anzuschauen und verlangten eine Erklärung darüber, wo die Budgetgenehmigung für all dies war

Laut Clegg kam die fast schon süffisante Antwort vom schlagfertigen Stewart. „Und was sollen sie machen, alles entsorgen?"

Und dann kam eine Zeit, in der das Projekt stärker beaufsichtigt wurde, was aber im Grunde nichts anderes bedeutete als eine Neuordnung der Buchhaltung und Budgetplanung. Stewart merkte dazu an, dass Smidswater ganz und gar nicht einem standardmäßigen Büro entsprach, wie es vielleicht in den Exportländern eingerichtet wurde. „Als wir IGTM und NAM Gas Export gründeten, finanzierten Jersey und Shell unsere Ausgaben über eine Art riesiges Spesenkonto, was sich später allerdings wieder ausglich. Aber die ganze Zeit hatten Krik und ich ziemlich freie Hand, um einen sehr schönen Hauptsitz in Smidswater und in den anderen Ländern einzurichten. Shell, die das Spesenkonto für Deutschland eingerichtet hatten, lasen uns allerdings die Leviten. Sie sagten, unsere Büros in Frankfurt seien zu aufwendig, und dass sie einige Möbel zurückgeben müssten, aber wir bestanden darauf, zeigen zu müssen, dass wir ein großes Unternehmen waren. Was mich betrifft, so hat es sich zweifellos wirklich gelohnt, als die deutschen oder belgischen Gasunternehmen diese Büros besuchten." Wie von Stewart vorhergesagt, blieb die Einrichtung bestehen und nichts wurde entsorgt. Alles blieb unverändert an Ort und Stelle und brachte mehr als den gewünschten Effekt.

Nachdem Stewart und Schepers nun ein eigenes Gebäude hatten, forderten sie ihre Muttergesellschaften auf, die neuen Organisationen mit technischen und juristischen Experten zu besetzen. Von Esso rekrutierte Stewart Jack Windham, einen Pipeline-Ingenieur aus Texas, als Ersatz für Millard Clegg, dessen einjähriges Arbeitsverhältnis im September enden würde, und Jerry Laufs, einen amerikanischen Wirtschaftswissenschaftler aus dem deutschen Stab von Esso A. G. Shell beauftragte einen brillanten niederländischen Anwalt, Joop Hoogland, und schickte auch ihren Theo Hondius, der sich um die Öffentlichkeitsarbeit kümmern sollte. Kurze Zeit später wählte Stewart einen versierten jungen Ingenieur namens Paul Mortimer aus, um mit ihm bei IGTM zu arbeiten. Mortimer arbeitete zu dieser Zeit an einem Bericht für den Investitionsberatungsausschuss bei Jersey über große Investitionsausgaben. Er sprach fließend Niederländisch und kam ursprünglich aus Südafrika, war ein Rhodes-Stipendiat, hatte Politik, Philosophie und Wirtschaft in Oxford studiert, ging für seinen MBA an die Harvard Business School und kam 1962 zu Jersey.

Mortimer erinnerte sich lebhaft an die erste Begegnung mit Stewart im Jahr 1963. „Als ich Stewart kennenlernte, war ich Analyst für die Koordinations- und Erdölwirtschaftsabteilung von Jersey in New York. Ich führte gerade eine sehr umfangreiche weltweite Energiestudie durch, als ich gefragt wurde, ob ich Lust hätte, einige Zahlen für diesen außergewöhnlichen Charakter, einen gewissen Doug Stewart, zu ermitteln. Ein Teil dessen, woran ich gearbeitet hatte, war die Ökonomie von nigerianischem und algerischem Flüssigerdgas, das nach Europa ging. Sie hielten mich also für eine gute Kontaktperson. Ich begab mich zum Gebäude von Esso International, um mich vorzustellen, und verbrachte zwei oder drei Tage mit Stewart. Ich verstand nichts, denn er sprach in einer Art Stenografie, der ich wirklich nur schwer folgen konnte. Aber am Ende der zwei oder drei Tage erstellten wir eine Wirtschaftsanalyse, die er in einer Präsentation verwenden sollte. Etwa zwei oder drei Wochen später wurde ich gefragt, ob ich eine Stelle bei einem Unternehmen namens IGTM in Den Haag in Betracht ziehen würde. Ich begann dort als Analytiker zu arbeiten und berichtete an den Leiter der Wirtschaftsgruppe."

Mortimer hatte in den Jahren, bevor er 1968 selbst den Vorsitz der IGTM übernahm, reichlich Gelegenheit, Einblicke in das Team von Stewart/Schepers zu gewinnen. „Exxon wurde zu dieser Zeit vom *Fortune Magazine* als das am besten geführte Unternehmen der Welt angesehen. Intern wurde es jedoch von mehreren Ausschüssen geleitet, die bei wichtigen Entscheidungen von allen Seiten Input einholten. Angeblich sollten all diese Ausschüsse sicherstellen, dass jede Abteilung an jeder Entscheidung beteiligt ist. Es war jedoch ein schwerfälliges System für neue Unternehmungen, das Initiative und Handeln erforderte. Zum Glück für das Unternehmen gab es unweigerlich starke Persönlichkeiten, die die Fähigkeit hatten, Dinge durchzusetzen. Sowohl Esso als auch Shell hatten großes Glück, dass sie diese beiden Männer hatten, die beide diese Art von Initiative in das niederländische Gasprojekt einbringen konnten. Denn diese beiden Unternehmen steckten zu Beginn des Projekts tatsächlich in einer Art Vakuum fest. Der Einzige, der, wie Doug sagt, eine Ahnung davon hatte, worum es hier ging oder gehen könnte, war der Geologe, der es entdeckt hatte. Alle anderen fragten sich, was zum Teufel man damit machen sollte, bis Stewart mit seinen Ideen über Premium-Marketing, das Initiieren von Wirtschaftsstudien und Pipelines und auch der Idee, das Gas in die Nachbarländer der Niederlande und darüber hinaus zu exportieren, auftauchte.

„Schepers war auch ein sehr positiver und eindringlicher Charakter, ein sehr lebendiger Mann, der Entscheidungen traf, weitermachte und mit seinen Fehlern lebte. Er war jedoch gleichzeitig recht politisch und sensibel für die Politik der Unternehmen und der Regierung. Der Grund dafür, dass er mit so viel davonkommen konnte, war, dass er wusste, wie weit er gehen konnte."

Mittlerweile machten Stewart und Schepers so schnell große Fortschritte, wie es nur irgendwie möglich war, obwohl Smidswater sich noch im Bau befand. Bei einem Treffen mit Stewart und Orlean beschäftigte sich Schepers unmittelbar mit den Absichten ihrer eigenen Esso- und Shell-Mitgliedsorganisationen in Deutschland.

„Diese Geschäftsstellen wollten sicher die Verhandlungen übernehmen, nur weil sie schon da sind", so sagte Schepers. „Besonders Scheffer. Er ist Shell-Geschäftsführer in Deutschland und sieht sich selbst als ein einflussreicher Titan. Ich sehe schon seinen Gesichtsausdruck vor mir, wenn wir ihm sagen: „Nicht Sie leiten das neue Geschäft in Deutschland. Es werden unsere beiden neuen Unternehmen sein, die niederländisches Gas verkaufen und die Verhandlungen führen."

Die hektische Unterbrechung von Orlean kam genau richtig. „Unser Studienteam befindet sich gerade in den Shell-Büros. Was können wir tun, um sie von Scheffers Kontrolle zu befreien, wenn sie bereits dort sind?

Stewarts Antwort war kurz und bündig. „Geografie, Martin. Wir verlegen unser Büro direkt von Hamburg nach Frankfurt, jenseits der Ruhrgas, also dorthin, wo einige der südlichen Gasunternehmen bereits einen Verband haben. Damit entfernen wir uns auch von Thyssengas und Scheffers harter Hand." Schepers gefiel das sofort, aber Orlean lag noch eine weitere Frage auf der Zunge. „Ach, kommen Sie schon. Sie möchten Scheffer vielleicht aus dem Weg gehen, aber Sie haben die gleiche Situation mit den Mitgliedsorganisationen in den anderen Ländern. Was ist mit de Housse in Belgien und Monod in Paris?" Schepers kannte beide Männer persönlich. „Martin, das sind in erster Linie zwei Männer, die in ihren eigenen Ländern eine einzigartige Situation aufrechterhalten müssen. Sie sind bereits auf unserer Seite. Außerdem werden wir sie einfach auch in neue Büros stecken." Die Einmischung der lokalen Mitgliedsorganisationen würde ein Problem darstellen, das die Verhandlungsflexibilität von Stewart und Schepers stark beeinträchtigen konnte. Sie machten Orlean klar, dass sie das niederländische Gas als eigenständige Einheit unter ihrer Kontrolle etablieren würden, und sie wollten dies mit geografisch getrennten Büros in jedem einzelnen Land erreichen.

Orlean machte auf eine letzte Herausforderung aufmerksam. „Hat einer von Ihnen eine Vorstellung davon, was eine solche Einrichtung kosten wird?"

Stewart verlor langsam die Geduld. „Mensch, Martin, wenn wir uns den Weg in dieses neue Geschäft bahnen müssen, müssen wir so aussehen, als ob wir es ernst meinen. Glauben Sie, dass Ruhrgas uns ernst nimmt, wenn sie diesen Betrieb an irgendeinem zweitklassigen Ort finden?" Schepers wollte nicht weiter diskutieren. „In Ordnung, Maclean, hier ist eine weitere Immobilienaufgabe. Fahren Sie nach Frankfurt und begeben Sie sich auf die Suche. Doug und ich sind unterwegs, um Scheffer die schlechte Nachricht zu überbringen."

Als Schepers und Stewart in Hamburg ankamen, wurden sie am Flughafen von Scheffers persönlichem Chauffeur in seiner Privatlimousine begrüßt.

„Genau wie Krik erwartet hatte, war Scheffer gut darauf vorbereitet, uns zu sagen, wie wir unsere Arbeit machen sollten", sagte Stewart. „Er wusste natürlich von den neuen Exportbemühungen. Das Studienteam war direkt vor Ort in einem eigenen Büro. Während des Mittagessens schlug er vor, alle unsere zukünftigen Aktivitäten über sein Büro in Hamburg zu kanalisieren. Damit wäre er derjenige gewesen, der in Deutschland alles koordiniert hätte. Krik erklärte, sehr höflich, soweit ich mich erinnere, dass wir nun zwei Unternehmen seien, die unabhängig von unseren Mutterölfirmen arbeiten. Als wir Scheffer sagten, dass wir in Frankfurt und nicht in Hamburg unsere eigenen, nagelneuen Büros eröffnen würden, versiegte der Wein, die Limousine verschwand und wir mussten ein Taxi zum Flughafen nehmen."

Im Laufe der Zeit wurden weitere Versuche von anderen Führungskräften von Shell und Esso in den Niederlanden und in Deutschland unternommen, um die Unabhängigkeit von NAM Gas Export und IGTM zu untergraben und Schepers und Stewart die Exporttätigkeit zu entreißen. Einer der ersten und seltsamsten kam nicht nur von einer der Konzernmütter, sondern in gewisser Weise sogar von beiden.

Shell und Esso hatten ein Fünfzig-Fünfzig-Explorations-/Produktions-Unternehmen namens Brigitta Elwerath Betriebsführungsgesellschaft mbH kurz Brigitta in Hannover, Deutschland, ähnlich wie das von ihnen in den Niederlanden gegründete Explorationsunternehmen NAM. Wie bei NAM war Shell auch bei diesem Unternehmen die Betreiberin. Brigitta hatte mehrere kleine produzierende Felder in Nordwestdeutschland. Am 14. Mai 1962 unterzeichneten die niederländische und die deutsche Regierung eine Ergänzung zum Ems-Dollard-Vertrag, in der die Demarkationslinie zwischen den beiden Ländern im Wasser festgelegt wurde. Brigitta bohrte auf deutscher Seite gegenüber dem Fund in Groningen nach Gas und wurde direkt im Rotliegend fündig. Es stellte sich heraus, dass ein Teil des Groninger Gasreservoirs bis in die Emsbucht reichte, wo Brigitta eine Förderkonzession hatte. Obwohl NAM Gas Export und IGTM ebenfalls Fünfzig-Fünfzig-Tochtergesellschaften von Shell Esso waren, die speziell für die Vermarktung und den Transport von niederländischem Gas nach Deutschland gegründet wurden, gründete Brigitta eine eigene Marketing- und Gastransportgruppe, um „ihr" Gas innerhalb Deutschlands zu verkaufen. Sollten Brigittas Pläne in Deutschland voranschreiten, stünden sie in direkter Konkurrenz zu den Bemühungen von Stewart und Schepers. Um herauszufinden, was das Unternehmen geplant hatte, machten sie einen Termin mit Paul von Forgash, dem Generaldirektor von Brigitta.

Stewart war sich sicher, dass der Generaldirektor genauso neugierig war, was Stewarts und Schepers' Vorhaben betraf. „Schepers und ich besuchten Brigitta direkt in der Früh. Wir wurden zunächst sehr nett begrüßt und von Forgash berichtete über die zwei oder drei „kleinen Gasentdeckungen", die Brigitta gemacht hatte. Er sagte uns, dass sie an unseren Ideen ‚interessiert' seien."

Während eines sehr gemütlichen Mittagessens teilten Stewart und Schepers von Forgash ihre Ideen und Pläne zur Entwicklung des Premium-Marktes und dessen Potenzial für die Eröffnung eines riesigen Marktes für das Beheizen von Wohnraum, den es zuvor in Deutschland noch nicht gab. Von Forgash war definitiv begeistert von diesen neuen Möglichkeiten, doch ging es ihm nur um einen viel enger gefassten Plan, ein eigenes kleines Netzwerk zu schaffen, um die lokalen Städte an Brigittas eigene Erdgasquellen anzuschließen. Er beabsichtigte, dass Brigitta zusätzliche niederländische Gaslieferungen kaufte und damit die Tür für Brigitta öffnete, um danach als Vermarkter und Verteiler in ihrem Gebiet in Deutschland zu agieren.

Stewart kannte Schepers' Antwort auswendig. „Krik wiederholte direkt noch einmal die Position, die wir auch vor Shells Scheffer vertreten hatten, der im Wesentlichen die gleiche Vorgehensweise bei seinen Bemühungen, alle Exportaktivitäten in Deutschland zu übernehmen, vorgeschlagen hatte. Krik machte von Forgash gegenüber sehr deutlich, dass NAM Gas Export der exklusive Vermarkter von niederländischem Gas in seinem Land sein würde, und dass IGTM dieses Gas in einem Esso-Pipelinesystem transportieren würde."

Von Forgash reagierte ebenso wie Scheffers, was sehr überraschte. Da sie aber durch ihr vorheriges Treffen mit Scheffer auf diese Reaktion vorbereitet waren, mussten Stewart und Schepers nicht zu Fuß nach Hause gehen. Sie hatten bereits im Voraus ihre Rückfahrt organisiert.

„Schepers und ich haben Brigitta deswegen irgendwie verärgert. Sie gaben uns zu verstehen, dass wir nicht mehr willkommen waren und wir kamen sehr schnell an den Punkt, an dem sie nicht mehr mit uns reden wollten."

Die Ruhrgas verfolgte unterdessen ihre eigene Agenda und handelte 1963 mit Brigitta einen Vertrag über Erdgaslieferungen nach Nordrhein-Westfalen aus. Ein Teil des Gases, das Brigitta an Ruhrgas verkaufte, enthielt Gas, das sie aus den Brunnen des Groninger Feldes, die sie auf deutscher Seite unter der Ems gebohrt hatten, gewonnen hatten.

Ruhrgas kaufte auch Raffineriegas von Shell und Esso in Norddeutschland.

Doch diese zusätzlichen Lieferungen reichten nicht aus und waren nicht flexibel genug. Ruhrgas konnte so ihr Ziel, ernsthaft in den Markt für das Beheizen von Wohnraum einzusteigen, nicht erreichen. Und das war genau das, was die Aktivitäten von Stewart und Schepers eines Tages ermöglichen würden.

Obwohl Brigittas Bemühungen in Deutschland überschaubar und nur regional ausgerichtet waren, führten sie ihre Geschäfte so, als ob sie nicht wüssten, dass sich mit NAM gleich auf der anderen Seite des Flusses in den Niederlanden ein Fünfzig-Fünfzig-Unternehmen von Shell und Esso befand, so wie Brigitta auch eins war. Die Zusammenarbeit mit Stewart und Schepers bei niederländischem Gas hätte für Brigitta zu etwas weitaus Bedeutenderem führen können als den Mini-Vertrag, den sie mit Ruhrgas abgeschlossen hatten. Und dies warf die Frage auf, ob die eine unternehmerische Hand wusste, was die andere unternehmerische Hand tat.

Im Gegensatz dazu wusste Stewart genau, was er und Schepers taten. „Wir haben uns stark für die Vertretung der Interessen des niederländischen Volkes und der NAM eingesetzt. In gewisser Weise haben Krik und ich uns von den Ölfirmen zurückgezogen und sind zu einer Art internationalem Kombinat geworden, zu einer Art Rüstzeug, das für die Interessen des niederländischen Volkes eintrat."

Dabei wussten beide Männer, dass sie ein riesiges Wagnis eingehen würden. Stewart war der Ansicht, dass beide ihre Arbeitsplätze und ihre Karriere aufs Spiel gesetzt hatten, um dieses Ziel zu erreichen. „Zu diesem Zeitpunkt gab es gar keine Nachfrage nach Gas. Es gab keine

Pipelines. Der Bau würde im Jahr 1960 Hunderte von Millionen Dollar verschlingen und eine noch immer unvorhersehbare Bauzeit erfordern. Ich war hundertprozentig sicher, dass alles glattgehen würde. Ich glaube, ich bin ein bisschen überheblich geworden, und vielleicht hätte ich mit einigen der Esso-Leute, die nicht sehen konnten oder wollten, was ich so klar sah, etwas diplomatischer sein können."

Die beiden Männer waren fest entschlossen, dass ihr Vorhaben nicht an der niederländischen Grenze enden sollte. Das Geniale an Stewarts Idee, NAM Gas Export und IGTM als zwei unabhängige Einheiten zu präsentieren, bewährte sich schnell in Praxis und Theorie unter vielen verschiedenen Umständen. Da er und Schepers nun in ihrer Tätigkeit und Entscheidungsfindung unabhängig waren, konnten sie die Kontinuität der Absicht aufrechterhalten, die Stewart in den frühen Verhandlungen mit dem Vereinigten Königreich und Frankreich für notwendig erachtet hatte. Er und Schepers waren nun frei, jeden Interessenten in jedem Land jenseits der niederländischen Grenze darauf hinzuweisen, dass es Esso/Shell-Pipelines von der niederländischen Grenze nach Deutschland, Belgien und Frankreich geben würde. Um den deutschen Gasunternehmen ganz konkret zu demonstrieren, dass es sich nicht nur um ein deutsches Pipelinesystem handelt, eröffneten sie umgehend ein Büro in Wien. Die Muttergesellschaften zeigten ihr Einverständnis, indem sie der Bitte von Schepers und Stewart um Personal für alle anderen neuen Büros, die sie zu eröffnen begannen, nachkamen. Zusätzlich zu denen in Frankfurt und Wien bauten Stewart und Schepers ein breites Netzwerk an Standorten auf, beginnend mit Brüssel, London und Paris, und verlegten die bereits bestehenden Studiengruppen in neue Büros und erstellten neue Studien, wo immer sie benötigt wurden. Diese Studiengruppen wurden von leitenden Angestellten aus den Marketing- und Wirtschaftsabteilungen von Shell und Esso geleitet. In Paris waren Yves Monod von Shell und René Cozzi von Esso, in London Gordon Usmar von Esso und Phil Corbett von Shell, in Brüssel Jacques de Housse von Esso, in Frankfurt Gerd Sottorf von Shell und Hans Löblich von Esso und in Österreich Raymond Kandler von Esso. Später wurde sogar ein Büro in der Schweiz mit einem Shell-Ingenieur namens Nahmani eröffnet, mit dem Schepers in Marokko zusammengearbeitet hatte. In jedes dieser Büros brachten Stewart und Schepers Marketingexperten, Pipeline-Ingenieure, Gaskonvertierungsspezialisten, Wirtschaftswissenschaftler, Anwälte und Mitarbeiter der Öffentlichkeitsarbeit ein. Innerhalb weniger Monate betreuten die beiden Männer nicht mehr nur eine Studiengruppe in einigen wenigen Städten, sondern standen nun auch einer vollwertigen Marketing- und Pipeline-Organisation vor, die in ganz Europa tätig war.

Stewarts beruflicher Werdegang hatte sich in direktem Verhältnis zur Wirksamkeit der von ihm initiierten Studien, zunächst in Texas und dann in Den Haag, entwickelt. Das Hinzuziehen dieser Spezialisten in all diesen Büros bedeutete, dass die von ihm gewünschten Studien parallel zu seiner Karriere weiterentwickelt werden konnten. „In jedem der Länder baten wir die Mitarbeiter, sich mit den Rechten der örtlichen Gasunternehmen zu befassen. Gab es in den jeweiligen Gebieten Monopole, wie sie behaupteten? Gab es bereits Pipelines? Wie könnten wir Erleichterungen für unsere eigenen Pipelines bekommen? Wem gehörten diese Unternehmen? Wer und was war jeweils die Leitung? Und wir fragten nach allem anderen, was uns helfen würde, mit diesen Unternehmen in den Wettbewerb zu treten oder sogar, wie wir uns in sie einkaufen könnten."

Dr. Liesen erklärte, dass Ruhrgas von der Eröffnung all dieser Büros keine besondere Notiz genommen habe. „Dies wurde von uns als eine Art Marketingmaßnahme gesehen, um den Weg für Erdgaslieferungen nach Deutschland zu ebnen. Wir wussten, dass Shell und Esso nicht einmal das Recht hatten, das Gas aus dem Boden zu holen. Sie mussten die Regierung erst noch davon überzeugen, dass eine Zusammenarbeit mit ihnen in ihrem besten Interesse liegt. Darüber hinaus müssten Shell und Esso sich darüber einig sein, dass die Größe des Marktes die für den Gastransport erforderlichen massiven Investitionen rechtfertigt. Es gab nicht einmal eine Vereinbarung darüber, welche Einrichtung das Recht erhält, das Gas zu transportieren. Die glänzenden Möglichkeiten für diese Märkte hingen alle davon ab, welchem Unternehmen und wann die niederländische Regierung die Konzession erteilen würde."

Die detaillierte Planung der Studienteams zeigte, was erreicht werden konnte, und empfahl auch mögliche Preisgestaltung und Pipeline-Routen, sobald die Produktionskonzession erteilt worden war.

Stewart wusste, dass sie bereit waren. „Wir wussten, was wir tun würden, wenn die Konzession zustande käme. Wir waren bereit, sofort loszulegen, sobald wir sie erhielten. Und bei Gott, wir haben es geschafft!" Am 30. Mai 1963 war es dann soweit und die lang ersehnte Konzession wurde erteilt. Nun waren sie im Geschäft.

*Nach Unterzeichnung der Dokumente in der Kasteel Oud
Wassenaar zur Gründung von Gasunie, womit die Parteien
den Weg für States Mines, Shell und Essor Maatschap geebnet
hatten, stießen sie mit Champagner an. Von links
nach rechts: NAM-Direktor P. M. Bongaerts; Douglass Stewart,
Generaldirektor IGTM und Coen Smit, Generaldirektor Esso Nederland.*

*Stewart und Clegg vor den Büros von NAM Gas
Export/ IGTM in Smidswater 23, Den Haag.*

Stewart am Smidswater-Kanal 1963.

*Stewart und Schepers in Stewarts Büro in Smidswater 23. Die
Shell-Zentrale war schockiert über die „kostspieligen Büros"
von NAM Gas Export und IGTM. Stewarts Antwort: „Was
werden sie tun, alles entsorgen?" Ruhrgas und Thyssengas
zeigten sich beeindruckt und waren überzeugt, dass Shell und
Esso entschlossen waren, ins Gasgeschäft einzusteigen.*

Als Teil der Vorkehrungen für das neue niederländische Gasunternehmen wurde ein Komitee eingerichtet, das sich aus zwei leitenden Angestellten von State Mines, einem Regierungsvertreter und je einem leitenden Angestellten von Shell und Esso zusammensetzte, um die Gasunie, den Gasverkauf und die NAM, die Maatschaap produzierte, zu beaufsichtigen.

Oben: J. P. M. Bongaerts, Direktor von NAM, im Gespräch mit J. C. Boot, Generaldirektor von Shell Nederland, und Coen Smit, Generaldirektor von Esso Nederland.

Unten: Die delegierten Supervisoren W. E. Van Os, States Mines, L. G. Wansink, Wirtschaftsministerium, spazieren mit P. A. Zoetmulder, dem neu ernannten Generaldirektor von Gasunie.

NAM Gas Export und IGTM richteten „Studienbüros" in London, Brüssel, Paris, Frankfurt und Wien ein.

Oben: Gordon Usmar (Esso), Douglass Stewart und Vi Vizard (Shell-Hauptverwaltung Gasabteilung) in der Londoner Niederlassung von NAM Gas Export/IGTM.

Links: Jack Windham, Vizepräsident der IGTM-Pipeline-Abteilung, bespricht die vorgeschlagenen Pipeline-Routen mit Paul Mortimer, IGTM-Ökonom.

Die NAM Gas Export/IGTM-Büros wurden in der Rue Washington in Paris eingerichtet. Hier besprechen George de Gelas, Wirtschaftswissenschaftler (Shell), Yves Monod, Manager (Shell), und Rene Cozzi, Wirtschaftswissenschaftler (Esso), die Strategie für die kommenden Verhandlungen mit Gaz de France.

Unten rechts: Hauptmann Yves Monod in der französischen Armee vor dem Einmarsch der Deutschen in Belgien. Monod erhielt das Kriegskreuz und die Medaille der Ehrenlegion.

Hauptmann Monod war bei der französischen Heeresgruppe, die von Dünkirchen aus nach Großbritannien evakuiert wurde. Er kehrte nach Frankreich zurück, um wieder zu kämpfen, bis zur Kapitulation der Franzosen.

Kapitel 16

Blockade! Abgelehnt in Belgien, rausgeworfen in Frankreich, undenkbar in Deutschland

M it der offiziellen Unterzeichnung der Dokumente zur Gründung von Gasunie sowie der NAM/Maatschappij-Vereinbarungen und der Vergabe der Groningen-Konzessionen nahm die Entwicklung der niederländischen Gasindustrie konkrete Formen an. Die Planungen für den anvisierten Bau der Gasleitungen liefen seit einem Jahr. Dazu gehörten auch der Transport von Gas sowie die Marketing-Aktivitäten für Gasunie und den Koordinierungsausschuss, der sich aus Mitarbeitern von Shell, Esso, State Mines und SGB zusammensetzte. Auch die NAM war mit ihren Ingenieur- und Bohrprogrammen auf gutem Wege.

Die Tatsache, dass die Exportteams auf Anhieb erfolgreich waren, war in vielerlei Hinsicht ein Beweis für die Vorbereitungs- und Verhandlungsstärke von Stewart und Schepers. Erstens aufgrund der einzigartigen Wertschätzung und des Vertrauens, das jeder für den anderen hegte, und zweitens aufgrund der unterschiedlichen und besonderen Fähigkeiten, die jeder an den Verhandlungstisch brachte. Schepers' diplomatische und sprachliche Fähigkeiten wurden durch Stewarts technisches Know-how und unermüdlichen Reichtum an Marketingideen ergänzt.

Doch Schepers und Stewart hatten noch einen anderen Vorteil. Leute aus ihrem damaligen Umfeld erzählen recht anschaulich, dass bei jedem Meeting, dem diese beiden hoch gewachsenen und auffallend gut aussehenden Männer beiwohnten, ihre Weltgewandtheit zu spüren war. Sie brachten auch einen Hauch von Authentizität und Autorität in den Raum, der durch ihren Scharfsinn, Pragmatismus und ihr Wissen noch hervorgehoben wurde. Obwohl die inländischen Bemühungen der Niederlande mit dem Erdgasprogramm schnell vorankamen, stießen die ersten Kontakte von IGTM und NAM Gas Export sofort auf den Widerstand der Gasunternehmen in den anderen Ländern. Diese Unternehmen hatten ihre eigenen, sehr eigenständigen Vorstellungen darüber, was sie mit dem Erdgas machen wollten.

Belgien

Der belgische Markt war das erste Ziel, denn Belgien hatte schon früh ein großes Interesse an niederländischem Gas signalisiert. Stewart und Schepers ergriffen die Gelegenheit beim Schopfe und erstellten rasch Profile der potenziellen Bedürfnisse des Landes, was es ihnen ermöglichte, mit einer Prognose in der Tasche in ihr erstes belgisches Meeting zu gehen.

Stewart erinnert sich, dass ihrem Antrag auf ein Meeting schnell zugestimmt wurde und es in den Büros von Imperial Continental in Antwerpen stattfinden sollte. „Schepers und ich betraten den Konferenzraum und fanden einen riesigen ovalen Konferenztisch vor, um den die Vertreter fast aller städtischen Gasversorgungsunternehmen sowie von Imperial Continental und Distrigas dicht gedrängt saßen. Die Luft war abgestanden, was nicht zuletzt auf den Zigarrenrauch zurückzuführen war. Halbleere Flaschen mit Erfrischungsgetränken und Mineralwasser zeugten davon, dass schon vor unserer Ankunft die eine oder andere heftige Diskussion – oder gar geheime Absprache – stattgefunden hatten. Alles begann recht ruhig. Wir tauschten Höflichkeiten aus."

Stewarts Vorstellung als Geschäftsführer der IGTM zog eine Reihe von rätselhaften Fragen nach sich, was das sei und wie IGTM mit dem niederländischen Gas zusammenhänge. Der Sprecher von Imperial Continental eröffnete die eigentlichen Verhandlungen. „Lange haben wir schon darauf spekuliert, Erdgas aus den Niederlanden zu beziehen. Und schließlich erfuhren wir aus der Zeitung, dass NAM Gas Export das Gas für den Export verkaufen soll, und wir haben uns hingesetzt und uns mit unseren Anforderungen diesbezüglich beschäftigt. Wir sind bereit, bis zu dreihunderttausend Kubikmeter pro Jahr an der niederländischen Grenze zu kaufen, sofern der Grenzpreis ausreichend niedrig ist."

Stewart und Schepers gingen im Kopf schnell die Berechnungen durch. Imperial sprach nur von einem kleinen Prozentsatz des von der Studiengruppe bereits berechneten Volumens, das Belgien nach der Umstellung in den Premiummärkten nutzen könnte. Schepers antwortete dermaßen kühn und schlagfertig, dass seinen Gastgebern schlichtweg die Spucke wegblieb. „Unsere Unternehmen planen nicht, das Gas an der niederländischen Grenze an Ihre Transportleitung zu verkaufen. Was wir planen, ist eine nagelneue Pipeline durch Belgien nach Paris. Wir werden die Industrie und die Gemeinden direkt an der Anlage und an den Stadttoren in Belgien mit Gas beliefern."

Auf das anfängliche Schweigen folgte rasch ein anschwellender Aufschrei des Unglaubens und der Ablehnung, den auch Stewarts und Schepers' Charisma nicht zum Verstummen bringen konnte.

„Uns gibt es hier seit 1809 an dieser Stelle", sagte einer der Vertreter. „Wir waren das erste Gasunternehmen in diesem Land. Wir sind hier die Gaspipeliner, nicht Shell und Esso."

Die Belgier würden den vorgeschlagenen Alternativplan nicht diskutieren, Punkt. Für sie kam nur infrage, das Gas ab der niederländischen Grenze zu kaufen und anschließend in ihren eigenen Leitungen zu transportieren. Somit war das Treffen beendet.

Stewart konnte sich noch gut daran erinnern, dass er und Schepers fast direkt danach aus dem Haus geführt wurden. Sie machten sich auf den Weg zur nächsten Bar und konnten es kaum erwarten, sich auszutauschen.

Als Schepers wieder in den Sinn kam, was Stewart ihm über die frühere Untersuchung gesagt hatte, die ergab, dass Aktien von Imperial Continental an der Börse zum Verkauf standen, sorgte Schepers' schräger Sinn für Humor für einen Weg, wie das Treffen ein ganz anderes Ergebnis hätte haben können. „Es wäre heute viel besser gelaufen, wenn wir die ganze Imperial-Bande direkt von der Börse gekauft hätten, als wir zum ersten Mal erfuhren, dass sie auf dem Markt ist."

Stewart war ganz seiner Meinung: „Können Sie sich das Gesicht dieses Vogels von Imperial vorstellen, wenn wir sein erhabenes Gerede unterbrechen und ihm sagen könnten: ‚Setzen Sie sich, mein Freund. Sie arbeiten jetzt für uns beide'?"

Die große Frage war natürlich, auf welchem Wege man die Belgier auf größere Mengen aufmerksam machen und ihr Interesse wecken konnte.

„Krik, uns rauszuwerfen passt nicht zu dem, was sie sagten, als wir reinkamen", meinte Stewart. „Wir wissen, dass sie es mit dem niederländischen Gas sehr eilig haben, und nach dem, was sie heute gesagt haben, wissen sie nicht, wie viel Gas sie wirklich brauchen können."

„Doug, unsere juristischen Überprüfungen haben doch ergeben, dass Belgien keine Möglichkeit hat, eine Pipeline nach Paris zu verhindern. Überlegen Sie sich mal, was in Frankreich los wäre, wenn die belgischen Gasunternehmen sogar versuchen würden, dem französischen Volk Erdgas zu verweigern."

„Ich meine, wir sollten die großen belgischen Industrien über die Möglichkeit der direkten Belieferung ihrer Werke informieren", sagte Stewart. Schepers hielt Jacque de Housse, ihren belgischen Manager, für genau den richtigen Kandidaten, um mit der Verbreitung dieser Nachricht zu beginnen. „Jedes dieser belgischen Werke ist an ein großes belgisches Finanzhaus gebunden. Es wird nicht lange dauern, bis den Männern auf der heutigen Sitzung mitgeteilt wird, dass wir ernst gemeint haben, was wir dort heute gesagt haben."

Stewart fuhr rasch fort: „Die Belgier können sich auf den Kopf stellen und so tun, als hätten sie eine Monopolstellung, die Anwälte sagen uns was ganz anderes. Wenn wir den Vertrag mit Gaz de France bekommen, werden wir de Gaulle auf sie hetzen, wenn sie auch nur versuchen, unsere Pipeline zu stoppen."

Frankreich

Yves Monod, der Shell-Mann im Pariser Büro, traf Schepers zum ersten Mal, als er für die französischen Mitarbeiter in Übersee verantwortlich war. Monod war gerade von seiner dreijährigen Funktion als Präsident von Shell Chile zurückgekehrt. Er hatte Schepers wissen lassen, dass er ein Treffen mit Gaz de France arrangieren könne, wann immer er und Stewart bereit seien.

Monod berichtete, wie begeistert er von Stewart und Schepers direkter Vorgehensweise war. „Ich erinnere mich so gut daran, wie angenehm es war, mit Stewart und Schepers zu arbeiten, obwohl sie so verschieden waren. Sie vertraten damals ein ganz neues Geschäftsfeld, das vorher nicht existierte. Sie hätten ihr niederländisches Gas zumindest zu Beginn gerne an die Branchen verkauft, denen Esso und Shell bereits Heizöl lieferten, obwohl Shell und Esso dadurch diese Ölkunden verlieren würden. Ich war mir schon sicher, dass Gaz de France ihnen gleichzeitig sagen würde: ‚Wir haben Flüssiggas aus Nordafrika, und wir können auf Sie, Shell und Esso, verzichten, vielen Dank.‘"

Unbeeindruckt davon, dass von der französischen Seite solch eine Antwort kommen könnte, bat Schepers Monod, die Beauftragung vorzunehmen. Wie Monod versprochen hatte, arrangierte er für Stewart und Schepers ein Treffen mit Monsieur J. Couture, dem Energie-Generalsekretär der französischen Regierung. Sie erklärten Couture, dass die NAM Gas Export etwa fünf Milliarden Kubikmeter Erdgas pro Jahr nach Frankreich verkaufen könne und dass sie das Gas über die IGTM nach Frankreich transportieren wolle. Herr Couture riet ihnen, alle französischen Verhandlungen dafür mit Khun de Chizelle, dem Generaldirektor von Gaz de France, zu führen. Da Gaz de France tatsächlich ein gesetzliches Monopol in Frankreich war, bestand die Strategie von Stewart und Schepers darin, Chizelle ihren Fall vorzutragen, indem sie zunächst über genau jene Kunden von Esso und Shell sprachen, an die sie bereits Erdölprodukte verkauften. Wenn sie es schaffen würden, einen Fuß in die Tür des Premium-Gasmarktes im Industriebereich zu bekommen, könnten sie später den Premiummarkt für Privathaushalte anvisieren.

Beim allerersten Treffen mit Chizelle hielt Stewart die Präsentation. „Unsere beiden Unternehmen wollen eine Pipeline nach Paris verlegen und Gas an die Industrie im französischen Industriegürtel Nordfrankreichs verkaufen."

Wie erwartet erinnerte Chizelle sie an das Monopol von Gaz de France, nicht nur beim Verkauf von Gas, sondern auch beim Gastransport und der Vermarktung. Er versicherte ihnen, dass Gaz de France nur den Kauf von Gas an der niederländischen Grenze in Betracht ziehen würde. Doch die Anwälte der Rechercheteams hatten ihre Hausaufgaben gemacht; Schepers verblüffte Chizelle mit folgender Aussage: „Nach unserer rechtlichen Untersuchung des französischen Rechts und der Charta von Gaz de France gemäß dem Armengaud-Gesetz vom 2. August 1949 ist ein gemeinsames Marketing-/Pipelinesystem legal, wenn Gaz de France zustimmt und sich daran beteiligt."

„Und warum sollten wir dem zustimmen?", fragte Chizelle.

Dies war Stewarts Moment. Er erläuterte Chizelle den riesigen, derzeit unerschlossenen Markt für Premium-Privathaushalte, der sich für Gaz de France öffnen könnte, wenn ein solches gemeinsames Marketing-/Pipelinesystem für den Import von niederländischem Gas entwickelt werden könnte.

Der Franzose antwortete: „Wir kaufen einfach mehr Gas an der niederländischen Grenze."

Schepers' Antwort war ruhig und direkt. „Monsieur, bis dahin wird Frankreich vielleicht nicht mehr so viel niederländisches Gas zur Verfügung stehen. Wir prüfen bereits Verkäufe nach Deutschland und Belgien. Wenn wir eine Vereinbarung mit Ihnen treffen, wird Ihnen eine ausreichende langfristige Versorgung des französischen Premiummarktes gesichert. Natürlich nur *wenn* wir hier eine Vereinbarung treffen können."

Zum Abschluss des Treffens schlug Stewart vor, dass sich Gaz de France mit den NAM/IGTM-Rechercheteams zusammensetzen sollte, um gemeinsam die möglichen französischen Erdgasmärkte zu untersuchen. Chizelle machte deutlich, dass er nicht glaube, dass aus den Bemühungen viel werden würde. „Ich weiß nicht, wie nützlich das sein könnte, denn unsere Experten kennen unsere eigenen Märkte bereits, und wir brauchen Ihre Hilfe beim Bau von Pipelines sicher nicht."

Schepers und Stewart verließen Paris an diesem Tag, weil sie erkannten, dass ein harter Kampf vor ihnen liegen würde, wenn sie erfolgreich in das französische Geschäft einsteigen wollten. Schepers machte seine übliche ironische Bemerkung. „Nun, zumindest kennen wir uns mit Abfuhren aus."

„Krik, es ist erst vorbei, wenn es vorbei ist", antwortete Stewart. „Wenigstens liegt die Idee einer gemeinsamen Recherche auf dem Tisch, und solange wir sie dazu bringen können, den Treffen zuzustimmen, werden wir uns weiterhin für sie einsetzen."

Deutschland

1963 wurden die Weichen für die Ankunft von Erdgas in Deutschland gestellt. Das Ruhrgebiet mit seinem riesigen Industriekomplex und seiner hohen Bevölkerungsdichte war ein Hauptziel auf dem Radar von Stewart und Schepers. Obwohl Löblichs Untersuchungen gezeigt hatten, dass die Nachfrage nach Gas in

Deutschland in den vergangenen Jahren sehr schnell gewachsen war, gingen sie von harten Verhandlungen aus.

Die Gasindustrie in Deutschland bestand seit 135 Jahren und gab hauptsächlich Gas ab, das aus Kohle hergestellt wurde. 1826 startete die Imperial Continental Gas Association (ICGA) in Hannover das erste öffentliche Gassystem Deutschlands und errichtete etwa zur gleichen Zeit auch in Belgien Gassysteme. Danach wurden in Städten in ganz Deutschland Gassysteme gebaut, und bis 1885 gab es über siebenhundert separate Gaswerke. Bis 1926 dominierten zwei große Gasversorgungsunternehmen das Ruhrgebiet, Thyssen Gas und Ruhrgas. Damals gab es nur etwa zweihundert Kilometer Rohrleitungen, aber bis 1943 war dieses System auf insgesamt 1 636 Kilometer ausgeweitet worden, ein System, das zwei große Schwefelentfernungsanlagen und einundsechzig Anlagen umfasste, die stellte Gas aus Kohle (Koksgas) her, das vor allem an die Industrie verteilt wurde, wobei ein Teil des Gases an Haushalte zum Heizen und Kochen verkauft wurde.

Nach dem Ende des Zweiten Weltkriegs hatten nur drei Kokereien und eine Kompressorstation den Krieg überlebt und waren noch in Betrieb. Bei der Beseitigung der Trümmer der zerbombten Städte und dem Gewirr der verbogenen Pipelines hatte Ruhrgas eine fast unmögliche Aufgabe bewältigt und das gesamte System in nur zwei Jahren wiederaufgebaut. Wie schon 1926 waren Ruhrgas und Thyssengas auch 1963, als IGTM und NAM Gas Export ihre Exportbemühungen begannen, die größten Gasversorgungsunternehmen. Sowohl Ruhrgas als auch Thyssengas sahen sich mit Versorgungsengpässen konfrontiert und hatten sogar begonnen, sich nach zusätzlichen Gaslieferungen aus deutschen Raffinerien und von deutschen Explorationsfirmen umzusehen und flüssiges Erdgas aus Algerien zu erwerben. Löblichs Team fand heraus, dass die beiden Giganten nur an einen Zukauf aufgrund der Nachfrage nach kohlenstoffarmem Gas dachten. Den sich abzeichnenden Markt für das Beheizen von Wohnraum ließen sie völlig außer Acht. Sicherlich kam ihnen auch in keiner Weise in den Sinn, dass Esso und Shell in ihre Komfortzone eindringen würden. Stewart und Schepers versuchten wiederholt, sich mit jedem Unternehmen einzeln zu treffen, aber die beiden Riesen hielten an ihrem Pakt der Zusammengehörigkeit fest und bestanden darauf, dass es nur ein gemeinsames Treffen in Essen in den Ruhrgas-Büros geben sollte.

Hans Löblich berichtete über ihre Fortschritte. „Unser Team der Studiengruppe Erdgas in Frankfurt hatte sich sehr akribisch auf dieses Treffen vorbereitet. Insbesondere Stewart drängte uns in fast wöchentlichen Besprechungen, die benötigten Daten so schnell wie möglich, besser noch „gestern", zu liefern. Wegen ihres charismatischen persönlichen Erscheinungsbildes, ihrer luxuriösen, mit voluminösen Teppichen ausgestatteten Büros in Den Haag, ihren teuren extravaganten Autos und ihren charmanten Sekretärinnen Wanda und Mary nannten wir Stewart und Schepers unsere Gold Dust Boys. Da die beiden aber fast täglich mit neuen Ideen in Frankfurt auftauchten, was zu immer mehr Arbeit für unsere kleine Gruppe führte, nannten wir sie schon bald unsere „schrecklichen Zwillinge". Dennoch haben sie immer unsere volle Zusammenarbeit sowie unser Vertrauen und unsere Sympathie genossen. Letztendlich waren wir schließlich erfolgreich. Die beeindruckende Entwicklung von Erdgas in Deutschland wird immer mit Douglass Stewart verbunden sein."

Stewart wusste bereits von seinem ersten Aufenthalt in Deutschland, dass das Durchbrechen der Barriere, die von den etablierten Industriellen, insbesondere den Kohleinteressen, dargestellt wurde, viele Schwierigkeiten mit sich bringen würde.

„Unser erstes Treffen mit Ruhrgas und Thyssengas fand am 16. Mai 1963 statt", erinnerte sich Löblich. „Maclean und ich gingen zusammen mit Schepers und Stewart zu einem Meeting mit Führungskräften beider Gasunternehmen. Dazu gehörten Herr Dr. Schelberger, Geschäftsführer der Ruhrgas, Herr Dr. Liesen, der spätere Geschäftsführer der Ruhrgas, mehrere andere Führungskräfte von Ruhrgas und Thyssengas sowie Herr Swart von der Bank voor Handel en Scheepvaart, einer Bank im Besitz von Baron Thyssen."

Stewart erinnerte sich daran, dass sie nach einem riesigen Mittagessen, das die ersten Möweneier enthielt, die er je gegessen hatte, zur Sache kamen. Da das Treffen in deutscher Sprache stattfand, stellte Schepers ihren Fall vor.

Laut Löblich „wurden die Verhandlungen auf der NAM-Gasexport-/IGTM-Seite von unseren „schrecklichen Zwillingen" geführt. Schepers erklärte die Befugnis ihrer beiden Unternehmen, das Gas im Export zu verkaufen. Er wies darauf hin, dass sie niemals an der niederländischen Grenze verkaufen würden, ohne sich am Gasgeschäft in Deutschland zu beteiligen. Er erklärte, dass Esso und Shell diesen Fehler in den

Vereinigten Staaten gemacht hätten und nicht vorhätten, ihn in Europa zu wiederholen. Er teilte ihnen mit, dass die Ölgesellschaften eine Pipeline durch das Ruhrgebiet nach Bayern planten. Sie erwarteten, dass sie an die Industrie und an die inländischen Gasabnehmer ab dieser Pipeline nur auf der Grundlage der niederländischen Grenzpreise und Transportkosten verkaufen würden."

Schepers erläuterte weiter, dass die Gasmärkte bei hoher BTU-Verteilung stark expandieren würden und dass die Ölgesellschaften an der Steigerung teilhaben müssten.

Schelberger von Ruhrgas antwortete mit einer untypischen Redseligkeit. „Undenkbar! Shell und Esso werden niemals Gas in unserem eigenen Gebiet vermarkten."

Ohne großartig auf Schelbergers nicht unerwartete Reaktion einzugehen, antwortete Schepers ganz ruhig auf den Ausbruch, indem er drei Besprechungsphasen vorschlug: Erstens würden sie gemeinsam den Markt für Erdgas mit hohem BTU-Gehalt untersuchen, ohne den spezifischen Grenzpreis anzufassen. Zweitens würden sie über Pipelines verhandeln. Drittens: „Wir werden einen großen Kampf haben, wenn wir uns nicht einigen können." Der einzige Punkt, in dem alle an diesem Tag übereinstimmten, war, dass Schepers mit seinem dritten Punkt recht hatte. Damit war das Treffen beendet. In weniger als einer Woche wurde der erste Schritt zu dem vorhergesagten „großen Kampf" getan. Die Deutschen zeigten ihre Entschlossenheit, das Heft in die Hand zu nehmen, indem sie bei den örtlichen Regierungsbehörden einen Plan für eine eigene Pipeline über genau die gleiche Route einreichten, die Shell und Esso gerade vorgeschlagen hatten.

Dr. Liesen erläuterte die Beweggründe für diese Maßnahme bei Ruhrgas. „In der damals bestehenden Rechtslage musste eine solche Pipeline von der deutschen Aufsichtsbehörde genehmigt werden. Die Notifizierung der Pläne für eine solche Ruhrgas-Pipeline würde automatisch zu einer Notwendigkeit von Verhandlungen zwischen Esso/Shell und Ruhrgas führen, da Esso/Shell nach der Notifizierung der eigenen Pipeline nicht mehr mit der Genehmigung ihres Pipeline-Projekts unter Ausschluss von Ruhrgas rechnen konnte. Stattdessen musste nun davon ausgegangen werden, dass die Aufsichtsbehörde die beiden Parteien zu einem Kompromiss drängen würde, und zwar zu einem gemeinsamen Aufbau."

Zu diesem Zeitpunkt konnten Stewart und Schepers jedoch nicht wissen, dass der Ruhrgas-Antrag für die Pipeline eine Möglichkeit war, sie zum Überdenken ihrer unabhängigen Haltung zu zwingen. Stattdessen luden die „schrecklichen Zwillinge" mit „Undenkbar" in ihren Ohren Löblich zum Abendessen ein, in der Hoffnung auf einige einheimische Erkenntnisse, wie man die „Undenkbar"-Haltung von der Ablehnung in Zustimmung umwandeln konnte.

Löblich wies auf das Offensichtliche hin. „Dass die ersten Kontakte allein mit Ruhrgas und Thyssengas zustande kamen, war für uns völlig unverständlich. Auch wenn unsere Untersuchung ergab, dass Deutschland für Erdgas bereit war, gab es keine direkte Verbindung zum Endverbraucher, wie sie bei Esso und Shell mit der Vermarktung von Heizöl bestanden hatte."

Löblich meinte, die beiden seien zu Recht voller Zuversicht in die Sitzung gegangen, was die Chance betraf, die sie den beiden Giganten boten, aber sie versuchten auch, die ungeheure Macht der einzelnen Führungspersönlichkeiten sowie das Prestige und die Macht ihrer Unternehmen zu überspringen.

Vielleicht hatten es die „schrecklichen Zwillinge" vor allem versäumt, die ernsthaften technischen Probleme zu lösen, die diese Unternehmen bei der Umstellung haben würden, sowie die sehr großen Investitionen in die Pipeline, die beim Einstieg ins Erdgasgeschäft erforderlich wären. Schepers wies Löblich darauf hin, dass sie in den Meetings nie weit genug in die Thematik eintauchen konnten, um die technischen Probleme zu lösen.

Löblich erklärte, dass man einen Weg finden müsse, um mit den rechtlich bestehenden deutschen Gasmarktmonopolen in der Gegenwart und in der erhofften Zukunft umzugehen. Es gab Konzessionsverträge zwischen Regionen, in denen die Gasunternehmen dieser Regionen die ausschließlichen Rechte für die Vermarktung von Gas, ob Kokerei- oder Erdgas, besaßen. Die vorhandenen Ferngasgesellschaften hatten langfristige, exklusive Verträge mit ihren Partnergemeinden und entsprechende Managementmonopole.

Stewart und Schepers war die grundlegende Aussage hinter Löblichs Ratschlag schon klar. Auch wenn der Wunsch von Ruhrgas und Thyssengas nach neuen Gasquellen, insbesondere Erdgas, bekannt war, würden die „schrecklichen Zwillinge" ohne die Zusammenarbeit der beiden Riesen niemals zu den Endverbrauchern gelangen.

Löblich legte einen Plan zur subtilen Einbeziehung von Personen innerhalb der Gasunternehmen vor, indem er einen neuen neutralen Gaswirtschaftsverband gründete. Er schlug vor, dass, während er und das Frankfurter Team an dieser Möglichkeit arbeiteten, Stewart und Schepers gleichzeitig an die kleineren Gasversorgungsunternehmen im Süden herantreten könnten, die einen eigenen Verband gegründet hatten, um die Bemühungen von Ruhrgas und Thyssengas, in ihre Region zu expandieren, zu bekämpfen.

Als Stewart und Schepers diese Gruppe zum ersten Mal besuchten, wurden sie freundlich begrüßt. Obwohl die Unternehmen die Idee des Erdgases begrüßten, waren sie in ihrer Position ganz offen. Sie wollten nicht, dass irgendeine der Ölgesellschaften Gas direkt an die Industrie in ihrem Gebiet lieferte.

Stewart schockierte das nicht: „Wir hatten nicht erwartet, dass wir bei unseren ersten Treffen in Deutschland eine Einigung erzielen würden, aber wir hatten etwas losgetreten und die kleinen Gasversorger grübelten über die enormen Möglichkeiten nach, die mit Erdgas auf uns warteten. Wir wollten uns den Weg nach Deutschland erkämpfen und uns am Gastransport beteiligen. Und es war für uns ihrerseits klar, sie wollten uns nicht reinlassen." Diese Verhandlungen würden viel schwieriger werden, bevor sie besser wurden. Ebenso wie die Art und Weise, wie Jersey die Exportbemühungen von Stewart und Schepers betrachtete.

Auf einer seiner regelmäßigen Touren durch die europäischen Vertriebssitze für Jersey stattete Bob Milbrath dem Büro in Smidswater völlig unerwartet einen Besuch ab. Er war beeindruckt von den Büros, äußerte sich aber sehr offen über deren bisher wenig erfolgreiche Exportaktivitäten. „Um mal zusammenzufassen, was Sie beide mir sagen, es scheint, dass in Großbritannien ihre Gasräte ein Monopol haben und wahrscheinlich Shell und Esso in ihrem Geschäft nicht willkommen sind. Gaz de France in Paris sieht das genauso. Sie sind aus Belgien rausgeworfen worden. Die deutschen Gasunternehmen sagten Ihnen, es sei „undenkbar", dass Sie möglicherweise etwas für sie tun können, was sie selbst nicht tun können. Und um das zu beweisen, haben sie bei ihrer Regierung Genehmigungen für genau die Pipeline-Trassen beantragt, die Sie uns bauen lassen wollen. Würde mir bitte einer von Ihnen etwas sagen, was Jersey ein gutes Gefühl gibt, wenn es darum geht, das alles aufrechtzuerhalten?"

Schepers warf ein: „Herr Milbrath, jedes Mal, wenn wir da rausgehen, sind wir mit Fakten und Zahlen aus unseren Studienteams gerüstet, die sonst niemand hat. Diese Gasunternehmen wollen vielleicht noch nicht mit uns ins Geschäft kommen, aber sie fragen immer wieder nach den Informationen, die wir über die Gewinnmöglichkeiten zusammengetragen haben. Sie können diese Informationen nirgendwo anders bekommen."

Stewart unterbrach: „Bob, die Gewinnprognosen, die wir ihnen vorlegen, sind dermaßen verlockend, dass sie nicht für immer ignoriert werden können. Im Moment wissen wir mehr über das Potenzial als sie, und zu alledem haben wir das Gas, das sie brauchen, so viel wissen wir auch. Es gibt so viele Player in dieser Sache. Wenn wir auch nur einen dieser Dominosteine zum Fallen bringen können, werden sie alle nachgeben."

Milbrath entgegnete mürrisch: „Wenn? Sie erzählen mir, dass ein großartiger, fabelhafter und enthusiastischer Doug Stewart mir nichts weiter für Jersey mitgeben kann als ein ‚wenn'? Schepers brachte eine ganz andere und sehr niederländische Sichtweise ein. „Mr. Milbrath, ich weiß es zu schätzen, dass Sie als Amerikaner gerne sehen, wie die Dinge über Nacht geschehen, aber hier in Europa geschehen die Dinge viel langsamer. In Holland braucht es viel Wetter, bis die Blumenzwiebeln auf dem Feld zu den Tulpen auf dem Tisch werden. Vielleicht möchten Sie über eine Geschichte nachdenken, die wir hier gerne über den jungen und den alten Stier erzählen. Wenn der Winter kommt, werden die Rinder von den Weidefeldern in die Scheunen der Bauern gebracht, um sie vor der bitteren Kälte zu schützen. Im Frühjahr werden zuerst die Kühe auf kleinen Lastkähnen zurück auf die Felder transportiert und anschließend die Stiere. Nachdem sie den ganzen Winter in diesem Stall eingepfercht waren, so nah an und doch so fern von den Kühen, steigt die Vorfreude der Bullen auf die Begattung merklich an. Und der junge Stier sagt zu dem alten: „Lass uns über diesen Zaun springen und uns ein paar schnappen." Und der alte Stier erwidert: „Lassen wir uns Zeit und nehmen wir sie alle."

„Verstehen Sie, Mr. Milbrath? Wir möchten nicht nur ein Stück vom Kuchen, sondern das große Ganze. Das können Sie als Botschaft mit nach New York nehmen."

Kapitel 17

Erfolg erzeugt Kontrolle

As die „schrecklichen Zwillinge" Löblich und Maclean über die mangelnde Reaktion der kleinen Vertriebshändler im Süden, mit denen sie sich getroffen hatten, informierten, fasste Maclean sofort eine neue Möglichkeit ins Auge: Aufgrund all der Recherchen, die das Frankfurter Team bereits durchgeführt hatte, richtete er seine Aufmerksamkeit auf einen kleinen, gut platzierten, gut organisierten Gasanbieter, der sich zufällig im Weser-Ems-Gebiet in Nordwestdeutschland befand, genau gegenüber vom Groningen-Gasfeld. Vielleicht, so dachte Maclean, würde sich ein persönlicher Besuch bei dessen Manager lohnen. Im günstigsten Fall, so glaubte er, könnte dieser positiv auf die Möglichkeit reagieren, dass niederländisches Gas in unmittelbarer Nähe erhältlich war und leicht zu den jeweiligen Kunden transportiert werden konnte.

Auf eigene Initiative hin besuchte Maclean diesen Manager und stellte erfreut fest, dass das Unternehmen nicht nur auf der Suche nach Erdgas war, sondern dass es sich auch gerne mit NAM Gas Export und IGTM zusammentun würde, um Pipelines zu finanzieren und das Gas in seinem Gebiet zu verkaufen. Maclean erhielt eine Absichtserklärung und kehrte zufrieden zu dem begeisterten Team zurück.

Löblich erinnerte sich an Maclean als „einen klugen Kopf", und Stewart beschrieb die Bedeutung von Macleans Leistung. „Maclean hatte es geschafft. Diese Vereinbarung zur Beteiligung an der Pipeline-Finanzierung war unser erster Durchbruch im Gasgeschäft außerhalb der Niederlande.

Wir feierten alle in unserem Lieblingslokal, dem t'Jagertie Club gleich um die Ecke von Smidswater."

Das Hochgefühl hielt jedoch nicht lange an. Zum ersten Mal spürten Stewart und Schepers, dass sich die Unternehmenszügel zu straffen begannen. Der Erfolg von Macleans Initiative mit dem Weser-Ems-Vertriebsunternehmen war der erste Schritt auf dem Weg zum Erfolg – leider blieb das erhoffte Ergebnis aus. Anstatt Anerkennung für die ersten wirklichen Fortschritte löste der Weser-Ems-Deal eine bedrohliche administrative Welle aus, welche die Handlungsfreiheit bedrohte, die Stewart und Schepers genossen. Keiner von beiden hatte dies kommen sehen.

„Wir waren nie völlig unabhängig gewesen, weil wir regelmäßige Fortschrittsberichte an den von Gasunie beauftragten Überwachungsausschuss (zu dieser Zeit zusammengesetzt aus van Os und Bogers von State Mines, Wansink von der niederländischen Regierung, Boot von Shell und Smit von Esso) und auch an unsere eigenen Unternehmensberater Cox und Vale lieferten. Solange wir nur über Fortschritte berichteten, hatten wir freie Hand. Aber als wir über tatsächliche Erfolge beim Weser-Ems-Deal berichteten, wurden wir zum ersten Mal mit dem Versuch konfrontiert, uns zurückzuhalten."

Kurz nachdem Stewart Smit und Cox über den Weser-Ems-Deal unterrichtet hatte, erhielt er einen Anruf von Smit mit der Bitte, ihn in der Esso-Kirche zu treffen. Smit sagte, er wolle Stewart und Cox über ein Treffen informieren, das er und Shells J. C. Boot gerade mit dem Gasunie-Aufsichtsausschuss gehabt hätten. Boot und Smit waren in diesem Ausschuss die Ansprechpartner für die Ölgesellschaften. Beide hatten lange Zeit am wirtschaftlichen und politischen Leben von Den Haag teilgenommen und wurden vom Ausschuss respektiert.

Am Morgen verließ Stewart Smidswater gut gelaunt. Beim bvorstehenden Meeting mit Smit und Cox erwartete er eine gewisse Anerkennung für die guten Nachrichten aus dem Weser-Ems-Gebiet. Als er ankam, stellte er fest, dass Ganskopp zu dem Treffen hinzugebeten worden war. Smit berichtete ihnen zunächst von einer neuen Vereinbarung, die er und Boot einige Tage zuvor mit dem Ausschuss getroffen hatten. Seine Sachlichkeit täuschte über die Schwere der Folgen dieser Vereinbarung hinweg. Stewart war verblüfft zu hören, dass er und Schepers von nun an vor Beginn eines Verhandlungstreffens in allen Ländern den designierten Delegierten persönlich Bericht erstatten mussten, um im Voraus die Zustimmung zu dem einzuholen, was sie in den jeweiligen Verhandlungen zu tun beabsichtigten.

Vielleicht waren es die Kontakte von Smit und Boot in der Geschäftswelt oder ihr ausgeprägtes Bewusstsein für das politische Klima, das sie veranlasst hatte, dem zuzustimmen. Wie auch immer es zustande kam, keiner der anderen Männer im Raum erkannte, wie tiefgreifend sich diese Vereinbarung auf die täglichen Verhandlungen auswirken würde. Stewarts erster Gedanke war, einen Weg zu finden, die schwerwiegenden Auswirkungen der Entscheidung in einfachen Worten zu erklären. „Wenn Krik und ich für jeden Schritt, den wir unternehmen würden, eine Genehmigung einholen müssten, wären wir eingeengt, bevor wir den Raum verlassen hätten. Wir mussten in der Lage sein, schnell auf die sehr unterschiedlichen unerwarteten Situationen zu reagieren, die sich von Land zu Land so dramatisch unterschieden."

Zu Stewarts besonderem Erstaunen saß Cox einfach da und stimmte der Entscheidung zu. Vielleicht beugte er sich als Neuankömmling in Den Haag der Weisheit derer, die über langjährige Erfahrung in der niederländischen Politik verfügten. Doch Stewart konnte nicht verstehen, wie Cox mit seiner europäischen Geschäftserfahrung und seiner Verantwortung als Esso-Berater für das Exportprojekt die internationalen Auswirkungen nicht sofort erfassen konnte.

Die Art der Regierungskontrolle, auf die sich Boot und Smit gerade geeinigt hatten, würde den Niederländern genau das geben, was die arabischen Länder verlangten, und würde diesen Ländern sicherlich als Rüstzeug dienen, um die Bestrebungen, die sie für ihre eigenen natürlichen Ressourcen verfolgten, voranzubringen.

Stewart war fassungslos. „Genau dies hatte Jersey zu vermeiden versucht. Weder Boot noch Smit schienen erkannt zu haben, dass ihre Vereinbarung mit den Mitgliedern des Regierungskomitees den Scheich-Effekt bei unseren ganzen Bemühungen auslösen würde. Und Cox saß nur da und nickte zustimmend."

Stewarts Gedanken überschlugen sich, er fragte sich, was wohl so viel Besorgnis ausgelöst haben könnte, um dieses Problem entstehen zu lassen. Zwar hatte die Regierung zugestimmt, dass sich State Mines nicht am Gasgeschäft jenseits der niederländischen Grenze beteiligen würde, aber hatte der Weser-Ems-Deal die Regierungsvertreter im Aufsichtsgremium mit einer Möglichkeit konfrontiert, an die sie anscheinend vorher nie gedacht hatten? Befürchteten sie, dass dieses Weser-Ems-Pipeline-Geschäft dazu führen würde, dass die Ölgesellschaften exorbitante Gewinne mit dem niederländischen Erdgas erzielen würden, sobald es die Grenzen der Niederlande passierte? Da der von Gasunie beauftragte Aufsichtsausschuss jeden Vertrag vor seiner Unterzeichnung prüfen sollte, war sich Stewart darüber im Klaren, dass es bei dieser Vereinbarung möglicherweise um etwas anderes ging. Vielleicht nur um die Kontrolle über die Verhandlungen, sondern auch um die Kontrolle über Schepers und über Stewart selbst. Sollte dies der Fall sein, so stellte sich die Frage, ob die Idee von den Delegierten selbst stammte oder ob sie direkt in Essos Büro von Leuten entwickelt wurde, die keine Ahnung hatten, was tatsächlich bei einer Verhandlung über ein Geschäft stattfand, das bis dahin nicht existiert hatte. Einen Kurzlehrgang über solche Verhandlungen für einen unbekannten Markt, auf den Stewart Cox und Smit verweisen konnte, weil er und Schepers die Akteure der Entwicklung waren, gab es nicht.

Stewart rang kurz um eine Möglichkeit, die entstandenen Probleme zu erklären. Plötzlich überkam ihn die Wut über die Absurdität, nicht nur hinsichtlich dessen, was zwischen Boot und Smit vereinbart worden war, sondern auch darüber, dass die Vereinbarung tatsächlich getroffen worden war, ohne auch nur den Versuch einer Unterredung mit ihm und Schepers unternommen zu haben. Stewart stürmte spontan aus dem Büro. „Vielleicht war ich ein wenig arrogant, und ich war impulsiv. Ich bin mir nicht ganz sicher, warum mir der Kragen geplatzt war. Sicherlich lag es zum Teil daran, dass Schepers und ich unter extremem Druck standen, da so viele verschiedene Verhandlungen anstanden. Wir reisten und verhandelten an drei bis vier Tagen in der Woche, hielten all diese Studienteams auf dem Laufenden und übten Druck auf sie aus, damit sie uns das Notwendige lieferten und wir so die Verhandlungen voranbringen konnten."

Stewart fuhr direkt nach Smidswater.

Schepers war ebenso empört über das, was Shells J. C. Boot getan hatte, aber seine Reaktion war noch heftiger. „Doug, hier geht es nicht nur um den Scheich-Effekt im Nahen Osten zu. Dies behindert uns bürokratisch auf Schritt und Tritt. Jeder verdammte Schritt, den wir unternehmen, wird von einem Ausschuss verzögert, der ihn infrage stellt."

Verhandlungen, die sich zu diesem Zeitpunkt durch das komplexe Zusammenspiel von Regierung und Unternehmen der einzelnen Länder zäh dahinschleppten, konnten praktisch zum Stillstand gebracht werden. Selbst heute noch reagiert Stewart gereizt auf das Hindernis, das ihm und Schepers damals in den Weg gelegt worden war. „Wir befanden uns bereits in Situationen, in denen wir unsere Autorität als Konzerngesellschaften ausüben und in der Lage sein mussten, an Ort und Stelle zuzustimmen oder zu widersprechen. Das war oftmals das Gebot der Stunde. Krik und ich waren uns der enormen Verantwortung dieser Art von Entscheidung bewusst. Der Erfolg, den wir bis zu diesem Zeitpunkt hatten, war eine direkte Folge der Tatsache, dass wir in der Lage waren, so zu reagieren. Inzwischen hatten wir einen Eindruck davon bekommen, welche Effizienz uns unsere Unabhängigkeit verlieh. Wir hatten erlebt, wie aufregend es war, Risiken einzugehen. Entweder würden unsere Unternehmen unsere Aktionen unterstützen, oder nicht.

Beide Männer schickten Telegramme an ihre Büros zu Hause ab. Schepers wandte sich ohne Boots Wissen direkt an dessen Vorgesetzten, Dennis Vale, den Shell-Aufsichtsführenden für das Exportprojekt in London. Stewart telegrafierte direkt an Milbrath, den Vorgesetzten von Cox und Smit. Fast sofort telegrafierte Vale aus London zurück und teilte Schepers mit, dass er Schepers' Position uneingeschränkt unterstützte. Es stand für Vale außer Frage, dass die Exportbemühungen erheblich behindert werden würden.

Nachdem sich Stewart wieder etwas beruhigt hatte, ging er zurück ins Esso-Büro, um mit Cox und Smit zu sprechen, die zu dem Zeitpunkt bereits eine Kopie von Stewarts Telegramm vor sich hatten. „Sie waren natürlich verärgert, dass ich über ihre Köpfe hinweg gehandelt hatte. Ich räumte ein, dass ich etwas voreilig gewesen war, wies aber darauf hin, dass sie Jersey erneuten Forderungen im Nahen Osten aussetzen würden, wenn mit diesem Ausschuss kein Kompromiss ausgearbeitet werden würde. Ich dachte, zumindest das würden sie verstehen. Es hatte keinen Sinn, anzusprechen, ob eine interne Anstrengung unternommen wurde, um mich und Schepers zu kontrollieren oder nicht."

Stewart schickte ein weiteres Telegramm nach New York und bat Milbrath, das vorhergehende zu ignorieren. Aber natürlich konnte die in dem Telegramm gestellte Frage nach dem Scheich-Effekt nicht ignoriert werden. Innerhalb von vierundzwanzig Stunden war einer von Milbraths Leuten unterwegs nach Den Haag.

Stewart erinnerte sich deutlich an dieses Treffen. „Wir haben uns alle zusammengesetzt und einen Kompromiss ausgearbeitet. Es wäre nicht im Interesse von Jersey gewesen, wenn die Regierung uns vorgeschrieben hätte, was wir in anderen Ländern tun sollten. Das Informationsbedürfnis der Regierung sollte jedoch anerkannt und respektiert werden. Smit wurde angewiesen, sich erneut an den Ausschuss zu wenden und einen Kompromiss zu finden."

Bei Shell in London lehnte Vale einen Kompromiss weiterhin strikt ab, aber die ihm übergeordneten Unternehmensinteressen setzten sich durch, und so kam es, dass auch Boot den Auftrag erhielt, einen Kompromiss zu vereinbaren.

Rückblickend erkannte Stewart, dass das Weser-Ems-Geschäft das designierte Delegiertenkomitee zur Auseinandersetzung mit einem wirklich großen Problem zwang. „Die Ölkonzerne mussten für die Pipelines in den Exportländern einen enormen finanziellen Aufwand betreiben. Die niederländische Regierung und ihre neu gegründete Gasunie sahen sich nun, anstatt einfach nur den Bedürfnissen ihrer eigenen Bevölkerung gerecht zu werden, mit der Realität konfrontiert: Sie waren im Begriff, die Ressourcen ihrer Bevölkerung jenseits ihrer Grenzen einzusetzen. Es ist eine Sache, das anzukündigen, und eine ganz andere, es tatsächlich durchzuführen. Es ist vergleichbar damit, sich auf eine Eheschließung zu einigen, aber vor der Unterzeichnung des Ehevertrags zu stehen."

Letztendlich führte die diplomatische und geschickte Präsentation von Smit und Boot dazu, dass der Überprüfungsausschuss einer Änderung seiner ursprünglichen Forderung nach direkter Aufsicht zustimmte. Die Delegierten würden sich mit periodischen Berichten von Schepers und Stewart zufriedengeben und wären somit über die täglichen Aktivitäten des Exportteams informiert, ohne es jedoch zu kontrollieren. Sie würden natürlich das Recht auf endgültige Genehmigung behalten.

Stewart war erleichtert. „Nach diesem Erlebnis kühlte mein zuvor herzliches Verhältnis zu Smit beträchtlich ab. Bis zu diesem Zeitpunkt hatten er und auch Cox mich als Untergebenen betrachtet. Aber meine Unabhängigkeit war nun gesichert, alle wussten das. Cox fragte mich einmal, warum ich ihn hintergangen hatte, und ich habe ihm nie wirklich geantwortet. Es war unmöglich, zurückzunehmen, was schwarz auf weiß in meinem ersten Telegramm stand."

Schepers und Stewart waren stets darauf bedacht, dem Ausschuss gegenüber gewissenhaft zu erläutern, was in all ihren Verhandlungen vor sich ging. Allerdings gaben sie nicht immer preis, wenn sich Probleme anbahnten oder abzeichneten. „Einmal im Monat trafen wir uns mit diesem Gasunie-Ausschuss in einer Burg auf der anderen Rheinseite in den südlichen Niederlanden", sagte Stewart. „Wir verbrachten den Tag damit, ihnen zu berichten, was wir taten. Obwohl ich Herrn Wansink, dem Vertreter von de Pous, einmal erklären musste, dass der genaue Zweck von IGTM einfach nur darin bestand, als Vehikel zu dienen, mit dem die Ölgesellschaften in das Pipelinegeschäft in den Exportländern einsteigen konnten, haben sie uns nie wirklich gesagt, was wir tun sollten. Sie wollten lediglich informiert werden, was völlig angemessen war. Wir verkauften das Gas, an dem ihr Land und ihre Regierung einen so großen Anteil besaßen." Stewart erklärte, jede Verzögerung bei der Berichterstattung habe es ihnen lediglich ermöglicht, ihre Eigeninitiative in den äußerst schleppend verlaufenden Exportverhandlungen aufrechtzuerhalten. „Auf das Unerwartete reagieren zu können, war alles, was Schepers und ich jemals angestrebt hatten. Ich weiß, dass wir uns das Vertrauen des Ausschusses verdient haben, denn alles, was wir erreichten, erwies sich im Laufe der Zeit als wirklich im Interesse des niederländischen Volkes. Der Ausschuss wiederum verdiente sich unseren Respekt. Er hielt an seiner frühzeitigen Vereinbarung mit uns fest, dass sich der niederländische Staat jenseits der niederländischen Grenze nicht beteiligen und Gasunie sich auf inländische Aktivitäten beschränken würde. Die Initiative für die Exportmärkte blieb weiterhin bei Shell und Esso, unter der Aufsicht der Delegierten." Klugerweise hatte sich Gasunie nicht nur die finanzielle Belastung für den Bau der Pipelines erspart, die für den Transport des Erdgases erforderlich waren, sondern auch die vielen politischen Komplikationen, die sich aus dem Versuch ergaben, diese Pipelines über Grenzen hinweg in andere Länder zu bauen.

Stewart und Schepers bereiteten sich auf die nächste Phase des Aufstiegs auf den Gipfel des Exportberges vor.

Das Büro der Studiengruppe NAM Gasexport/IGTM wurde in Frankfurt eingerichtet, um über die Verteilernetze von Ruhrgas und Thyssengas hinauszukommen und auch, um dem unmittelbaren Einfluss der deutschen Tochtergesellschaften von Shell und Esso in Hamburg zu entgehen.

Hans Löblich (Esso), der anfängliche Leiter des Frankfurter Büros, verhalf Shell und Esso zum Durchbruch in Deutschland, indem er gemeinsam mit den Düsseldorfer Gaswerken eine Studie über die Vorteile von Erdgas in die Wege leitete.

Oben links: Marine-Ingenieur Leutnant Löblich überlebte den Untergang des Schlachtschiffs Bismarck. Oben rechts: Löblich im Frankfurter Büro.

Donald McLean, Assistent der Geschäftsführung, *Frankfurt.*

McLean erwirkte mit seiner Weser-Ems-Absichtserklärung die erste Zusage für niederländisches Gas und eine Vereinbarung für Shell und Esso, sich am Gasgeschäft in Deutschland zu beteiligen.

Kapitel 18

Auf dem Export-Weg nach oben

D ie neue Strategie Löblichs, einen „neutralen Fokus" für die deutschen Unternehmen zu schaffen, war in kürzester Zeit umgesetzt. Er und sein Team luden diese Unternehmen und den VDGW, einen älteren Verband deutscher Gas- und Wasserwerke, zu den Meetings einer neuen Organisation mit dem Namen „Group for Studies of Natural Gas in the IGTM/NAM Gas Export" in die Büros in der Meisengasse in der Frankfurter Innenstadt ein.

Der Zweck der Organisation war es, den örtlichen Unternehmen ein einfacheres Verständnis der Vorteile von Erdgas zu vermitteln. Shell übertrug Maclean andere Aufgaben, und Gerd Sottorf übernahm die Projektleitung für die neue Organisation, mit Löblich als stellvertretendem Projektleiter. Sie freuten sich, dass Ruhrgas schon auf eine der ersten Einladungen der Organisation reagierte.

Dr. Liesen, ehemaliger Ruhrgas-Chef, konnte sich noch gut daran erinnern, dass er sich gewundert hatte, warum Ruhrgas in die Frankfurter Niederlassung kommen sollte, und man habe ihm damals mitgeteilt, dass „es viel zu umständlich" sei, den großen neuen Overhead-Projektor zu transportieren. Ruhrgas ins Frankfurter Büro einzuladen, war natürlich eine Strategie, die das Team auf jeden Fall umsetzen wollte.

Löblich war begeistert von der Aussicht, sie dort zu haben. „Sie folgten unserer Einladung und erschienen in der Meisengasse. Ich war sehr stolz, endlich unsere bahnbrechende Studie zur Prognose des Erdgasgeschäfts in Deutschland vorstellen zu können. Wir haben versucht, unsere Gäste mit unserem Büro, das gerade von Maclean recht üppig und luxuriös eingerichtet worden war, und mit unserem neuen Overhead-Projektor und nicht zuletzt mit unseren Zahlen und Diagrammen zu beeindrucken. Teil der Studie war ein Vorschlag zur Gründung eines neuen Unternehmens mit dem Namen RUNCO, welches das Erdgas verkaufen sollte. Der Vorschlag war, dass Ruhrgas selbst Kokereigas in das Gebiet nahe der zahlreichen Kokereien im Ruhrgebiet verkaufen würde. Damals war es für mich unvorstellbar, dass die Kokereigas-Ära jemals ein Ende finden würde. Kokereien waren damals für die riesige Stahlindustrie im Ruhrgebiet unerlässlich."

Löblich wusste noch gut, wie enttäuscht er darüber war, dass einige Leute von Ruhrgas sich zu langweilen schienen. „Insbesondere Dr. Wunsch, der großartige technische Direktor von Ruhrgas. Er saß in unserem besten Möbelstück, einem klassischen 1.500-DM-teuren Sessel, in dem er sich zurücklehnte. Es schien, als ob er lieber ein kleines Nickerchen machen wolle. Das war natürlich seine Taktik. Ich habe später gehört, dass zumindest Dr. Liesen, der damals als junger Assistent bei Ruhrgas tätig war, sehr beeindruckt war. Übrigens mussten wir diesen wunderbaren Sessel zurückgeben, nachdem Shell entschieden hatte, dass die Frankfurter Büros viel zu üppig eingerichtet seien."

In der Zwischenzeit organisierte das Frankfurter Team ein zweites Treffen mit den kleineren deutschen Vertrieben. Anstatt eine neue Gruppe zum Zwecke eines Verkaufsgesprächs zusammenzubringen, bot das Frankfurter Team einen rein technischen Vortrag in ihren klimatisierten Büros an. Da eine Klimaanlage keine übliche Einrichtung war, war man sich sicher, dass die Einladung nicht zuletzt als Erholung von der Hitze Frankfurts in diesem Sommer betrachtet werden würde.

In diesem Programm sollten lediglich die technischen Probleme beim Wechsel von Stadtgas auf Erdgas behandelt werden. Eingeladen wurden alle Mitglieder des bestehenden VDGW-Verbandes sowie ausgewählte Personen aus ähnlichen Unternehmen. Alle waren aufgefordert, interessierte Experten mitzubringen.

NAM Gas Export und IGTM holten Herrn Carroll Kroeger von Stone & Webster mit ins Boot, der von seinen langjährigen Erfahrungen in den USA berichtete. Aber das Raffinierteste an diesem Tag war der Redner, der als leitender Angestellter der Stadtwerke Bielefeld, einer deutschen Stadt, die bereits Erdgas aus dem Emsland bezog und den Prozess der Umstellung hinter sich hatte. Er beschrieb, wie Bielefeld bereits all die Veränderungen erlebt hatte, die die anderen Städte noch durchlaufen mussten.

Löblich erinnerte sich, das die Veranstaltung ein großer Erfolg war. „Der VDGW brachte mehr Experten mit, als wir erwartet hatten, und wir mussten zusätzliche Tische und Stühle besorgen. Kroeger hielt seinen klar strukturierten und beeindruckenden Vortrag auf Englisch, und ich übersetzte, was den Gästen etwas Zeit gab, sich Notizen zu machen. Diesen Tag sollten wir in Erinnerung behalten – den 4. Juli 1963. Es war der Unabhängigkeitstag in den USA. In Deutschland war es der Tag, an dem unsere Gaswirtschaft zum ersten Mal von den Veränderungen beim Erdgas hörte. Wir hatten einen Zeitzünder gesetzt, und nun warteten wir auf die Reaktion der Gasversorgungsunternehmen.

Löblich stellte den Kontakt zu deutschen Regierungsbeamten her, um sicherzustellen, dass sie über jede Entwicklung für diesen entstehenden Energiemarkt informiert sind. Laut Löblich begrüßte die Regierung die neue Energiequelle, wies aber im Gespräch mit ihm auf die unvermeidliche Frage der vielen Gebietsmonopole und die ganzen technischen Vorschriften der vorhandenen Energiewirtschaft hin.

„Während sich die Bundesregierung natürlich über den neuen Wettbewerb auf dem Energiemarkt freute, wussten die bereits am Gasnetz angeschlossenen Gemeinden um ihren Einfluss und handelten anfangs recht ablehnend", so Löblich. „Wir wollten so nah wie möglich an den Endabnehmer herankommen und die volle Kontrolle über das gesamte Geschäft haben, also haben wir mit Saarferngas (Netzgas aus dem Saarland) und Salzgittergas (Gas aus Salzgitter) begonnen, was schließlich zum Dialog mit allen wichtigen Unternehmen und Gruppen führte. Wenn sich auch geschäftlich alles zufriedenstellend entwickelte, war Löblich aufgrund der Entfernung zwischen Frankfurt und Hamburg viel von seiner Familie getrennt. Er erzählte von den verschiedenen Aktivitäten, die er in seiner Freizeit damals unternahm. „Ich wohnte immer noch in einer Pension und machte tagsüber Spaziergänge mit einem Exemplar von Shakespeares *Julius Caesar* in der Hand. Ich ging die Rede von Antonius durch, wobei ich abwechselnd auf Deutsch und Englisch sprach. Ich lernte auch die Sprichwörter und Sätze auswendig, die Gisela in ihrer Zeit an der Bachschule aufschreiben musste. Ich spielte außerdem Orgel in der Kirche, obwohl ich mich selbst als sehr amateurhaft betrachtete. Ich frage mich heute noch, warum man mich überhaupt dort spielen ließ. Später ging ich mein Spiel ernsthaft an und ergriff die Möglichkeit, bei Klaus Mayers, dem Organist der Johanniskirche in Hamburg, Unterricht nehmen. Auch heute noch spiele ich eine Stunde pro Tag, um meine Gehirnzellen fit zu halten. Damals in Frankfurt am Main, als meine Familie in Hamburg war, habe ich die einsamen Stunden damit verbracht, mit anderen bei Dr. Kniepp zu musizieren. Ich spielte Klavier, und der Arzt sang. Zur weiteren Ablenkung habe ich mich noch intensive mit Hypnose beschäftigt."

Aufgrund der Entfernung und des hohen Arbeitsdrucks konnte Löblich an seinem Hochzeitstag im Juli nicht bei seiner Frau Gisela sein und hoffte, dass das Telegramm, das er schickte, ihre Enttäuschung mildern würde. Als ihre Töchter noch nicht zur Schule gingen, war das Familienleben für die Löblichs einfacher. Positiv war, dass er und Gisela an zwei dieser Sommer mit der Familie zumindest an den Strand von Vejers in Dänemark fahren konnten, während sie weiterhin nach einer geeigneten Familienwohnung suchten.

An den Wochenenden fuhr Löblich den ganzen Weg zurück nach Hamburg, eine fünfstündige Fahrt, um Zeit mit seiner Familie zu verbringen und dem Vorstand von Esso A. G. über die Fortschritte in Frankfurt zu berichten. Er hatte direkt von Anfang versucht, eine Wohnung in Frankfurt zu finden, weil es so belastend war, von seiner Familie getrennt zu sein. Aber damals war es sehr schwierig, eine geeignete Unterkunft zu finden. Und doch sollte die räumliche Trennung von seiner Familie endlich ein Ende haben.

„Im Herbst 1963 fand ich in Königstein, in der Friedrich-Bender-Straße, einen erstklassigen Bungalow zur Miete", sagte Löblich. „Die Umzugshilfe von Esso war überaus großzügig. Ich habe sie als mehr als üppig in Erinnerung. Das Haus lag knapp oberhalb der Stadt am Hang in einem Neubaugebiet. Von der Straße aus betrat man einen großen Saal im Erdgeschoss, wo wir den Flügel aufstellten. Alle Räume hatten Zugang zur Terrasse, welche die gesamte Vorderseite des Hauses dominierte. Der Innenarchitekt Böttcher, der schon einmal eine Wohnung für uns eingerichtet hatte, nahm wieder mal zu unserer vollsten Zufriedenheit alles in die Hand.

„Dank der Hartnäckigkeit ihres Nachhilfelehrers holten Moni und Gabi sehr bald auf. Obwohl die Mädchen die einzigen evangelischen Kinder in der Schule waren, wurden sie bei den Ursulinen, einer bekannten katholischen Klosterschule, aufgenommen, und beide Seiten verstanden sich sehr gut. Die Mädchen nahmen ihren

Konfirmationsunterricht im geschäftigen evangelischen Pfarrhaus bei Pfarrer von Heil auf, der immer befürchtete, dass die Nonnen die Kinder „bekehren" würden. Nach sehr intensivem Unterricht und viel Fleiß und Schweiß wurden beide Mädchen am selben Tag konfirmiert. Es gab eine sehr große Feier mit der ganzen Familie."

Ein französisches Plateau

In Paris hatte der Generaldirektor von Gaz de France, Khun de Chizelle, mehr über die Option gemeinsamer Studien nachgedacht. Er kontaktierte Monod, um ihm mitzuteilen, dass er bereit sei, sich mit dem gemeinsamen NAM Gas Export/IGTM-Wirtschaftsteam zusammenzusetzen, um die Gasumwandlung und die Premium-Märkte zu untersuchen. Auf der Tagesordnung stünde auch die Möglichkeit der Gründung einer gemeinsamen Gesellschaft für den Transport und den Verkauf von Erdgas an die öffentliche Verteilung vor den Toren der Stadt und an große Industriekunden.

Yves Monod berichtete von einem amüsanten Erlebnis, das sich bei einem der vielen Treffen nach dieser ersten Sondierung ereignete. „Stewart und Schepers waren beide da. Ich hatte Rückenprobleme nach einem Urlaub in Spanien, wo die Straßen sehr schlecht waren, und mein Rücken tat mir sehr weh. Gerade als Gaz de France ihren Vorschlag für etwas Neues machte, durchfuhr mich ein sehr starker Schmerz und ich schrie: ‚Merde!'. Das hat diese Leute absolut wütend gemacht, weil sie dachten, mein Ausbruch sei ein Kommentar zu ihrem Vorschlag. Sie dachten eigentlich, dass ich kultiviert sei und wisse, was gutes Benehmen ist, bis ich diese Bemerkung machte. Eine sehr lustige Geschichte! Ich erklärte jedoch schnell, dass es um meinen Rücken ging und meine Bemerkung nichts mit ihrem Vorschlag zu tun hatte."

Die französischen Verhandlungen gingen weiter und steigerten die Hoffnung auf ein Non-Paper, was zu einem Erdgasvertrag über bis zu fünf Milliarden Kubikmeter Erdgas pro Jahr und einer gemeinsamen Transport- und Vermarktungsgesellschaft mit einer Beteiligung von fünfzig Prozent von Shell und Esso führen konnte.

In der Hitze von Paris dümpelten die französischen Verhandlungen vor sich hin. Die Klärung der Einzelheiten einer solchen Vereinbarung würde den Rest des Sommers und den frühen Herbst in Anspruch nehmen. In dieser Zeit erhielten Stewart und Schepers einen Anruf von René de Brouwer, dem Generaldirektor von Distrigas.

„De Brouwer wollte wissen, ob Schepers und ich nach Brüssel kommen würden, um ihn und Le Chevalier Albar Thys, ein Mitglied der Distrigas-Verwaltung, zu treffen", sagte Stewart.

Belgiens Einverständnis

Am Tag des Treffens nahmen Stewart und Schepers den Zug nach Brüssel, um in einer ruhigen Umgebung über den Zweck eines von Distrigas anberaumten Treffens zu sprechen. Stewarts Bedenken hatten damit zu tun, wie die Reaktion der Anwälte von Jersey ausfallen würde. Er fragte sich, ob der Vorschlag von Distrigas im Falle der Umsetzung für Esso zu kartellrechtlichen Problemen führen würde; ein Szenario, das durch Gründung von NAM Gas Export und IGTM hatte vermieden werden sollen.

Schepers' Bedenken hatten damit zu tun, wie man den Vorschlag, dessen Inhalt ihnen noch nicht bekannt war, durch den politischen Irrgarten und die Wirrungen der Regierungsausschüsse bekommen sollte. Es würde nicht nur darum gehen, die belgische Regierung dazu zu bringen, der Beteiligung zweier internationaler Ölgesellschaften an ihren internen Angelegenheiten zuzustimmen. Es bedeutete auch, dass zwei Länder und ihre jeweiligen politischen Ausschüsse zeitnah zu einer für beide Seiten vorteilhaften Vereinbarung über ein brandneues Geschäft kommen mussten, das praktisch und buchstäblich noch gar nicht existierte.

Trotz ihrer Fragen wussten die schrecklichen Zwillinge, dass dieses Treffen auch das Potenzial hatte, ein Exportdurchbruch großen Ausmaßes zu werden. Es wäre natürlich nur dann ein Durchbruch, wenn die Lösung all dieser Komplikationen zu tatsächlichen Unterschriften auf abgeschlossenen Verträgen führen würde. Stewart war sich wie immer sicher, dass alle Schwierigkeiten überwunden werden würden.

Bei ihrer Ankunft in Brüssel trafen Schepers und Stewart mit Jacques de Housse, dem Leiter ihres Studienteams, zusammen und hofften, Jacques hätte einen Hinweis darüber aufgeschnappt, was Distrigas dazu bewogen hatte, dieses unerwartete Treffen vorzuschlagen. De Housse hatte weder eine Ahnung noch irgendeine Vermutung.

Stewart erinnerte sich daran, dass die Distrigas-Büros sehr imposant und an einem breiten Boulevard in der Brüsseler Innenstadt gelegen waren. „Wir wurden in einen riesigen, mit Mahagonipaneelen ausgekleideten Warteraum geführt, gingen weiter durch ein Sekretariat und wurden in einen weiteren großen Raum geführt, wo wir auf die Herren de Brouwer und Le Chevalier Thys trafen."

Bei dem wie immer starken belgischen Kaffee und den Zigarren begannen die ernsthaften Gespräche. Obwohl Stewart und Schepers beim letzten belgischen Treffen in Antwerpen mehr oder weniger hinausgeworfen worden waren, begann Schepers ganz typisch und nahm kein Blatt vor den Mund. Er wiederholte genau das, wofür sie beim letzten Meeting in Brüssel vor die Tür gesetzt worden waren. „Meine Herren, es bleibt die Absicht der IGTM, die Pipelines von der niederländischen Grenze bis vor die Tore der Städte in Belgien zu bauen. NAM Gas Export wird das Gas von der niederländischen Grenze an die belgischen Städte verkaufen, wobei jede Stadt das Gas dann an die Haushalte des Premiummarktes verteilt. IGTM wird das niederländische Gas über separate Verbindungen direkt zur belgischen Industrie transportieren."

Schepers holte tief Luft und wartete auf die Reaktion. Stewart versuchte angestrengt jeden Gedanken daran zu vermeiden, dass sie durch diese Wiederholung ihrer früheren Position auch hier erneut vor die Tür gesetzt werden würden. Stirnrunzeln oder skeptische Gesichter waren jedoch nicht zu erkennen.

Stattdessen erblickten sie in das breite Grinsen von Le Chevalier Thys, der einen unerwarteten Gegenvorschlag machte. „Distrigas hat nun erkannt, dass sich für Belgien viele Möglichkeiten in diesem neuen Gasgeschäft ergeben. Warum werden wir nicht einfach alle Partner im gesamten Unternehmen?"

Sie schlugen vor, dass Esso und Shell eine fünfzigprozentige Beteiligung an Distrigas übernehmen und Distrigas selbst das Gas an der niederländischen Grenze kaufen könnte. Thys hatte auch Ideen zu diesen Pipelines. „Wir werden die neuen Pipelines gemeinsam bauen. Wir werden das Erdgasnetz in ganz Belgien gemeinsam betreiben, und gemeinsam transportieren wir dieses Gas nach Frankreich."

Die schrecklichen Zwillinge sahen sich an und verrieten nicht eine Sekunde lang ihr gegenseitiges Einverständnis darüber, dass dies nicht nur eine gute Lösung, sondern auch ein Angebot war, das sie nicht ablehnen konnten.

Ohne auch nur in irgendeiner Form auf die Originalität des Distrigas-Vorschlags einzugehen, reagierte Schepers mit einer schlagfertigen aber höflichen Antwort. „Das ist sicherlich nicht das, was unsere beiden Unternehmen ausgelotet haben, aber Sie können sicher sein, dass wir Ihren Vorschlag ernsthaft in Erwägung ziehen und uns bei Ihnen melden werden."

Stewart wusste noch, dass sie bei der formellen Verabschiedung vor aufgestautem Enthusiasmus außer sich waren. „Wir konnten es kaum erwarten, den Raum zu verlassen. Draußen entdeckten wir eine nett aussehende Bar auf der anderen Seite des Boulevards und schauten rein, um Jacques de Housse anzurufen und ihn zu informieren. Seltsamerweise war es jedoch mitten am Nachmittag und die Bar wirkte verlassen. Statt des üblichen langen Tresens, die einen Ort wie diesen immer dominierte, gab es nur lauschige Kabinen entlang der linken Wand, mit nur einer kleinen Bar im hinteren Teil. Es gab damals kein Mobiltelefon, über das wir unsere Begeisterung sofort mit Jacques hätten teilen können, also begab sich Krik zu einer Telefonzelle in der Halle hinter der Bar. Ich wählte den Bereich mit den bequemen Ledersesseln und bestellte zwei Gläser Weißwein."

Schepers kam zurück an den Tisch und konnte nicht aufhören zu lachen. „Doug, weißt du, wo wir sind?"

„In einer Bar, in der wir auf Jacques warten?"

„Jacques meint, dieser Ort sei berüchtigt. Dies ist ein Rendezvous-Imperium, in dem verheiratete Männer ihre Mätressen für den Nachmittag treffen. Der Grund dafür, dass niemand hier drin ist, ist der, dass sie alle dort drüben sind. Sehen Sie die Tür neben der Telefonzelle? Sie führt zu einem kleinen Hotel nebenan."

Stewart unterbrach die heitere Stimmung mit einem ungewöhnlich negativen Einwand: „Was ist, wenn das ein Omen ist, Krik? Angenommen, Distrigas behandelt uns wie eine Geliebte, und wir kommen nie zum Altar?"

Sein Einwand drückte auf die Stimmung, und sie begannen sich zu fragen, ob es eine versteckte Agenda von Distrigas gab. Es stellte sich auch die unvermeidliche Frage, ob die Kartellgesetzgebung ein Faktor wäre, wenn IGTM wirklich Anteile an Distrigas übernehmen würde. Aber aufgrund seines unerschütterlichen Optimismus, den er stets an den Tag legte, war Stewart sicher, dass ein Weg gefunden werden würde, um das alles zu lösen. Aber seine Begeisterung über die Zukunft mit Distrigas wurde durch Fragen, die er nicht beantworten konnte, gedämpft. Im Herbst tauchten andere Fragen und Ereignisse auf, die sie nicht kontrollieren konnten, und die sich den schrecklichen Zwillingen in den Weg stellten.

Verzögerung in Frankreich

Stewart und Schepers, immer noch getragen von den Fortschritten in Belgien, erhielten gute Nachrichten aus Paris. Die Vereinbarung mit Gaz de France ging endlich in eine positive Richtung.

Die vorausgreifende Stimmung wurde jedoch im November durch einen Anruf des Shell-Anwalts Joop Hoogland, der mit seiner Frau Louki in den Kreis der Stewarts aufgenommen worden war, getrübt. „Ihr Staatsoberhaupt wurde erschossen."

Die Nachricht von der Ermordung Kennedys kam zunächst nur häppchenweise, denn es gab keine CNN- oder Sofortnachrichtenquelle aus den Staaten. Das niederländische Volk teilte die Trauer der Vereinigten Staaten, indem es eine Delegation zur Beerdigung schickte und in seinen Kirchen feierlich und würdig gedachte. Es war eine seltsame Erfahrung für die Stewarts, und in der Tat für alle Amerikaner in Übersee zu dieser Zeit, dass etwas so Unwiederbringliches in ihrem eigenen Land geschah. Allerdings hatten sie keine Verbindung zur Unmittelbarkeit des Ereignisses, weil sie eine halbe Weltreise entfernt waren.

Trotz des ungeheuren Ausmaßes der Ermordung Kennedys setzten die Amerikaner ihr tägliches Leben und die Arbeit in den Niederlanden schnell wieder fort. Nur wenige Tage später, am 27. November, kamen die Verhandlungen mit Gaz de France zu einem formellen Non-Paper. In der Ankündigung wurde erklärt, dass Vereinbarungen über die Gründung eines gemeinsamen Unternehmens von Gaz de France, Esso und Shell für den Verkauf und den Transport von niederländischem Gas in französische Städte und an die großen Industrieunternehmen getroffen wurden.

Laut Stewart „war das Non-Paper das Ergebnis von vielen, vielen Monaten harter Verhandlungen. Was wir erreichen konnten, war eine Absichtserklärung, nach der Shell und Esso sich zu gleichen Teilen an einer Pipeline von der belgischen Grenze bis nach Paris beteiligen würden, mit gemeinsamer Vermarktung an die Industrie in Nordfrankreich."

An diesem Abend in Paris schenkten Stewart und Schepers ihren Frauen neue Charm-Armbänder mit einer goldenen Napoleon-Münze als ersten Anhänger. Stewart und Schepers kehrten triumphierend nach Den Haag zurück, um dem Rest des Teams die gute Nachricht zu überbringen. Nur Wochen später, am 13. Dezember 1963, rief Monod das Büro in Smidswater an, um ihnen von einem Artikel zu berichten, der an diesem Tag in der *Le Monde* erschienen war.

Die in dem Artikel aufgeworfenen Fragen betrafen die Verhandlungen über den Import von niederländischem Gas aus dem Groningen-Feld. 1946 hatte Gaz de France ein Monopol erhalten. Es gab eine Ausnahme von diesem Monopol, das sogenannte Armengaud-Gesetz, auf das sich Schepers in einem früheren Treffen bezogen hatte. Diese Ausnahme galt für Unternehmen, bei denen die Mehrheit des Kapitals aus öffentlichen Quellen stammte. Der Artikel warf IGTM vor, sich auf dieses Gesetz zu berufen, um für Shell und Esso eine Minderheitsposition im Transport- und Verkaufsgeschäft einzunehmen. In dem Artikel wurde auch die Frage gestellt, wie der Preis für das Erdgas zu bestimmen sei. Laut *Le Monde* wurde es als unbestreitbar angesehen, dass die Ausbeutung dieser neuen Ressourcen aus Groningen zu einer Erhöhung der Energiepreise führen würde. Shell und Esso waren schließlich Produzenten und Raffinerien von Benzin und Öl, und da Erdgas zeitweise mit dem Öl konkurrierte, bedeutete dies, dass die Ölgesellschaften die Macht hatten, die Preise für zwei verschiedene Energiequellen zu kontrollieren. Der Artikel betonte mit Nachdruck, dass Frankreich zufriedenstellende Alternativen zum Groningen-Gas habe, nicht nur aus Algerien, sondern auch aus Libyen. Die öffentlichen und politischen Auswirkungen, die dieser Artikel nach sich zog, führten zu drastischen Veränderungen beim Vertrag mit Gaz de France.

Innerhalb nur weniger Tage rief Chizelle mit Panik in der Stimme an. Er war auf dem Weg nach Den Haag. Was er nach Smidswater mitbrachte, kam so plötzlich und unerwartet wie ein gerissener Schnürsenkel.

„Präsident de Gaulle wird und will das Non-Paper nicht unterstützen", kündigte Chizelle an.

Wie eine Kaskade von Dominosteinen stürzten die monatelangen Bemühungen und Planungen, die Verhandlungen und Neuverhandlungen einfach in sich zusammen. Das gesamte Geschäft wurde verworfen. Bei Gaz de France rollten Köpfe. Hans Löblich meinte: „Wären Doug und Schepers weniger einflussreiche Männer gewesen, hätten sie vielleicht klein beigegeben."

Sie taten es nicht, und Frau Stewart und Frau Schepers gaben ihre goldenen Napoleon-Amulette nicht zurück. Ihre Ehemänner bemühten sich beharrlich um die Wiederherstellung dessen, was Frankreich scheinbar so beiläufig weggeworfen hatte. Wenn Gaz de France keine Beteiligung von Shell und Esso am dortigen Erdgasgeschäft zulassen würde, hielten Stewart und Schepers es für unklug, nur mit einem Gasvertrag fortzufahren, der ihre Verhandlungsposition in Belgien und Deutschland gefährden könnte. Er schlug Monod vor, dass ihre Position profitieren könnte, wenn sie Russlands Taktik gegenüber Napoleon übernehmen würden. „Wir lassen uns einfach weiter zurückfallen, und zwar so lange, bis Gaz de France nachgibt, aus Angst, dass wir das gesamte Gas an andere Länder verkaufen werden, und es wird kein Gas mehr für sie übrig bleiben." In den Niederlanden hat Gasunie nach der Erteilung der Konzession und anderer staatlicher Genehmigungen den Betrieb aufgenommen. Sie vergeudeten keine Zeit, um den inländischen Vertrieb und die Konvertierungsprogramme voranzutreiben. Aufgrund ihrer fortschrittlichen Planung und der Gespräche mit den örtlichen Gasversorgern, Regierungsbehörden und potenziellen Kunden konnte Gasunie Anfang 1964 mit der Verlegung von Fernleitungen beginnen. Ende des Jahres reichte eine Fernleitung von Groningen bis Geleen Limburg im südlichsten Teil des Landes. Gasunie musste sich an hunderttausend Landbesitzer und Pächter wenden, um Rechte für die Verlegung ihrer Leitungen zu erhalten. Sie begannen auch mit der Umstellung von fast fünf Millionen Geräten von Stadtgas auf Erdgas. Obwohl sie gute Fortschritte machten und damit begannen, die gesamten Niederlande für eine Aufgabe umzurüsten, würde dies noch fast fünf Jahre dauern.

Währenddessen trafen die Exportbemühungen bei jedem Schritt auf Hindernisse. Yves Monod erklärte, dass die Verhandlungen fast ein ganzes Jahr lang fortgesetzt wurden, bevor sie zu einer Lösung namens „Association en Participation" kamen. Bei dieser Vereinbarung würden sich Shell und Esso nicht an den Transporten beteiligen, aber es wurde vereinbart, dass sie Anteile an den Gewinnen erhielten.

Am 15. Oktober 1964 traf Monod mit Monsieur Alby und anderen Führungskräften von Gaz de France zusammen. „Es wurden die Ergebnisse der Studien von Gaz De France über die günstigste Art und Weise der Verteilung von Erdgas in Nordfrankreich vorgestellt. Dieses Treffen bestätigte, dass Gaz de France dringend neue Erdgaslieferungen benötigtewog. Sie waren bereit, diese neue „Verbands"-Idee gegen die Regierung zu unterstützen, aber nur in einem Verband, in dem der Anteil von NAM Gas Export/IGTM begrenzt war. Gaz de France forderte weiterhin nachdrücklich eine Preisobergrenze für das Gas."

Eine Woche später, am 22., wurden bei einem Treffen zwischen Stewart, Schepers, Monod, Bernard, Alby und Bijard die Ergebnisse des Treffens vom 15. auf Englisch dargelegt.

Im November schienen die Dinge auf einer soliden Basis zu stehen. Herr Alby, jetzt stellvertretender Generaldirektor von Gaz de France, bestätigte Schepers die „Association en participation". Und kaum zu glauben, aber wahr, tauchte unerwartet ein völlig neues Hindernis wie aus dem Nichts auf, und auch dieses äußerst hart erkämpfte Abkommen wurde abrupt aufgelöst.

Innerhalb weniger Monate gelang es Stewart und Schepers, eine weitere Studienrunde zwischen Gaz de France und der NAM/IGTM einzuleiten. Diesmal sollte die Gruppe eine Wirtschafts- und Marktstudie durchführen. Sie würden auch die technischen, rechtlichen, steuerlichen und finanziellen Fragen untersuchen. Esso France und Shell France stellten vorübergehend zusätzliche Arbeitskräfte und Experten zur Verfügung, darunter auch Monsieur Antoine, der juristische Leiter von Esso. Shell stellte ihren Wirtschaftsberater, Monsieur Bouriez, und ihren Rechtsberater, Monsieur de Vauplane, zur Verfügung. Danach traf sich die Gruppe je nach Bedarf, um folgende Angelegenheiten zu klären: einen Entwurf des Gasverkaufsvertrags an der Grenze, einen Entwurf der Satzung der „Association en Participation", ein Pipeline-Projekt zur Verteilung von Erdgas im Norden, Nordosten und in den Pariser Gebieten sowie eine Aufstellung der Gesamtkosten.

Diese Studien bildeten die Grundlage für die Realisierung der lang erwarteten Pipeline.

„Trotz der Fleißarbeit der Esso/Shell-Teams war es Frankreich, das die Taktik Russlands gegen sie anwendete", erinnerte sich Monod. „Niemand ist sich heute sicher, durch welche Art von Einfluss dies zustande kam, aber letztendlich wurde die Entschlossenheit geäußert, die

Bemühungen des Esso/Shell-Teams um die Beibehaltung der Konsistenz der Verhandlungsbedingungen, an die sich das Team in den anderen Ländern gehalten hatte, beiseitezulegen. Frankreich wurde mit seinem lang ersehnten Ideal belohnt. Der Verkaufspreis für Erdgas an Frankreich wurde an der niederländisch-belgischen Grenze festgelegt. Erst am 24. Februar 1966, lange nachdem die Vereinbarungen in Belgien und Deutschland von NAM Gas Export und IGTM abgeschlossen worden waren, wurde in Groningen endlich ein Vertrag mit Gaz de France unterzeichnet.

„Die inzwischen fertiggestellten Pipelines, die von den Niederlanden nach Frankreich verlaufen, sind heute ein Symbol des Friedens, das sich durch genau die Regionen zieht, die jahrhundertelang unter den Konflikten vieler Kriege gelitten haben, wie der Schlacht von Waterloo während der Herrschaft Napoleons, der Schlacht an der Somme im Ersten Weltkrieg und schließlich im Mai 1940 an der belgisch-französischen Grenze der Schlacht von Gembloux, an der ich im achten Bataillon der französischen Armee teilnahm. So läuft die Geschichte."

Im Juni 2005 wurde Gaz de France zu einem teilweise privaten Unternehmen, das heute zu 20 Prozent an der Pariser Börse notiert ist, was in den 1960er-Jahren niemand für möglich gehalten hätte.

Distrigas

Um Distrigas vor diesen Vertrags-„Altar" zu bringen, waren Verhandlungen erforderlich, die von 1963 bis 1965 dauerten, bis es zu einem endgültigen Abschluss kam.

Stewart erinnerte sich an einige der Schritte, die sie auf dem Weg zum „Ehevertrag" unternommen hatten. „Zuerst mussten wir von den Muttergesellschaften die Erlaubnis einholen, dass es für IGTM akzeptabel wäre, eine fünfzigprozentige Beteiligung an Distrigas zu übernehmen, und dass NAM Gas Export einen Vertrag über den Verkauf von niederländischem Gas an der belgischen Grenze abschließen würde. Wir mussten auch den Überwachungsausschuss der designierten Delegierten über diese Möglichkeiten informieren, damit sie uns grünes Licht für das weitere Vorgehen geben konnten."

NAM Gas Export erhielt vom Ausschuss grünes Licht für die Aushandlung eines Kaufvertrags mit Distrigas. Die Delegierten wurden darüber informiert, dass IGTM den Kauf der Hälfte der

Aktien von Distrigas für Shell und Esso zu arrangieren oder zu erwerben gedachte. Am 5. Mai 1964 wurde mit Distrigas in Brüssel ein 50-Prozent-Beteiligungsvertrag mit IGTM unterzeichnet, und eine Absichtserklärung über die Lieferung von 150 Milliarden Kubikmetern über einen Zeitraum von zwanzig Jahren mit bis zu drei Milliarden pro Jahr wurde ebenfalls separat von Distrigas und NAM Gas Export unterzeichnet.

Am 12. Mai gab NAM Gas Export eine Pressekonferenz für die niederländische Presse über das Distrigas-Abkommen.

Noch am selben Abend, als die niederländischen Zeitungen ihre Leser über die gute Nachricht informierten, posaunten die belgischen Zeitungen die Nachricht hinaus, dass ihre Regierung das Geschäft ablehnte. Die belgische Regierung verlangte plötzlich einen Anteil von einem Drittel an Distrigas. Offenbar hatten die belgischen Politiker über die Grenze geschaut und gesehen, dass die niederländische Regierung einen Anteil am Gasgeschäft in diesem Land hatte, und sie wollten ein Stück vom Kuchen abhaben. Jetzt hatten Stewart und Schepers und ihre zukünftigen Partner, die Führungskräfte von Distrigas, eine weitere Verhandlung auf dem Tisch. Während der Jahre des Exportprojekts lebten die Schepers in Warmond in der Nähe von Den Haag, am Ufer der Kager-Seen. Schepers hatte ein kleines Segelboot namens de Rigeur, das groß genug für sechs Personen war. Das Segeln mit Familie und Freunden war für ihn und seine Frau eine wahre Freude.

Laut seiner Frau Louise brachte Schepers nie berufliche Sorgen mit nach Hause, aber immer, wenn er allein mit dem Boot auf dem See fuhr, wusste sie, dass er etwas zu verarbeiten versuchte. Schepers mochte mit seinem Segelboot den ein oder anderen Törn wegen dieser unerwarteten Forderung der belgischen Regierung genommen haben, aber es lag weder in seiner noch in Stewarts Natur, etwas anderes zu tun, als wieder an den Verhandlungstisch zu kommen und energisch zu versuchen, eine Lösung für diesen Rückschlag zu finden.

Während Stewart und seine Familie 1964 im Urlaub waren, geschah etwas, was Schepers zu einem Segeltörn veranlasste, um darüber nachzudenken, ob ihre Vorgesetzten in Den Haag wie viele andere versuchten, die Kontrolle über die Exportbemühungen zu übernehmen, oder ob sie einfach aus reiner Unfähigkeit handelten. Eines Nachmittags erhielt Schepers einen Anruf von Herrn Thys von Distrigas, der ihm mitteilte, dass Cox mit Kruizinga im Distrigas-Büro in Brüssel aufgetaucht sei und versucht habe, die belgischen Verhandlungen zu beschleunigen.

Laut Schepers „hatten diese beiden keinerlei Einblick in die Art und Weise, wie die Dinge in den belgischen Verhandlungen, insbesondere mit den etablierten Unternehmen, funktionierten. Ich schätze, die beiden haben sich irgendwie vorgestellt, sie könnten einfach auf den Plan treten und alles zum Abschluss bringen. Thys sagte, sie mussten zugeben, dass sie nur Berater für mich und Doug waren, als er sie drängte, zu sagen, ob sie berechtigt seien, den Vertrag abzuschließen."

Paul Mortimer beschrieb, was bei Esso zu geschehen begann: „Damals waren die Leute im Unternehmen sehr glücklich und mit dem Verlauf der Dinge sehr zufrieden. Aber die Esso- und Shell-Leute am Rande hatten es ständig auf Stewart abgesehen: Büropolitik ist eben merkwürdig. Leute werden sehr eifersüchtig, wenn jemand viel Einfluss auf eine neue und aufregende Situation hat, in die sie nicht involviert sind. Alle Welt versucht, sich einzuschmeicheln, um an dem Ruhm teilzuhaben, sodass die Situation extrem politisch wird. Zum Beispiel waren Stewart und Schepers diese beiden cleveren Jungs, die erkannt hatten, dass sie Esso und Shell erst dann einen Vorschlag machen konnten, wenn das eigene Unternehmen ihn genehmigt hatte. Deshalb schickten sie den Vorschlag mit der Begründung ab, dass es sich um das Angebot des jeweils anderen Unternehmens handelte. Diese beiden haben ihren Job gut gemacht. Aber leider werden diese cleveren Vorgehensweisen bekannt, und egal, ob sie effektiv waren oder nicht, die Leute in den Büros vor Ort werden misstrauisch, ob das vielleicht die ganze Zeit schon so geht."

Schepers kannte die Ursprünge des versuchten Einmischens in seine und Stewarts Aktivitäten nicht, aber er hatte keine Zweifel an dem Ergebnis: „Ich weiß nicht, ob Boot und Smit hinter diesem kleinen Ausflug in die Welt der Exportverhandlungen standen, aber es ist unnötig, zu sagen, dass das Scheitern des Besuchs von Cox und Kruizinga in Distrigas die ohnehin schon kühlen Beziehungen, die Doug und ich mit Boot und Smit hatten, nicht verbessert hat. Zumindest hat keiner von ihnen jemals wieder versucht, sich in die NAM-Gasexport- oder IGTM-Verhandlungen irgendwo anders einzumischen."

Die Distrigas-Situation wurde erst am 15. Oktober gelöst. An diesem Tag informierte Distrigas NAM Gas Export und IGTM, dass ein Kompromiss mit der belgischen Regierung erzielt werden konnte. Die Regierung würde einen Anteil von einem Drittel an Distrigas übernehmen, und dafür würde Distrigas ein Monopol für den Transport und die Verteilung von Erdgas erhalten. Im Hinblick auf die bevorstehenden Wahlen in Belgien war es notwendig, dass sie eine Zusage von NAM Gas Export und IGTM zu dieser Vereinbarung erhielten und dass ein Vertrag unterzeichnet wurde. Schepers überprüfte die Situation mit den benannten Delegierten und erhielt die Genehmigung für das weitere Vorgehen.

Kapitel 19

Neue Maßstäbe bei Deutschlands Energieriesen

Ebenso wie die Ruhrgas in Deutschland waren die Direktoren der kleinen Ferngasunternehmen davon überzeugt, dass sie aufgrund ihrer gefestigten Machtposition die Regeln für „ihr" niederländisches Gas diktieren würden. Im Frankfurter Büro hatten Löblich und Maclean andere Vorstellungen. Der erste Schritt zur Vorbereitung der Gasversorgungsunternehmen auf die Tatsache, wie diese Regeln wirklich aussehen sollten, erfolgte am 4. Juli 1963 mit der ersten Einladung an die Direktoren des Gasnetzes zu einem Treffen mit der Shell/Esso-Gruppe zum Thema „Studien über Erdgas" im Frankfurter Büro. Um auch die Aufklärungsarbeit bei der Ruhrgas zu erleichtern, organisierte Löblich eine weitere sorgfältig vorbereitete Veranstaltung über die Zukunft des Erdgasgeschäfts. „Wir luden erneut die Vorstände der größten Ferngasgesellschaften in unser Büro in Frankfurt ein. Sie verhielten sich irgendwie überheblich, weil sie schon so lange im Geschäft waren. Aufgrund unserer Machtposition als Lieferanten waren wir nicht weniger arrogant. Aber wir waren ihnen ein paar Schritte voraus, weil wir etwas wussten, was sie nicht wussten. Wir wussten, wie wir dieses neue Geschäft zum Erfolg führen konnten.

„Bei der Vorbereitung auf dieses Treffens zerbrachen wir uns den Kopf über Fragen wie zum Beispiel: Welche Rolle würde die Ruhrgasgesellschaft mit ihren riesigen Mengen an Kokereigas spielen? Dieses Gas war im Wesentlichen bislang die Reserve für die gesamte deutsche Gaswirtschaft gewesen. Das war für alle eine große

Herausforderung. Das Pokern um die Zukunft des Erdgasgeschäfts in Deutschland hatte begonnen."

Die beiden Giganten, die Ruhrgas und die Thyssengas, hatten die Schlüsselrolle beim Transport von niederländischem Gas nach ganz Deutschland inne.

Löblich erinnerte sich, dass beide Unternehmen sehr hartnäckig waren und die Verhandlungen verlängert wurden. „Es muss für die Eigentümer der Ferngasunternehmen, diese Kohlebarone, sehr schwierig gewesen sein, Teile ihrer lukrativen Eigentumsrechte an ihre Erzfeinde, die Ölfirmen, abzugeben."

Die Giganten waren als geschlossene Einheit beeindruckend, aber Löblich und das Team waren der Ansicht, dass es zu einer Beschleunigung der Angelegenheit führen würde, einen Keil zwischen die beiden zu treiben. Sie nannten drei Städte im Ruhrgebiet, die bis zu fünfzig Prozent ihres Gases von einem der Unternehmen oder beiden bezogen: Düsseldorf, Köln und Duisburg.

Die Stadtgaswerke Düsseldorf wurden je zur Hälfte von der Thyssengas und der Ruhrgas beliefert. Der Leiter der Düsseldorfer Gaswerke, Dr. Schenk, war zufällig ein alter Bekannter von Löblich, und so unternahm Löblich einen mutigen Schritt: Er und der Düsseldorfer Manager waren eigentlich bereit, hinter dem Rücken der Thyssengas eine gemeinsame Studie über die Umstellung Düsseldorfs auf Erdgas in Angriff zu nehmen, aber zu Löblichs großer Überraschung beschloss die Thyssengas, sich ohne die Ruhrgas zu beteiligen.

„Ich rief Dr. Schenk an und schlug ihm vor, eine Wirtschaftlichkeitsstudie für die Umstellung der Stadt auf Erdgas durchzuführen. Er war sofort interessiert. Als die Thyssengas der Teilnahme an der Studie zustimmte, stellten wir ein Team aus Leuten beider Seiten zusammen, um diese Studie zielgerichtet und ohne gegenseitige Heimlichtuerei durchzuführen. Jack Trachsel aus Portland, Oregon, der uns von den dortigen Gaswerken ausgeliehen wurde, war eine große Hilfe – er konnte seine ganze Erfahrung in unsere Arbeit einbringen."

Die Düsseldorfer Studie begann im Dezember 1963. Einmal wöchentlich reiste Löblich in die Stadt Hamborn, um die Planungsabteilung der Thyssengas beim Aufbau zu unterstützen. Im Frankfurter Büro arbeiteten Löblich und sein Team an der schwierigen Aufgabe, die deutschen Ferngasgesellschaften davon zu überzeugen, dass der Abschluss von Verträgen mit ihren Gemeinden für den Umstieg auf Erdgas vorteilhaft sein könnte.

Löblich ist bis heute davon überzeugt, dass das wirksamste Mittel, das sie einsetzten, um die, wie er es nannte, „voreingenommenen Meinungen" der Direktoren dieser deutschen Gaswerke zu beeinflussen, eine Reise in die Vereinigten Staaten war, für die alle Kosten übernommen wurden. „Wir flogen sie nacheinander nach Portland, Oregon, um ihnen zu zeigen, wie das Erdgasgeschäft funktionieren könnte. In Portland übernachteten wir alle etwa eine Woche lang in einem Hotel, und unsere Gäste hatten dort die Gelegenheit, alle Aspekte des Erdgasgeschäfts zu studieren. Am beeindruckendsten waren die Tage, an denen sie die Möglichkeit hatten, die US-Gasverkaufsleiter auf ihren Verkaufsreisen zu begleiten oder Zeugen der Art und Weise zu werden, in der mit Beschwerden umgegangen wurde, was in Deutschland keine übliche Praxis war."

Die größte Überraschung für die deutschen Besucher war die Erkenntnis, dass es die Aufgabe der amerikanischen Verkäufer war, jeden einzelnen Haushalt, den sie kontaktierten, zur Umstellung von Heizöl auf Erdgas zu bewegen, anstatt, wie es in Deutschland üblich war, darauf zu warten, dass die Kunden zu ihnen kamen. Löblich meinte, bei solchen Besuchen bei Interessenten hätten sie viel über den normalen amerikanischen Haushalt gelernt und waren ziemlich überrascht, dass einige Hausfrauen den Besuchern von ihren Problemen erzählen wollten.

„Uns erschien alles an den Haushalten sehr schlicht: die Einrichtung, die nicht unterkellerten Holzhäuser", so Löblich. „Diese Art von Häusern entsprachen nicht unseren sehr strengen deutschen Bauvorschriften. So war es den amerikanischen Haushalten beispielsweise erlaubt, Heizöl in einfachen Blechtanks im Hof zu lagern. In diesen Momenten hatten wir das Gefühl, in der Entwicklung schon einen Schritt weiter zu sein."

Löblich schilderte noch einige andere Aspekte, welche die deutschen Besucher hinsichtlich der Effektivität der amerikanischen Gasunternehmen überraschten, insbesondere im Hinblick auf die Verbraucherkommunikation. „Es gab viele Telefonverkäuferinnen, die reihenweise in einem großen Raum saßen und Telefonanrufe entgegennahmen, in denen es etwa um Notfälle oder Beschwerden ging. Die Informationen wurden sofort im ersten Entwurf ausgedruckt und auf ein Laufband gelegt, das durch die Reihen lief und in den nächsten Raum führte, wo der zuständige Außendienstmitarbeiter die Informationen erhielt und sofort reagieren konnte."

Löblich erinnerte sich auch daran, dass die deutschen Besucher die Anforderungen an die Außendienstmitarbeiter aus Oregon recht ungewöhnlich fanden. „Das System, den Mitarbeiter ständig in den Außendienst zu schicken, war für uns sehr merkwürdig. An der Wand hing eine Tafel, auf der sie den täglichen Erfolg jedes Einzelnen festhielten. Jeden Monat gab es eine Preisverleihung, bei welcher der beste Verkäufer des Monats oder des Jahres geehrt wurde. Die Preise waren sehr attraktiv, wie zum Beispiel ein Urlaub auf Hawaii. Alle Verkäufer schienen in bester Stimmung zu sein. Sie waren gut gekleidet, sie waren alle jung und mussten in unseren Augen unter großem Druck stehen. Für unsere Gäste waren diese Dinge und viele andere zusätzlich eine Offenbarung. Ihr Meinungsumschwung kam zum großen Teil durch diese aufschlussreichen Reisen zustande."

Der offensichtlich große Erfolg dieser amerikanischen Verkaufsmethode war genau das, was Löblich und das Team sehen wollten. „Für unsere Gäste war das wie eine Revolution der Denkweise. Durch diesen Meinungsumschwung war es uns möglich, den Weg zum Erfolg für das Erdgasgeschäft in Deutschland zu ebnen."

Während Löblich und sein Team erfolgreich das Denken der Führungskräfte des Gasunternehmens änderten, brachte die Präsentation der Düsseldorfer Studie der Thyssengas die erhoffte Klarheit. Die Studie belegte für die kommenden fünfundzwanzig Jahre ein Potenzial für den Einsatz von vier Milliarden Kubikmetern Erdgas jährlich. Die Ergebnisse ergaben auch extreme wirtschaftliche Vorteile für die Stadtwerke, wenn diese einer schnellen Umstellung zustimmen würden, was den Verhandlungen sicherlich erheblich mehr Dynamik verleihen würde.

Die Düsseldorfer Gaswerke griffen den Gedanken der schnellstmöglichen Umstellung auf Erdgas engagiert auf. Mit den aus den Studien gewonnenen Erkenntnissen begann die Stadt Düsseldorf sowohl die Ruhrgas als auch die Thyssengas unter Druck zu setzen, um ihre Bürger so schnell wie möglich mit Erdgas zu versorgen. Das langsame Tempo der Verhandlungen in jenen Monaten war für alle zermürbend, aber ein unerwarteter Durchbruch brachte alles drastisch voran.

Schepers erinnerte sich noch genau an den überraschenden Anruf, den er im Büro in Smidswater erhielt. „Herr Swart, ein Direktor der niederländischen Bank voor Handel en Scheepvaart, die sich wie die

Thyssengas im Besitz von Heinrich Thyssen befand, lud Doug und mich zum Lunch nach Maastricht ein. Ich wusste, dass wir uns nicht auf eine so lange Reise begeben sollten, um nur essen zu gehen".

Auf der Fahrt nach Maastricht diskutierten Stewart und Schepers über Strategie. „Die harte Linie hatte in Belgien gut funktioniert", sagte Stewart. „Krik entschied, dass wir sie bei Herrn Swart noch einmal anwenden würden. Wir erlebten die Überraschung unseres Lebens. Es war wieder genau wie in Belgien."

Schepers erinnerte sich, dass Herr Swart das Wort ergriff, bevor er selbst sich äußern konnte. „Er erzählte uns, dass Baron Thyssen, sofern er den richtigen Preis bekäme, die Hälfte seines Unternehmens an Shell und Esso verkaufen würde, die dann Gas an der niederländischen Grenze kaufen würden. Da Swart lediglich ein Vertreter von Baron Thyssen war, war er nicht bereit, die Einzelheiten zu besprechen. Falls wir meinten, Shell und Esso seien interessiert, empfahl er uns, ein Treffen mit Vertretern des Unternehmens in den Thyssengas-Büros in Deutschland zu vereinbaren."

Stewart und Schepers hielten an einer am Straßenrand gelegenen Gastwirtschaft an, um Bilanz über das Geschehene zu ziehen. Schepers war sich sicher, dass das Angebot von Thyssen ein direktes Ergebnis ihres schillernden „Undenkbar"-Treffens war. „Seine eigenen Führungskräfte müssen ihm die Bedeutung der Aufgabe vor Augen geführt haben, die wir bei diesem Treffen zur Sprache brachten, als wir das enorme Potenzial von Erdgas in Deutschland erläuterten. Heinrich Thyssen war ein scharfsinniger Geschäftsmann, der das persönliche Gewinnpotenzial vielleicht schneller erkannte, während die Kohlebarone des Ruhrgebiets nur auf die Zukunft ihrer Kohlemärkte schauten."

Nach Einschätzung Stewarts wurde das Angebot des Barons, die Hälfte seiner Firma zu verkaufen, möglicherweise auch durch einen Scheidungsvergleich beeinflusst, den die dritte Ehefrau von Thyssen damals forderte. „Unser Erfolg ist möglicherweise zu einem großen Teil dem Scheidungsverfahren von Baron Thyssen und dem Model Fiona Campbell zu verdanken. Gerüchten zufolge soll sie sechsundzwanzig Millionen Dollar in einem Vergleich erhalten haben, was in etwa der Summe entsprach, die Esso/Shell für die Hälfte der Thyssengas bezahlt hatten. Eine der Überraschungen, die wir beim Abschluss dieses Deals erlebten, bestand darin, dass wir nicht nur die Hälfte von Thyssens Unternehmen gekauft hatten, sondern Esso und Shell außerdem einen

Anteil an einer luxuriösen Jacht auf dem Rhein ihr eigen nennen konnten sowie an einem Unternehmen für künstliche Besamung, weil die Thyssengas eine große Herde edler Milchkühe besaß."

An jenem Tag in Maastricht waren diese Details jedoch noch nicht bekannt, und in diesem Augenblick war Schepers viel mehr daran interessiert, darüber zu spekulieren, wie sich ein Deal mit der Thyssengas auf die Verhandlungen mit der Ruhrgas auswirken würde. „Ich dachte, wenn wir diesen Deal mit Thyssen machen würden, würde das nicht nur die Ruhrgas hart treffen. Es würde alle anderen Akteure dazu verleiten, jetzt sofort mit niederländischem Gas versorgt werden zu wollen. Sie würden sich diese Gelegenheit nicht entgehen lassen, die Ruhrgas, die ihre Industrie dominierte, auszubremsen.

Die „schrecklichen Zwillinge" arrangierten unverzüglich das Meeting mit der Thyssengas. Man einigte sich schnell darauf, gemeinsam eine neue Reihe von Studien in Angriff zu nehmen, diesmal für die viel größere Aufgabe, alle Thyssengas-Vertriebsgebiete zu analysieren.

Löblich konzipierte die Studie. „Um den Wert von Thyssengas und auch den Erdgasbedarf der Kunden in allen Thyssengas-Verteilungsgebieten zu ermitteln, mussten wir die potenziellen Erdgasmengen berechnen, die als Grundlage für einen langfristigen Vertrag benötigt würden. Wir setzten neue gemeinsame Studien mit der Planungsabteilung der Thyssengas an, die viele Wochen in Anspruch nehmen sollten."

Nach einer längeren zähen Verhandlungsphase mit dem Thyssengas-Management über den Wert der Thyssengas-Aktien wurde am 27. Juli 1964 ein Treffen in den Thyssengas-Büros anberaumt. Die IGTM und die Bank voor Handel en Scheepvaart in Rotterdam vereinbarten eine fünfzigprozentige Beteiligung von Shell/Esso an Thyssengas.

Am Besprechungstag wurden Schepers, Stewart, Orlean, Windham und Rechtsanwalt Hoogland in einen ballsaalartigen Empfangsraum geführt, wo ein langer Konferenztisch mit Getränken, Aschenbechern, Notizblöcken, Stiften und sogar einem diskreten Blumenarrangement stand, das dem erwarteten großen Anlass angemessen war. Durch eine halb geöffnete Tür erblickten sie im Nebenraum einen Tisch mit Tabletts voller Champagnergläser, und daneben standen Kellner mit weißen Handschuhen, die auf ein Zeichen warteten, diese Tabletts hereinzutragen. Das Team erwartete in Anbetracht der Umstände einen reibungslosen Ablauf des Meetings, aber laut Stewart war dies nicht der Fall.

„Alles lief gut, bis die Thyssengas begann, Sand ins Getriebe zu streuen – an diesem Tag sollten sie nicht die Einzigen bleiben."

Sie wurden unvermittelt davon in Kenntnis gesetzt, dass Baron Thyssen das Projekt abbrechen würde, es sei denn, Esso und Shell würden für den Bankkredit von vierzehn Millionen Dollar bürgen, der für die ersten Investitionen in die Pipeline benötigt wurde. Stewart und das Team zogen sich zurück, um zu erörtern, wie man mit dieser verblüffenden Forderung umgehen sollte.

„Unser Team beriet sich über diese neue Entwicklung und nachdem wir die Vor- und Nachteile abgeklärt hatten, kamen wir zu dem Schluss, dass der Deal so wichtig war, dass wir ihn unseren Muttergesellschaften anbieten konnten", sagte Stewart. „Wir erklärten Thyssengas: ‚Okay, wir sind bereit, zu unterzeichnen, aber wir müssen uns noch einmal mit unseren Aktionären beraten.' Ich rief Cox an und Schepers Kruizinga. Beide sagten, dass sie so etwas nicht genehmigen konnten, ohne vorher mit unseren Unternehmenszentralen Rücksprache gehalten zu haben. Bevor wir etwas unterschrieben oder von der Zentrale etwas gehört hatten, gab jemand von der Thyssengas ein Zeichen: Herein marschierten Kellner mit Champagner, Flaschen, Kübeln, Gläsern und Zigarren.

In fast derselben Minute war Cox am Telefon. Jersey würde auf keinen Fall zustimmen, für einen Kredit von Thyssengas zu bürgen. Shell auch nicht. Selbst mit Esso und Shell als fünfzigprozentigen Anteilseignern musste Thyssengas seine eigenen Darlehen aufbringen.

Mit hochrotem Kopf teilte Stewart der Thyssengas diese Entscheidung mit. Die Kellner mit dem Champagner machten eine Kehrtwendung. Stewart erinnerte sich, wie er und das Team sich alle gelassen verhielten und versuchten, eine „Nimm es oder lass es"-Haltung auszustrahlen. „Jetzt war Thyssengas an der Reihe, das Hauptquartier anzurufen. Baron Thyssen, der offenbar ebenso bestrebt war wie wir, das Geschäft abzuschließen, sagte nun seinen Leuten, sie sollten fortfahren und ohne die Kreditgarantie unterschreiben. Eine halbe Stunde später saßen wir alle wieder am Unterschriftentisch, und diesmal marschierten die Kellner nicht nur herein – sie ließen die Champagnerkorken knallen. Esso und Shell waren nun im Begriff, die Hälfte der Jacht, die Anlage für künstliche Besamung und nicht zuletzt das Gasgeschäft der Thyssengas zu besitzen. Wir hatten jetzt einen sehr großen Fuß in der Tür Deutschlands."

Mit der Übernahme der Thyssengas verlor die Ruhrgas die Hälfte des lukrativen Düsseldorfer Marktes und befürchtete zweifellos eine weitere Verschlechterung in der Zukunft, weil Stewart und Schepers öffentlich Gespräche mit den bayerischen und süddeutschen Gasunternehmen führten. Die Treffen mit der Ruhrgas fanden nun häufiger statt.

Im Rahmen eines 2005 von den Autoren arrangierten Treffens mit Stewart, Löblich, Mortimer und Dr. Klaus Liesen, dem ehemaligen Ruhrgas-Vorstandsvorsitzenden, räumte Dr. Liesen ein, dass der Wendepunkt für sein Unternehmen der Thyssengas-Vertrag gewesen sei. „Obwohl die Düsseldorfer Studie bei den Kommunen für eine gewisse Unruhe sorgte, wurden diese Aktionen von Ruhrgas noch nicht als wirklich gefährlich eingestuft. Die Einheitsfront von der Ruhrgas und der Thyssengas, falls sie je existierte, brach in dem Moment zusammen, als Baron Heinrich Thyssen-Bornemisca beschloss, die Hälfte seines Thyssengas-Anteils an Esso/Shell zu verkaufen und Esso/Shell die industrielle Führung des Unternehmens zu überantworten. Die ersten wirklichen Fortschritte wurden erzielt, als die Ruhrgas an einer gemeinsamen Studie zur Untersuchung potenzieller Erdgasmärkte teilnahm."

Löblich merkte an, dass ihr Team zu diesem Zeitpunkt darauf achtete, nicht über Preisvorstellungen zu diskutieren. „Diese Vorgehensweise und die aus der Studie hervorgegangenen Informationen müssen der Ruhrgas die Augen für neue Möglichkeiten geöffnet haben. In den folgenden Jahren haben wir uns sehr über die vielen Komplimente gefreut, die wir für die Gründlichkeit unserer Arbeit erhielten."

Dr. Liesen erinnerte sich, dass die Ruhrgas-Vertriebsexperten die Methodik der Studien besonders interessant fanden. „Langfristig waren die Studien in ihren Ergebnissen überzeugend, aber man war der Meinung, dass die Untersuchungsannahmen die komplizierte Kombination regionaler, lokaler und energiepolitischer Probleme, mit denen Erdgas bei einem Markteintritt in Westdeutschland konfrontiert sein würde, nicht vollständig berücksichtigten. Auf der Grundlage eigener Analysen war die Ruhrgas der Ansicht, dass Kokereigas langfristig keine Chance gegen Erdgas habe und dass die Zukunft von Ruhrgas davon abhängen werde, große Erdgaslieferungen mit den Produzenten auszuhandeln und das Erdgas dann auf dem traditionellen Markt und vorzugsweise auch darüber hinaus zu verkaufen."

Dr. Herbert Schelberger von der Ruhrgas war infolge der NAM-Gas-Export/IGTM-Studien überzeugt, dass die Zukunft der Ruhrgas in der Umstellung und Erweiterung des Systems auf höher kalorisches Erdgas lag, doch dem standen einige Hindernisse im Weg. Eines davon betraf die Pläne der Ölkonzerne, mit eigenen Verteilungsleitungen in das Ruhrgasgebiet vorzudringen. Ein weiteres Problem bestand in der Sorge der Bergbauunternehmen, dass das Erdgas mit ihren Kohle- und Koksofengaslieferungen konkurrieren könnte. Diese Befürchtung war natürlich berechtigt. Liesen: „Die Struktur der Ruhrgas AG war geprägt von über dreißig Aktionären (Stahl- und Kohleunternehmen), die gleichzeitig Kokereigaslieferanten waren oder gewesen waren. Der Einkaufspreis für Koksofengas wurde weitgehend durch die von der Ruhrgas am Markt erzielten Einnahmen abzüglich der Kosten (Netback) bestimmt."

Als der Ruhrgas-Aufsichtsrat Dr. Schelberger zum Vorsitzenden machte, stärkte er seine Verhandlungsposition gegenüber den Ölgesellschaften. Bei einem Treffen in Essen im Jahr 2005 lobte Dr. Liesen Schelbergers Verhandlungsgeschick innerhalb der Ruhrgas selbst. „Mit seiner großen Weitsicht und seinen weitreichenden Kommunikationsfähigkeiten konnte Dr. Schelberger einige Großaktionäre davon überzeugen, dass der Import großer Mengen niederländischen Gases und die Diversifikation mit anderen Lieferungen die besten Perspektiven für die Ruhrgas boten."

Dr. Liesen wies auch auf seine eigene Mitwirkung hin. „Als persönlicher Assistent des Vorstandsvorsitzenden Dr. Schelberger war ich an den Beratungen über die Vorgehensweise beteiligt, aber die entscheidenden Aspekte der Vorbereitung und Durchführung der Verhandlungen lagen in der Verantwortung von Dr. Jürgen Weise, der die Öffnung von Ruhrgas maßgeblich geprägt hat, insbesondere weil er die Unterstützung von über dreißig Kohle- und Stahlaktionären gewann."

Stewart erinnerte sich, dass Schepers eine besondere Vorliebe für Verhandlungen hatte und einmal ein Spiel mit Schelberger spielte, als er nach Den Haag kam, um niederländisches Gas zu kaufen. „Ich bin mir nicht sicher, warum wir damals noch uneins waren, aber Krik beschloss, herauszufinden, wie lange wir reden konnten, ohne Erdgas zu erwähnen. Wir hielten das fast eine Stunde lang durch, ohne dass etwas dabei herauskam. Ich weiß nicht, was Dr. Schelberger dachte."

Dr. Liesen erinnerte sich daran, dass Schelberger in dieser Sitzung erstaunt war, als Schepers ganz lässig die Füße auf den Schreibtisch legte, während er seinen Standpunkt erläuterte. Paul Mortimer, ein Esso-Analyst, der später IGTM-Präsident wurde, berichtete, dass es große Meinungsverschiedenheiten gab, die geklärt werden mussten, bevor eine Lösung gefunden werden konnte. „Es war höchst unwirtschaftlich, gegen uns zu kämpfen, und viel wirtschaftlicher, mit uns zu kooperieren", so Mortimer.

„Wir hatten nie die Absicht, zu kämpfen, wenn die Chance auf eine Übereinkunft bestand", sagte Liesen. „Unsere Struktur bestand damals darin, dass die Unternehmen, aus denen wir hervorgingen, uns das Koksofengas gaben, wir es verkauften und versuchten, so viel wie nur möglich dafür zu bekommen. Dann zogen wir unsere Kosten ab, und sie erhielten den Rest. Wir bekamen keine Dividenden, sie erhielten den Erlös aus dem Gas. Es fiel uns also im ersten Schritt nicht schwer, uns vorzustellen, dass wir das Gleiche mit den Erdgasproduzenten in Deutschland erreichen konnten, nicht in den Niederlanden, sondern mit den deutschen Gasproduzenten. Wir versuchten, für ihr Erdgas so viel zu bekommen, wie der Markt und die Konkurrenz durch Heizöl es zuließen. Das war der erste Schritt, und dann, mit der Zeit, änderten sich die Dinge."

Dr. Liesen erläuterte die Haltung seines Unternehmens in Bezug auf die Beteiligung von Shell und Esso an der Ruhrgas, die letztlich auch erfolgte. „Die Ruhrgas-Führung hat von Anfang an eine solche Struktur für die Zusammenarbeit mit den deutschen gasproduzierenden Unternehmensbereichen von Esso und Shell (und anderen Produzenten in Deutschland wie Elwerath, Preussag und Wintershall) erwogen. Dies galt jedoch weder für niederländisches noch für anderes im Ausland gefördertes Gas. Die Ruhrgas strebte in diesem Fall einen normalen Gasimportvertrag (Arm's-Length-Grundsatz) an. Gegen Ende der Verhandlungen setzte sich das Netback-Konzept für die Produktion in Deutschland durch. Erst einige Jahre später wurden die Gaslieferverträge mit den Gasproduzenten in Deutschland von Netback auf Fremdvergleich umgestellt. Diese Umstellung wurde von der Ruhrgas-Geschäftsführung aufgrund zwischenzeitlich erfolgter neuer rechtlicher und wirtschaftlicher Entwicklungen vorgeschlagen und von allen Aktionären akzeptiert."

Als Shell und Esso Anteilseigner der Ruhrgas wurden, bestand ein Teil der Abmachung darin, dass Dr. Liesen zu einem

Ausbildungsprogramm in die Vereinigten Staaten geschickt werden sollte, bevor er in die Position von Schelberger aufstieg. Er besuchte Esso-Produktionsanlagen in Texas, verbrachte Zeit in Seattle bei einem Gaspipeline- und Verteilungsunternehmen und besuchte einen Managementschulungskurs an der Business School der Northwestern University in Illinois. Danach verbrachte er über Shell einige Zeit in Ostasien. Dr. Liesen war begeistert von dem unschätzbaren Wert, den diese Initiative für seine Karriere darstellte.

Die mangelnde Koordination zwischen Brigitta und NAM, beides gemeinsame Unternehmen von Shell und Esso, war für die Ruhrgas von Vorteil. „Alle Beteiligten vertraten die Auffassung, dass wir zunächst so schnell wie möglich einen Liefervertrag entweder mit Brigitta oder mit der NAM Gas Export abschließen mussten, um unser Absatzgebiet zu sichern", sagte Dr. Liesen. „Wir befürchteten eine Koordinierung der Absatzpolitik von NAM und Brigitta und dass wir auf eine geschlossene Front der beiden Unternehmen stoßen würden. Zu meiner Überraschung war dies nicht der Fall. Mit der NAM Gas Export konnte eine Vereinbarung erzielt werden, die unsere Position in den Verhandlungen mit Brigitta und ihren Aktionären, der Deutschen Shell AG und Esso AG stärkte, sodass wir dann auch Brigitta davon überzeugen konnten, sich uns nach einem Kooperationsmodell anzuschließen.

Ein charakteristischer Aspekt dieser äußerst komplexen Verhandlungen bestand in der Übereinstimmung der Bedingungen, die letztendlich die Muster für Verhandlungen in den kommenden Jahrzehnten darstellten und die Grundlage für Verträge in Frankreich und Belgien bildeten.

Da alle Verhandlungen für ein Unternehmen geführt wurden, das noch nie zuvor existiert hatte, war Erfindungsreichtum angesagt. Liesen erklärte: „In diesen langfristigen Verträgen steckte viel Erfindergeist, der zwei Dinge möglich machte. Erstens war der Gaspreis so festgelegt, dass er automatisch dem Trend der wettbewerbsfähigen Preise für leichtes und schweres Heizöl folgte. Zweitens wurde alle drei bis fünf Jahre über bestimmte Anpassungen verhandelt, wenn eine Partei dies für notwendig erachtete. Dieses System ist auch heute noch in vielen Ländern und Verträgen gültig."

Der Weg zu einer solchen Lösung war in diesen jahrelangen Verhandlungen sicherlich nicht immer einfach. Nachdem Mortimer Präsident der IGTM geworden war, erinnerte er sich an eine Sitzung, an der er und Dr. Liesen teilnahmen. „Sie begann gegen vier Uhr nachmittags, und wir verhandelten bis fünf Uhr morgens. Es war schrecklich und zog sich endlos hin."

Laut Stewart war eines der Hauptprobleme beim Export von niederländischem Gas in die Nachbarländer die Festlegung eines Preises an der niederländischen Grenze. „Einerseits musste die Vereinbarung den Gasversorgungsunternehmen in Belgien und Deutschland die Möglichkeit geben, Gas auf ihren Premiummärkten zu verkaufen und dennoch eine ausreichende Marge zwischen dem Grenzpreis und dem, was sie ihren eigenen Kunden in Rechnung stellten, zu erhalten. Dies würde dann Kapital für den Bau der teuren Pipelinenetze mit immer noch angemessenem Gewinn schaffen."

Letztendlich konnte die NAM Gas Export einen langfristigen Gasbezugsvertrag mit der Ruhrgas abschließen, wobei das Erdgas in einem separaten Pipelinesystem an verschiedene auf Erdgas umzustellende Industriezweige und Städte geliefert werden sollte.

Gemeinsam mit IGTM, Shell und Esso investierte und beteiligte sich Ruhrgas am Bau mehrerer großer Fernleitungen, um Erdgas nach Deutschland zu bringen. Ruhrgas entwickelte einen Plan zur Umleitung des Kokereigases und leitete die Umstellung von Stadtgasnetzen, Haushalten und Industrie auf Erdgas ein.

Stewart war sich der enormen Investitionen, die vor ihnen lagen, sehr wohl bewusst. „Millionen von Haushalten und Einrichtungen mussten von niedrigkalorischem Gas auf Erdgas umgestellt werden. Das Gas besaß andere Eigenschaften, mit denen die vorhandenen Geräte nicht kompatibel waren."

Löblich bezeichnete die Logistik der Umstellung in beiden Versorgungsbereichen als ein gigantisches Unterfangen. „Die größten Pipelines mussten gebaut werden. Wir stritten mit den Ferngasgesellschaften darüber, wer sie bauen sollte. Die Ruhrgas wollte alles in eigener Regie machen. Schließlich haben wir mit ihnen eine Fifty-fifty-Lösung ausgearbeitet. Entlang der Leitungen mussten riesige Verdichterstationen errichtet werden. Jede Anlage hatte die Ausmaße eines Großkraftwerks."

In Zusammenarbeit mit den örtlichen Gasversorgungsunternehmen entwickelte die Ruhrgas die Maßnahmen, um diese Umstellungen voranzutreiben. Anfang der Siebzigerjahre war der größte Teil der Städte und Kunden auf Erdgas umgestellt. Koksofengas war nunmehr auf ein kleines Gebiet im Ruhrgebiet beschränkt.

Auch die deutschen Ferngasgesellschaften mussten neue Verträge mit ihren Kommunen abschließen. „Wir begrüßten den Sinneswandel dieser Unternehmen, als wir sie in die Staaten brachten'", sagte Löblich. „Sie waren damals zu der Überzeugung gelangt, dass die Umstellung für sie profitabel sein würde, auch wenn sie, wie in einigen Fällen geschehen, ihre eigenen Gaswerke schließen mussten."

Dr. Liesen erklärte, dass die Stilllegung dieser Gaswerke nicht so dramatisch war, wie man hätte annehmen können. „Durch die Entwicklung eines Verfahrens zur Harmonisierung des Koksofengases mit dem Erdgas konnte das Koksofengas stufenweise reduziert werden."

Als die Esso AG 1964 feststellte, dass für die folgenden Vertragsverhandlungen eher ein juristischer als ein technischer Experte erforderlich war, wurde Löblich nach Hamburg zurückbeordert. Seine Töchter, die sich so gut in der Schule und in der Gemeinde eingelebt hatten, blieben mit Gisela zurück, während Löblich sich erneut an die Aufgabe machte, ein neues Zuhause zu finden, und die langen Wochenendstrecken von Hamburg zu seiner Familie fuhr.

Für Löblich waren die außerordentliche Geduld und die unerschütterliche Unterstützung seiner Frau angesichts so vieler Umzüge die ausschlaggebenden Faktoren für seine erfolgreiche Karriere. Es dauerte ein Jahr, bis er endlich ein Haus in Hamburg fand, in das Gisela zurückkehrte, während die Mädchen noch einige Jahre im katholischen Gymnasium verbrachten, um ihre Schulbildung abzuschließen.

In Deutschland standen die Ruhrgas und NAM Gas Export/IGTM Anfang 1965 kurz vor einer Einigung über einen Gasvertrag und eine Beteiligungsvereinbarung. Am 26. Mai wurde ein Vorvertrag mit der NAM Gas Export geschlossen – in einer gemeinsamen Pressemitteilung von NAM Gas Export, Ruhrgas und Thyssengas wurden Pläne für eine gemeinsame Fernleitung bekannt gegeben. Aber erst am 16. November 1965 wurde der erste Vertrag endgültig unterzeichnet. Dieses Jahr sollte sich für Doug Stewart und seine Familie als ein Jahr der Entwicklung und Offenbarung erweisen.

*Von links nach rechts: Krik Schepers und Donald Maclean von NAM
Gas Export und Dr. Dekker von Ruhrgas unterzeichnen den ersten
niederländischen Gasvertrag mit Ruhrgas. Foto von Ruhrgas.*

*Unten: Wegen der Vorausplanung durch die Ölgesellschaften
verbreiteten sich die Gasfernleitungen rasch in der niederländische
Landschaft und führten Erdgas in die niederländischen Städte und zum
Export an die belgische und deutsche Grenze. Foto von Gasunie.*

Im November 2005 lud Dr. Klaus Liesen, ehemaliger Vorstandsvorsitzender der Ruhrgas, zu einem Mittagessen im neuen Ruhrgas-Gebäude in Essen ein, um die Anfänge der niederländischen Gasverhandlungen zu erörtern und die Autoren bei der Entstehung dieses Buches zu unterstützen. Teilnehmer waren Dr. Liesen, Douglass Stewart, Hans Löblich und Paul Mortimer. Frau Madsen zeichnete das Treffen auf.

Oben: Douglass Stewart und Dr. Klaus Liesen begrüßen einander.

Unten: Stewart und Löblich mit der Büste von Dr. Herbert Schelberger, dem ehemaligen Vorsitzenden der Ruhrgas, der die frühen niederländischen Gasverhandlungen mit NAM Gas Export und IGTM leitete. Fotos von Ruhrgas.

Dr. Klaus Liesen und Hans Löblich 2005 beim gemeinsamen Lunch.
Dr. Liesen erinnerte sich, dass die Ruhrgas-Vertriebsexperten die
Löblich-Studien in ihrer Methodik besonders interessant fanden und
dass die Studien langfristig durch ihre Ergebnisse überzeugen.

Von links nach rechts: Douglass Stewart, Dr. Klaus Liesen,
Elaine Madsen, Hans Löblich und Paul Mortimer.

Kapitel 20

Eine Weltreise, ein Abschied und ein Neubeginn

W ährend der Jahre, die sie in den Niederlanden lebten, sorgten Stewart und seine Frau Jane durch Ersparnisse und Investitionen für die zukünftige Ausbildung ihrer Kinder vor. Ebenso liebevoll kümmerten sie sich darum, dass die ganze Familie immer auf lebhafte Erinnerungen an die Schönheit Europas würde zurückgreifen können. Janes ideenreiche Planung machte ihre Sommer stets unvergesslich.

Für Stewart war dieser Sommer im Jahr 1964 besonders außergewöhnlich. „Fast jedes Wochenende zogen wir los und versuchten, so viel wie möglich zu unternehmen, bevor Doug Jr. wieder in die Schule in die Schweiz zurückkehren musste. Wir erkundeten besonders gern das Netz der Kanäle, weil man so die Niederlande aus einer einzigartigen Perspektive betrachten konnte. Die Kanäle liegen häufig höher als das umliegende Land, und entlang der Ufer befinden sich gepflasterte Wege, die ursprünglich für Menschen oder Pferde zum Ziehen von Lastkähnen gedacht waren, bevor diese motorisiert wurden. Heutzutage werden die Wege zum Spazierengehen oder Radfahren genutzt – wir haben beides getan. Für längere Kanalfahrten nahmen wir öfter das Boot, das ich in unserem zweiten Sommer in den Niederlanden gekauft hatte. Nach einigen Kilometern kam man zu einer Schleuse, und dort veränderte sich die Wasserhöhe um ein paar Meter. Um in die Schleuse zu gelangen, ließ der Schleusenwärter einen Holzschuh, der am Ende einer Stange baumelte, herunter, um den Wegezoll einzutreiben, und ließ einen dann weiterfahren. Wir unternahmen auf diese Weise viele kleine Tagesausflüge, vorbei an malerischen Häuschen und Gärten mit Blick auf den Kanal. Die Vielfalt an kleinen Restaurants und an Städten mit Straßenmärkten voller Lebensmittel und Waren, die von den unendlich fröhlichen und gastfreundlichen niederländischen Händlern angeboten wurden, schien endlos zu sein."

Auch unternahm die ganze Familie Autofahrten nach Rom, Bayern, Brüssel, Paris und in die Normandie. Stewart freute sich, die Kinder und Jane mitnehmen zu können, damit sie die D-Day-Strände sehen und die Friedhöfe besuchen konnten, auf denen diejenigen geehrt wurden, die so teuer dafür bezahlt hatten, die Strände zu erobern. Er genoss auch die Gelegenheiten, bei denen Jane ihn auf Geschäftsreisen außerhalb der Stadt begleitete; sie ging einkaufen, während er an den Sitzungen teilnahm.

„Auf einer der Reisen nach Frankreich kaufte Jane all diese wunderbaren französischen Käsesorten und brachte sie in das kleine altmodische Hotel zurück, das sie für uns ausgesucht hatte. Diese Käsesorten rochen so stark, dass es keinen Zweifel daran gab, dass sie gut schmecken würden. Als wir jedoch vom Abendessen zurückkamen, hatte der Geruch das ganze Zimmer so übel verpestet, dass wir das Paket auf den Balkon stellen mussten, damit wir schlafen konnten. Am nächsten Morgen im Zug hatten wir eines dieser charmanten kleinen Abteile, und ich stellte die Tüte mit dem Käse nach oben in die Gepäckablage. Eine ältere Dame gesellte sich zu uns und sah schon bald aus, als sei ihr übel. Mittlerweile waren Jane und ich gegen den Geruch des Käses immun, aber die gerümpfte Nase und die zusammengekniffenen Augen der Frau sprachen Bände. Als sie das Abteil verließ, wusste ich, dass sie mit dem Schaffner zurückkehren würde, um der Ursache ihres Unbehagens auf den Grund zu gehen. Während ihrer Abwesenheit legte ich unser duftendes Päckchen in den Durchgang zwischen den Waggons. Bald zog der Geruch zurück in unseren Wagen und schließlich durch den gesamten Zug. Nachdem wir an unserer Haltestelle ausgestiegen waren, schauten wir zu, wie der Zug mit unserem stinkenden Käse, jedoch ohne uns losfuhr."

Ein anderes außergewöhnliches erlebte Abenteuer die Familie in Lascaux, einem Ort, der für seine Höhlenmalereien berühmt ist. Die Höhlen sind heute nicht mehr geöffnet, Besucher müssen sich mit einer kunstvollen Nachbildung begnügen. Die Familie Stewart gehörte jedoch zu den ersten Besuchern der Stätte und durfte die ursprünglichen Höhlen erkunden, auf schmalen Holzstegen, der Weg nur mit Taschenlampen ausgeleuchtet. Die Tour wurde geleitet von dem Mann, der die Malereien entdeckt hatte.

Stewarts schöne, aber für ihre Unzuverlässigkeit berüchtigte Jaguar-Limousine spielte bei einem ausgesprochen unangenehmen Familienabenteuer eine Rolle.

„Ich hatte einen Anhänger am Jaguar befestigt, damit transportierten wir unser Boot jedes Mal woanders hin.

An jenem Wochenende wollten wir es auf dem Rhein zu Wasser lassen. Mitten in einem Tunnel, der nach Rotterdam führte, gab der Jaguar mit der ganzen Familie im Auto und dem Boot auf dem Anhänger den Geist auf. Wir boten einen unglaublichen Anblick und stellten für alle hinter uns ein erhebliches Problem dar. Wir hielten den Verkehr eine ganze Weile auf, bis es jemand schaffte, in den Tunnel zu gelangen und uns herauszuschleppen. Der Fahrer des Abschleppwagens schüttelte nur den Kopf über ‚diese verrückten Amerikaner‘.“

Mitte 1964 waren bereits so umfangreiche Exportbemühungen im Gange, dass der Familie die Möglichkeit eines ganz anderen Ausflugs in Aussicht stand. Jane plante die, wie sich herausstellen sollte, großartigste Familienreise überhaupt.

Stewart erinnerte sich daran, dass diese Reise einen ganzen Monat dauerte. „Wir flogen für mehrere Tage in die Tschechoslowakei und sahen zum ersten Mal die Auswirkungen des Sowjetkommunismus auf das tägliche Leben. Unsere Reiseleiterin war eine Dame mittleren Alters, die vor dem Krieg in einem Reisebüro gearbeitet hatte. Wir wussten natürlich, dass sie Kontakte zur Regierung hatte, weil sie andernfalls nichts mit amerikanischen Touristen zu tun gehabt hätte. Ich glaube nicht, dass sie wirklich überzeugte Kommunistin war, denn nach unserer Rückkehr in die Staaten besuchte sie uns für einige Tage in Westport und verkaufte uns etwas Kristall, das sie anstelle von Geld mitgebracht hatte. Nur so konnte sie die finanziellen Mittel aufbringen, um ihren Besuch in unserem Land genießen zu können, und wir freuten uns über die Dinge, die sie mitgebracht hatte. Das Mitführen von Landeswährung außerhalb der Landesgrenzen war damals von der Regierung verboten. Ich bin sicher, dass sie sich nicht im Traum hätte vorstellen können, wie eines Tages die Samtene Revolution ihr Land verändern würde.“

„Bei unserem Besuch 1964 schienen der uns zugewiesene Reiseleiter und der Chauffeur vollkommen verblüfft zu sein, dass wir unsere Kinder mitbrachten. Sie erwarteten vermutlich, dass es sich bei der ‚Stewart-Gruppe‘ um Geschäftsleute handeln würde. Obgleich sie sehr höflich waren, war es uns nicht gestattet, uns so frei zu bewegen, wie das in anderen Ländern möglich war. Wir durften viele der berühmten Sehenswürdigkeiten Prags erkunden, darunter das Haus von Franz Kafka, sowie einige der Wunder innerhalb der Mauern der historischen Stadt, die von den Verwüstungen verschont geblieben war, die der Krieg anderswo im Land angerichtet hatte."

Einige Dinge stachen für Stewart in Bezug auf die damalige Tschechoslowakei hervor: Es gab fast keine Autos, und die Familie wurde die ganze Zeit beobachtet. Er erinnerte sich lebhaft an den Zustand des Flugzeugs, mit dem sie abflogen. „Das in der Sowjetunion gebaute Flugzeug, mit dem wir nach Griechenland fliegen sollten, war schmutzig. Auf der Uniform der Stewardess befanden sich Fettflecke, und das Platzdeckchen bestanden aus zwei zusammengeklebten Papierservietten."

Die Stewarts verbrachten mehrere Tage in Athen, aßen auf der Dachterrasse eines kleinen Cafés in der Plaka zu Abend und unternahmen dann auf einem Schiff namens Stella Solarius eine siebentägige Kreuzfahrt zu den griechischen Inseln, die in der Türkei endete. Stewart erinnerte sich, dass er damals zum ersten Mal junge Leute den Watusi tanzen sah. „Dieser Tanz beeindruckte uns damals ungemein. In nur wenigen Jahren würden die 1960er-Jahre in vollem Gange sein, und der Watusi würde als ziemlich harmlos angesehen werden."

Die Familie flog weiter nach Kairo. „In Kairo trafen wir den Boxer Cassius Clay, der noch nicht Muhammad Ali war. Die Kinder bekamen alle ein Autogramm von ihm. Irgendwo habe ich eins aufgehoben. Vielleicht ist es heutzutage etwas wert. Wir fuhren mit dem Zug nach Luxor und sahen die Ruinen auf der Ost- und die Gräber auf der Westseite. Es war so heiß und die Kinder waren ganz aufgeregt und wateten sofort ins Wasser, aber der Reiseleiter ermahnte sie, sofort herauszukommen, denn die im Wasser befindlichen Würmer dringen zwischen die Zehen und in den Blutkreislauf ein und verursachen Blindheit."

Der Anblick der Pyramiden, die sich majestätisch aus der Wüste erhoben, bewegte Stewart zutiefst. „Ich war berührt von der Erkenntnis, wie unbedeutend einzelne Personen angesichts des Laufs der Zeit sind. Diese monumentalen Bauwerke gab es schon seit Tausenden von Jahren, ebenso wie die mittlerweile verfallenen Tempel von Luxor. Doch die Menschen, die sie erbaut haben, existierten nur für einen flüchtigen Moment. Ich fragte mich, ob sich eines Tages eine zukünftige Generation das Erdgassystem ansehen würde, an dessen Aufbau wir so hart arbeiteten. Würde es für sie Teil einer längst überholten Epoche sein, die nur ein paar Generationen andauern würde, um zu ihren Lebzeiten von einem anderen Energiesystem wie der Kernkraft abgelöst zu werden?"

Stewarts Vorhersage von 1964 hat sich mittlerweile zu einer ernsthaften Erwägung für einen Großteil der heutigen Welt entwickelt. Zunehmend setzt sich die Erkenntnis durch, dass die fossilen Brennstoffe, welche die Energie für die Weltwirtschaft erzeugen, endlich sind und Europa und die Vereinigten Staaten zunehmend in eine Abhängigkeitssituation geführt haben. Diese Einsicht hat dazu geführt, dass Wissenschaftler, Ingenieure und Wirtschaftswissenschaftler die Suche nach realisierbaren Alternativen betreiben.

Am Ende ihrer Weltreise kehrten die Stewarts in die Niederlande zurück – gerade rechtzeitig zum ersten Schulbeginn von Jane Ann und Mark, die eine lebendige Collage an Erlebnissen für ihre Essays mit dem Thema „Was ich diesen Sommer getan habe" verwenden konnten. Zum zweiten Mal setzten sie Doug Jr. ins Flugzeug, damit er die Schule in Le Rosey in der Schweiz zurückkehren konnte. War es die Tatsache, dass er dieses Jahr größer war, die es schwieriger machte, ihn gehen zu lassen?

Stewart und Jane fuhren vom Flughafen nach Hause, um die Briefe der Familie zu lesen, die sich während der großen Reise angesammelt hatten. Esso stellte alle zwei Jahre Tickets für Führungskräfte im Auslandseinsatz für die Rückreise in die Staaten zur Verfügung, und die Stewarts waren erst im vergangenen Sommer für einen Monat dort gewesen. Aber irgendwie löste dieser Stapel von Briefen voller aktueller Nachrichten über die Grillfeste am 4. Juli, Familiengeburtstage, Taufen und Hochzeiten der Cousins und Cousinen, zusammen mit den kleinen Päckchen mit Fotos und zusammengefalteten Zeitungsausschnitten, ein Gefühl aus, das sie nicht so schnell benennen konnten. Das kaum fassbare Phänomen namens Heimweh war aufgetaucht und ebenso schwer zu ignorieren wie die fröstelnde Atmosphäre nach einem Gewitter. In diesem Augenblick blieb keine Zeit, diesem Empfinden Aufmerksamkeit zu schenken. Jane ließen die zahlreichen Aktivitäten mit allen Gruppen, in denen sie Mitglied oder Vorsitzende war, keine Zeit zum Luftholen. Stewart tauchte sofort wieder in den hektischen Arbeitsalltag für die abschließenden Verhandlungen in Deutschland und Belgien ein.

Um Weihnachten herum gelangten die Stewarts überraschend zu einer Erkenntnis. Irgendwie waren sie zu einer Art offiziellem Begrüßungskomitee für Neuankömmlinge in der Region geworden. Eigentlich konnten sie sich nicht mehr genau erinnern, wer diese

Funktion ausgeübt hatte, als sie selbst ankamen. Langsam wurde ihnen jedoch bewusst, dass fast alle, die bei ihrer Ankunft dabei gewesen waren, weitergezogen waren, sogar die Nachbarn von nebenan. Sie hatten sich mit dieser Familie so wohl gefühlt, dass sie ein Tor in die Hecke zwischen ihren Grundstücken einbauten, sodass sie nicht den ganzen Weg an der Straße entlanglaufen mussten, um einander einen Besuch abzustatten. Die neuen Nachbarn hatten keine Kinder und das Tor war schon eine ganze Weile nicht mehr geöffnet worden.

Die beiden hatten den Zeitpunkt erreicht, der im Leben eines jeden Menschen eintritt, der für längere Zeit außerhalb seines Heimatlandes arbeitet. Das Neuartige, Exotische und Faszinierende, das bei der Ankunft vorherrscht, gerät Tag für Tag mehr in den Hintergrund und letztendlich bleibt man immer „der Amerikaner", der lediglich im Land arbeitet. Obwohl die Stewarts sicherlich die Freundschaft der Einheimischen in den Niederlanden schätzten, konnten sie nie ganz am politischen Leben der Gemeinschaft so teilhaben, wie sie es immer in den Staaten getan hatten. Sie waren dort einfach keine Bürger und würden es auch nie sein.

Während sie begannen, diese Veränderungen in ihrem Leben zu realisieren, stellte der Januar 1965 für sie einen persönlichen Wendepunkt dar. Alles geriet für sie deutlich ins Blickfeld, als es an der Zeit war, Doug Jr. in das Flugzeug zurück in die Schweiz zu setzen. Er reiste voller eigener Pläne ab. Zwischen den Semestern würde er nicht nach Hause kommen, kündigte er an, er wolle mit Freunden Ski fahren. Auf der Rückfahrt von Amsterdam schwieg Jane ungewöhnlich lange. Sie kannten sich zu gut für Erklärungen. Als Jane sagte: „Doug", wusste er genau, was sie dachte, und erwiderte leise: „Ich auch."

Was vor ihnen lag, erschien ihnen so gewichtig wie die eisbeladenen Bäume ihres ersten niederländischen Winters. Was der Verbleib in den Niederlanden für ihr Familienleben in der Zukunft bedeuten würde, zeichnete sich schon vor der verschlossenen Tür der Gegenwart ab. Dies war Jane Anns letztes Jahr an der amerikanischen Schule. Wenn Stewart nach ihrem Abschluss mit dem niederländischen Gasprojekt weitermachen würde, müsste auch sie zur Schule in die Schweiz geschickt werden. Jane wollte die Teenagerjahre ihrer Tochter nicht an eine Institution abgeben.

Zu dieser Zeit hätte Stewarts klügster Karriereschritt darin bestanden, seinen Erfolg in den Niederlanden zu nutzen, indem er den beruflichen Aufstieg annahm, der ihm in Jerseys enormen internationalen Operationen offenstand. Aber bei der Wahl, die er und Jane treffen mussten, ging es nicht um seine Karriere. Es ging um ihr Familienleben.

Die beiden verbrachten die nächsten Stunden damit, die Gefühle, die seit ihrer Rückkehr von der Reise im Sommer immer wieder aufkamen, in Worte zu fassen. Obwohl Stewart sein Versprechen an Jane gehalten hatte, an den Wochenenden zu Hause zu sein, entschädigte die Leichtigkeit des Reisens, die der Job der Familie an den meisten dieser Wochenenden ermöglichte, Jane nicht für all die Tage, an denen er abwesend war. Und inzwischen gab es nur noch sehr wenig in Europa, das sie noch nicht gesehen hatten. Zum ersten Mal äußerte Jane offen ihre zuvor sorgfältig verborgene Enttäuschung über die Abwesenheit ihres Mannes und ihr Gefühl des Verlustes darüber, von ihrer Familie in Texas getrennt zu sein. Stewart erzählte ihr von seiner eigenen unausgesprochenen Unzufriedenheit mit den Anforderungen des Jobs. Eine Episode, über die er besonders verbittert war, betraf einen Besuch bei seinen Eltern, den er geplant hatte. Er war für zwei Meetings, die fast eine Woche auseinander lagen, nach New York zurückgekehrt. Seit einem Jahr hatte er seine Eltern nicht mehr gesehen, und seine Mutter hatte den Besuch, den er ebenfalls ersehnt hatte, erwartungsfreudig vorbereitet. Stewart kam gegen Mittag in Oklahoma an, aber bevor der Tag zu Neige gegangen war, war er wieder nach New York zurückberufen worden, um Bill Stott zu unterstützen. Vierzig Jahre später schmerzte diese Willkür immer noch.

Für die gemeinsame Entscheidung brauchten die Stewarts nicht wie die Katze um den heißen Brei herumlaufen. Die Sache war klar. Sie würden heim nach Amerika reisen. Stewart würde sich um eine Stelle im New Yorker Büro bewerben. Die beiden unterhielten sich bis in die frühen Morgenstunden über die vielen Aspekte, die das Verlassen der Niederlande mit sich bringen würde, und über die Logistik der Verschiffung eines ganzen Haushalts zurück nach Connecticut.

Das Jahr 1965 markierte auch den Höhepunkt der gemeinsamen Arbeit von Schepers und Stewart. Wie Soldaten auf einer Parade marschierten die schrecklichen Zwillinge erfolgreich bis zur Ziellinie – mit Distrigas in Belgien, mit Weser Ems und Thyssengas in Deutschland. Die Verhandlungen mit Ruhrgas und den südlichen Gasunternehmen waren fast abgeschlossen, und auch Gaz de France war nun auf Gas erpicht. Das Vereinigte Königreich würde Gas aus seinen eigenen Nordsee-Funden beziehen. Alles, was Stewart und Schepers unternommen hatten, um die Stifte zu den Unterschriftslinien zu bringen, war vollbracht. Die Unterschriften auf dem Papier zu sehen, wäre lediglich ein feierlicher Moment in Anerkennung der bereits unternommenen Anstrengungen.

Am Montagmorgen informierte Stewart zuerst Schepers über seine Entscheidung. Schepers war nicht überrascht. Er und Stewart hatten vor kurzem über den frostigen Wind des unternehmerischen Mikromanagements gesprochen, der allmählich aufzog. Sie gestanden einander ein, dass es einfach keinen Spaß mehr machte. Der Grund für ihre lange, großartige Fahrt auf dieser Achterbahn der Verhandlungen neigte sich dem Ende zu.

Zuzugeben, dass alle Aktivitäten zu Ende gingen, war viel einfacher, als zu akzeptieren, dass sie nun auch die Freude ihrer gegenseitigen Gesellschaft verlieren sollten. Schepers erster Gedanke war, Stewart von seiner Entscheidung abzubringen, aber sie hatten sich so sehr daran gewöhnt, zu erkennen, was der andere dachte, dass er sich die Worte verkniff. Er wusste es besser. Stewart hätte das Thema des Abschieds nicht einmal angesprochen, wenn er nicht bereits alle Aspekte berücksichtigt hätte. Von Anfang an hatten sie geschworen, die Arbeit nicht der Familie in die Quere kommen zu lassen.

Schepers legte einfach seine Hand auf Stewarts Schulter. „Wir werden … Ich werde dich schmerzlich vermissen, mein Freund."

Die einzelnen Schritte des Übergangs sollten später geregelt werden. Stewart ging zum Esso-Gebäude hinüber, belustigt darüber, dass Cox keinen Versuch unternehmen würde, ihn vom Weggehen abzuhalten. Dieser Tatenlosigkeit lag natürlich ein ganz anderer Grund zugrunde als der Zurückhaltung, die Schepers gerade gezeigt hatte. Und in der Tat blieb eine Überraschung aus: Cox protestierte nicht und erkundigte sich nicht einmal nach Stewarts Zukunftsplänen. Zu lange war schon deutlich gewesen, dass der schreckliche Zwilling, der für Cox wahrscheinlich der „schreckliche Texaner" war, ihm niemals die Ehrerbietung entgegenbringen würde, die ihm seiner Meinung nach zustand.

Cox telegrafierte Milbrath die Neuigkeit, und wahrscheinlich drückte er kein Bedauern aus. Jersey antwortete, dass man Stewart gerne als verantwortlichen Manager für die weltweit produzierende Wirtschaftsabteilung nach New York zurückholen würde. Shell hingegen wünschte, dass er noch einige Monate in Den Haag blieb, um einen reibungslosen Übergang zu ermöglichen, und so wurde Stewarts Abreise für Mitte April geplant.

Der Aufsichtsausschuss der designierten Delegierten lud Stewart und Schepers ein letztes Mal ins Schloss Maurick in der Nähe von Den Bosh ein. Stewarts Niederländisch hatte sich inzwischen etwas verbessert, und er feilte fleißig an einer kurzen Schlussrede. Im Schloss dankte Stewart dem niederländischen Volk und den Ausschussmitgliedern für die großzügige Aufnahme und den Empfang während all der vielen vorangegangenen Verhandlungen. Als humorvolles Dankeschön würdigte er mit einer kurzen Rede auf Latein die Höflichkeit, die Sitzungen die ganzen Jahre ihm zuliebe auf Englisch abgehalten zu haben. (Latein bildete die Grundlage der verschiedenen Sprachen, die von den verschiedenen Ausschussmitgliedern und all ihren europäischen Kunden gesprochen wurden). Als Erinnerung an die Jahre der Zusammenarbeit überreichte der Ausschuss Stewart eine antike Landkarte der Niederlande, die noch immer an der Wand seines Büros in Houston hängt.

In Smidswater versammelten sich die Mitarbeiter zu einer Abschiedsfeier, bei der Schepers Stewart eine silberne Zigarrenkiste überreichte, auf der die Unterschriften der einzelnen Kollegen eingraviert waren. Stewart überraschte sie, indem er jedem einzelnen ein von ihm selbst entworfenes Brettspiel, einem Monopoly ähnlich, mit dem Namen „Funny Game of Gas Export" (Das lustige Spiel des Gasexports) überreichte, komplett mit Disaster und Triumpfkarten, die an all die Höhen und Tiefen erinnerten, die sie gemeinsam durchlebt hatten.

Stewart und Schepers nahmen Dick Mariner, den zukünftigen neuen Generaldirektor der IGTM, zu mehreren Besprechungen mit, um ihn Ruhrgas, Thyssengas und Distrigas persönlich vorzustellen. In Stewarts privaten Unterlagen befinden sich eine Reihe von Anerkennungsschreiben von den Geschäftsführern dieser Unternehmen sowie von den französischen Vorsitzenden von Esso und Shell und Bob Milbrath, dem Präsidenten von Esso International.

Stewart verabschiedete sich von Distrigas auf Französisch.

Bei seinem letzten Besuch bei Coen Smit, dem Niederländer, für den er großen Respekt entwickelt hatte, überreichte Stewart ihm ein vergoldetes Modell eines Stadtgasspeichers, der üblicherweise zur Bewältigung der stündlichen Schwankungen des Spitzengasverbrauchs verwendet wurde, zusammen mit der folgenden Präsentation:

Überreichung an Coen Smit, 15. April 1965

Vor vier Jahren kam eine kleine Gruppe aus New York in die Niederlande, um Berichte zu prüfen, nach denen die NAM (die sich zu fünfzig Prozent im Besitz von Esso befindet) große Gasreserven entdeckt hatte. Unsere Aufgabe bestand nicht nur darin, die Angaben zu überprüfen, sondern auch Mittel und Wege zu finden, das Gas optimal zu nutzen. Wir stellten nicht nur fest, dass der Bericht der Wahrheit entsprach, sondern wir fanden hier in den Niederlanden auch einen Mann von Format, der die Verhandlungen zu einem erfolgreichen Abschluss führen konnte. Er besaß einen für neue Ideen empfänglichen Verstand, die Energie, diese Ideen in die Tat umzusetzen, und den nötigen Sinn für Humor, um das Schiff durch die vielen Stürme zu steuern. Heute sehen er und wir die konkreten Ergebnisse, denn große Gasleitungen durchziehen die Niederlande, und deren Industrie und Haushalte profitieren bereits von dieser neuen Energiequelle.

Ganz Europa blickt nun auf Dutch Gas. Coen Smit, Verhandlungsführer, Unternehmer, Gründervater des niederländischen Gasgeschäfts, es ist mir eine große persönliche Freude, Ihnen als Zeichen unserer Wertschätzung diese Erinnerung daran zu überreichen, dass vier Jahre im Gasgeschäft vierzig Jahre im Ölgeschäft entsprechen.

Am 15. April 1965 verabschiedete sich Stewart endgültig von Schepers und seinen Mitarbeitern. Mit der Aktentasche in der Hand trat er auf die gepflasterte Straße am Kanal hinaus. Jane war noch nicht gekommen, um ihn mit dem Jaguar abzuholen, den sie dann zurücklassen wollten. Er schlenderte ein paar Meter an der Jagerstraat vorbei zur kleinen Brücke über dem Smidswater-Kanal. Auf das Geländer gestützt, blickte er zurück zur Nr. 23 und dann den baumbestandenen Kanal entlang. Die Bäume wurden langsam grün. Ein leichter Nebel hing über dem Wasser, und eine Entenmutter, die auf der Suche nach einem Leckerbissen war, kam angewatschelt, eine kleine Flottille von Entenküken im Schlepptau.

Stewarts Gedanken wanderten viereinhalb Jahre zurück zu den Momenten, in denen er im Sitzungssaal von Jersey zum ersten Mal vom niederländischen Gas erfahren hatte und in denen er dann die Niederlande zum ersten Mal gesehen hatte, mit Eiern von wilden Truthähnen auf seinem Schoß. Er erinnerte sich an den Klang der Straßenorgel im Hotel De Wittebrug und an sein erstes Treffen mit Coen Smit und Jan van den Berg. Es gab dieses erste frostige Meeting mit Shell in Rotterdam und die Wiedergutmachung, nach Oldenzaal geschickt zu werden.

Er war dort gewesen, um die langwierigen Verhandlungen mit de Pous und State Mines zu verfolgen. Durch Shells Einfluss und Zusammenarbeit war all dies zu einem endgültigen Erfolg geworden. Als er die Niederlande verließ, besaßen Shell und Esso jeweils fünfzig Prozent von Gasunie und sechzig Prozent der produzierenden Maatschappij sowie die Rechte zum Verkauf des Gases im Export für Gasunie mit dem vollen Einverständnis, dass sie in das Gasgeschäft in den Exportländern einsteigen würden. Stewarts wertvollste Erinnerung war der Spaß, den er auf seinen Reisen mit Schepers dabei gehabt hatte, mit den etablierten Gasunternehmen zu wetteifern. Es folgten die ersten Rückschläge: rausgeworfen aus Frankreich, kein Gewinn im Vereinigten Königreich, abgelehnt in Belgien, nicht denkbar in Deutschland. Da er und Schepers ihren Optimismus nie verloren hatten, hatte sich ihre Beharrlichkeit ausgezahlt. Die Weichen waren gestellt. Shell und Esso waren in den drei wichtigsten Ländern – den Niederlanden, Belgien und Deutschland – im Gasgeschäft tätig. Der Premiumwert von Erdgas einschließlich der ökologischen Vorteile floss in erster Linie an Privathaushalte und kleine Unternehmen.

Die Einzelheiten der Vertragsausarbeitung mit den endlosen Treffen würden nie wieder so reizvoll sein wie in den Zeiten, als er und Schepers frei schalten und walten konnten. Stewart ging ohne Bedauern. Er blickte auf den Kanal hinunter und sah, dass die Enten weitergezogen waren. Als er aufblickte, wartete Jane im Jaguar. Sie fuhr ihn zum Hotel, wo eine Limousine wartete, um die Familie zum Flughafen zu bringen.

Auf dem Weg nach Schiphol blickte Stewart noch einmal auf die grünen Felder, die Kanäle und die Tulpenfelder. Es war ein unvergleichliches Erlebnis gewesen. Dass noch andere Herausforderungen vor ihm lagen, wusste er mit Sicherheit. Das Flugzeug, das er und seine Familie bestiegen, würde ihn hinbringen.

1992 kehrten Doug und Jane Stewart in die Niederlande
zurück und schwelgten mit Krik und Louise in Erinnerungen
an die Tage des niederländischen Gases. Schepers bei
sich zu Hause in 's-Hertogenbosch, Niederlande.

Oben rechts: Doug Stewart und Millard Clegg in Houston, Texas, 2004.

Unten: Stewart kehrte 2005 zur Smidswater-Brücke zurück und blickte
noch einmal auf Smidswater 23 zurück. Es waren vierzig Jahre vergangen,
seit er das letzte Mal auf der Brücke gestanden hatte. Der Kanal und
die Gebäude hatten sich nicht wesentlich verändert, aber das Leben
der Menschen und die Umwelt hatten sich verbessert, und es war
befriedigend zu wissen, dass er an den Veränderungen mitgewirkt hatte.

Epilog

Startschuss gesetzt

NAM Gas Export und IGTM wurden 1963 ursprünglich gegründet, um die ersten Exportverträge zu entwickeln und die Struktur der Beteiligung von Shell und Esso am Gasgeschäft in Deutschland und Belgien festzulegen. Nach einigen Jahren erwiesen sich diese Unternehmen jedoch nicht mehr als nützlich. Nachdem Shell und Esso Beteiligungen an Distrigas, Thyssengas, Ruhrgas und mehreren deutschlandweiten Fernleitungen erworben hatten, wurde IGTM geschlossen. Im November 1967 trat Krik Schepers von der NAM Gas Export zurück und wurde Direktor der State Mines und delegierter Kommissar bei Gasunie und Maatschappij. Nach der Verstaatlichung der Ölgesellschaften im Nahen Osten gab es keinen Grund, NAM Gas Export weiter bestehen zu lassen, und ein Großteil der Mitarbeiter wurde zu Gasunie versetzt, welche die Exportaufgaben übernahm.

Esso richtete ein Gas-Koordinationsbüro in London ein, um Essos wachsendes Interesse an der Gasproduktion aus der Nordsee sowie die Interessen, die in Kontinentaleuropa durch das niederländische Gasprogramm gewonnen wurden, zu überwachen. Don Cox, Jack Windham und Martin Orlean zogen mit diesem neuen Unternehmen nach London.

Das folgende Zitat von Arne Kaijser in seinem Artikel von 1996 für das NEHA-Jaarboek mit dem Titel *Von Slochteren nach Wassenaar* fasst die Leistungen der niederländischen Gasprojektteams zusammen:

> *Sowohl für Shell als auch für Esso war die Nutzbarmachung des Groningen-Feldes und die Beteiligung an der niederländischen Gasindustrie ein sehr wichtiges Sprungbrett. Die Exporte aus dem Groningen-Feld führten zum Bau grenzüberschreitender Pipelines, die schließlich zu*

einem integrierten europäischen Gasnetz wurden, das die
meisten Länder des europäischen Kontinents umfasst. Der
starke Einfluss auf den Gasabsatz aus dem lange Zeit größten
Einzelgasfeld Westeuropas, zusammen mit der Kompetenz,
die beim Aufbau des niederländischen Gassystems entstand,
ermöglichte es Shell und Esso, in den 1970er- und 1980er-
Jahren die Kontrolle über strategische Teile der europäischen
Gasindustrie zu erlangen. Tatsächlich war das Groninger
Gasfeld der Auslöser für die Umwandlung der beiden
Giganten von Ölgesellschaften in Energieunternehmen.

Die Entwicklung der europäischen Erdgasmärkte
und -verteilungssysteme, die durch die Entdeckung von Groningen in
Gang gesetzt worden war, wurde durch die großen Gasfunde ab 1966
in der Nordsee und später durch den Import von russischem Gas weiter
angekurbelt. Bis zum Jahr 2005 machte Erdgas etwa fünfundzwanzig
Prozent des europäischen Energiemarktes aus.

Zurück zur Uitsmijter-Lösung

In den fünfunddreißig Jahren von 1965 bis 2000 florierten die
Gasversorgungsunternehmen in den Niederlanden, Belgien und
Deutschland, an denen Shell und Esso beteiligt waren. Ruhrgas wurde
unter der Leitung von Schelberger und Liesen zu einem führenden
Unternehmen auf den deutschen Energiemärkten. Thyssengas und
Distrigas stellten ihre Gasverteilungssysteme rasch auf Erdgas um (siehe
Grafiken im Anhang).

Im Jahr 1998 verabschiedete die Europäische Union im Einklang
mit ihrer sich entwickelnden Energiepolitik eine Richtlinie, in der
festgelegt wurde, dass Drittlieferanten, das heißt andere Parteien als die
Anteilseigner von Gasversorgungsunternehmen, direkten Zugang zu
den Märkten haben und die vorhandenen Pipelines für den Transport
nutzen können. Diese Richtlinien führten zu neuen Komplikationen
und zur Umstrukturierung der Gasversorgungsunternehmen. Exxon, das
1975 seinen Anteil an Distrigas veräußert hatte, verkaufte im Jahr 2000
auch seinen Ein-Viertel-Anteil an Thyssengas, um die Genehmigung
der Europäischen Union für die Fusion mit Mobil zu erhalten. Später
verkaufte auch Shell die Thyssengas. Im Jahr 2002 verkauften beide

Unternehmen ihre Beteiligungen an Ruhrgas für etwa 2,8 Milliarden Euro, so der Jahresbericht 2002 von Exxon Mobil.

Gasunie wurde 2004 in zwei Unternehmen aufgeteilt, um Transport und Verteilung von der Vermarktung zu trennen. Die niederländische Regierung kaufte die Beteiligung von Shell und Esso am niederländischen Pipeline-Transportsystem für 2,8 Milliarden Euro auf. Dieses System besteht weiterhin unter dem Namen N. V. Nederlandse Gasunie. Die Marketingeinheit wurde in Gasunie Trade & Supply umbenannt, wobei Shell und Esso ihre jeweils 25-prozentige Beteiligung an diesem Unternehmen behielten. Somit ist im Rahmen des überarbeiteten Systems der Europäischen Union der vom Transportsystem getrennte Gasein- und -verkauf wieder auf die Uitsmijter-Idee zurückzuführen, wie sie ursprünglich von NAM Gas Export und IGTM vorgeschlagen wurde.

Anhang Essay 2006

Das Wachstum der Erdgasverkäufe

Aufgrund der fortgeschrittenen Planung und der Energiestudien stieg der Absatz von niederländischem Erdgas nach der Gründung von Gasunie schnell an. Bereits im Frühjahr 1962 hatten State Mines, Shell und Esso eine Planungsgruppe gebildet, die davon ausging, dass das vorgeschlagene neue Unternehmen und die Produktionsvereinbarungen irgendwie Gestalt annehmen würden. Später beteiligten sich auch der staatliche Gasrat und Vertreter der städtischen Netze an der Planung. Die NAM selbst setzte die Explorationsbohrungen fort und erstellte detaillierte Pläne für Produktionsanlagen. Fast unmittelbar danach begann die Charta der Gasunie mit der Arbeit an der Planung und Verlegung neuer Erdgasleitungen.

Die Exportstudien von Esso hatten Anfang 1961 begonnen, und Shell schloss sich Mitte 1962 Esso an, um diese Bemühungen fortzusetzen. Im Herbst 1963 wurden die gemeinsamen Studiengruppen von Shell und Esso mit Distrigas, Thyssengas, Ruhrgas und Gaz de France eingebettet. Da die Exportverträge erst Ende 1965 und Anfang 1966 abgeschlossen wurden, lag die Umstellung der Exportländer etwa zwei Jahre hinter den Niederlanden zurück.

Die Entdeckung in Groningen gab den Anstoß für die Umstellung Europas auf Erdgas, und auch andere Produzenten als Shell und Esso profitierten in hohem Maße davon, dass es ein bestehendes Netz und einen Markt für ihre Gasfunde gab. Zitat aus *Natural Gas in the Netherlands* von Aad Correlje, Coby van der Linde und Theo Westerwoudt:

> *Die niederländischen Gasexporte spielten eine wichtige Rolle bei der Aufrechterhaltung und Entwicklung der Nutzung von Gas in Europa. Ohne das niederländische*

Gas wäre die Rolle des Stadtgases in einer Reihe von Regionen durch Ölprodukte und Methangas in Flaschen und Behältern übernommen worden. Darüber hinaus haben die niederländischen Gasexporte und der Bau der zugehörigen Infrastruktur völlig neue regionale und sektorale Gasmärkte geschaffen. Am wichtigsten war jedoch der Aufbau einer koordinierten europäischen Gasinfrastruktur.

Das Vorhandensein dieser Gasinfrastruktur und die wachsende Nachfrage nach Gas führten zu einem Bedarf an zusätzlichen Importlieferungen aus der Sowjetunion und Algerien und schließlich aus LNG-Quellen im Nahen Osten und anderswo.

Die Diagramme 1 und 2 auf der folgenden Seite veranschaulichen das Wachstum der Gasverkäufe in den Niederlanden im Vergleich zu den Exportverkäufen. Aufgrund des frühen Beginns der Umstellung in den Niederlanden stiegen die Inlandsverkäufe schnell an und die Exportverkäufe überstiegen schließlich die Nachfrage nach inländischem Gas. Die Daten stammen aus den Jahresberichten von Gasunie.

Gasunie Sales

Domestic and Export
CHART 1

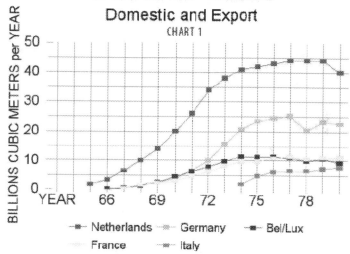

By 1974, Exports of Dutch Gas
Exceeded Domestic Use
CHART 2

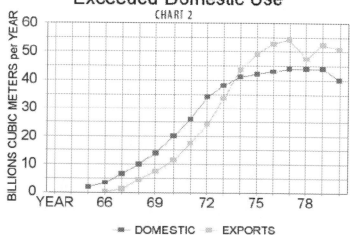

Nachwort

Ein persönlicher Beitrag über Erdgas in den Niederlanden von Emiel van Veen, wohnhaft in Rijksdorp, ehemaliger CFO und stellvertretender Vorstandsvorsitzender von Royal Numico N. V.

Die ersten Erdgasreserven in den Niederlanden wurden kurz nach dem Zweiten Weltkrieg entdeckt. Es dauerte bis 1959, bevor NAM (Nederlandse Aardolie Maatschappij), ein Fifty-fifty-Joint-Venture von Shell und Esso, solche Mengen fand, dass man an den Beginn einer wirtschaftlich rentablen Förderung denken konnte. Es war in der Provinz Groningen, rund um die Gemeinde Slochteren.

Zu dieser Zeit war die Entdeckung eine Sensation. Sie versetzte das Land in die Lage, der wichtigste Gasproduzent Europas zu sein, gab der Wirtschaft einen großen Aufschwung und brachte dem Land Wohlstand und viele Annehmlichkeiten. Fast alle niederländischen Haushalte sind heutzutage durch ein landesweites Rohrsystem verbunden.

Der niederländische Staat hat daran bisher rund 150 Milliarden Euro verdient. Heute werden nur noch kleinere Felder entdeckt. Bereits 2005 begann die Erforschung des Wattenmeeres.

Derzeit belaufen sich die nachgewiesenen Erdgasvorkommen auf 2500 Milliarden Kubikmeter. Das scheint zwar unerschöpflich zu sein, aber bei einem Gasverbrauch, einschließlich Export, von etwa 75 Milliarden Kubikmetern pro Jahr wird das natürliche Geschenk für die Niederlande in 25 bis 40 Jahren aufgebraucht sein. Rund 80 Prozent der Produktion liegt in den Händen der NAM. Die Gasverteilung wird von der Nederlandse Gasunie durchgeführt, einem Unternehmen, das zur Hälfte dem Staat und zur Hälfte Shell und Esso gehört.

Die positive Seite der Erdgasversorgung versteht sich von selbst. Es gibt jedoch auch zwei Nachteile. Zunächst sinkt das Niveau der Bodenoberfläche allmählich ab. Bis 2040 wird Groningen um etwa 40 Zentimeter absinken. Dies führte und führt zu kleinen Erdbeben (zwischen 2,6 und 5,6 auf der Richterskala). Seit 1980 sind etwa 90 Beben registriert worden, glücklicherweise ohne allzu großen Schaden.

Zweitens machten die Einnahmen die Niederlande zu wohlhabend. Das klingt lächerlich, ist es aber nicht. In der Tat konnten viele umfangreiche notwendige Infrastrukturprojekte leicht ohne Steuererhöhungen durchgeführt werden. Die Löhne stiegen drastisch an, während die durchschnittliche Arbeitswoche im Laufe der Zeit auf 36 Stunden reduziert wurde und sechs Wochen Urlaub als durchaus üblich angesehen werden. Die Menschen wollen im Durchschnitt im Alter von 58 bis 60 Jahren in den Ruhestand gehen. Die Sozialsysteme gehören zu den besten und teuersten der Welt. Ohne die Vorteile des Erdgases wäre dies alles nie möglich gewesen.

Angesichts der Tatsache, dass die Gasversorgung in 20 bis 30 Jahren dramatisch zurückgehen wird, ist es wichtig, dass die Wirtschaft stark genug wird, um auf diese Einnahmen verzichten zu können. In einer offenen Wirtschaft, die stark vom Export abhängig ist, sollte der Wettbewerbsvorteil dann in innovativen, hochwertigen Produkten und Dienstleistungen zu günstigen Preisen liegen. Der derzeitige wirtschaftliche Abschwung in Europa oder bestenfalls ein schwaches Wachstum macht deutlich, dass die Niederlande in den vergangenen Jahren nicht genug in Bereiche wie erstklassige Bildungssysteme und Infrastruktur investiert haben. Die Menschen konsumierten zu viel, indem sie eine Einnahmequelle leer räumten, die keinen dauerhaften Charakter hatte. Das Lohn- und Gehaltsniveau in Verbindung mit weniger effektiven Arbeitszeiten hat die Niederlande zu teuer gemacht. Die Sozialsysteme sind zu starr. Die niederländische Gesellschaft muss sich der Realität stellen.

Weniger Gas muss durch eine stärkere Wirtschaft kompensiert werden. Die Menschen müssen akzeptieren, dass das Vermögenswachstum in Zukunft geringer ausfallen wird und sogar vorübergehend negativ sein könnte. Es muss eine Haltung und Einstellung her, die einen flexibleren Arbeitsmarkt und weniger großzügige Sozialsysteme akzeptiert, es muss härter länger gearbeitet werden. Wohlstand kann nicht mehr als selbstverständlich angesehen werden.

Zum Glück ist noch genügend Zeit vorhanden. Regierung und Gesellschaft haben die Gefahr und die möglichen Probleme erkannt. Die goldenen Zeiten, die das Erdgas 1960 brachte, sind so gut wie vorbei.

Ein Wiedersehen und eine Goldene Hochzeit

Im Jahr 1999 feierten Douglass und Jane Stewart ihre Goldene Hochzeit in Houston, Texas. Anlässlich dieser Feier kamen Jan van den Berg und Hans und Gisela Löblich aus Europa. Es folgen Auszüge aus einigen ihrer Reden. Van den Berg:

> Sie haben sicherlich davon gehört, dass Doug in den Niederlanden war und Jane dort einen Haushalt führte. Es war reiner Zufall, dass wir uns kennenlernten. In den Niederlanden war viel Gas entdeckt worden. Ich las es in der Zeitung und schrieb eine Nachricht an den Präsidenten von Esso Netherlands, und er bat mich, einen Bericht zu schreiben. Das Land war sehr arm, und wir hatten nicht den Lebensstandard, den wir heute haben. Ich wusste nicht, wo ich anfangen sollte. Ich hatte nichts auf dem Papier stehen.
>
> Und dann kamen plötzlich einige Amerikaner, und ich erzähle Ihnen, was sie getan haben. So richtig weiß das eigentlich niemand. Zusammen haben wir einen fantastischen Plan entwickelt. Wir wollten alle auf Erdgas setzen. Es war ein sehr guter und einfacher Plan, aber einige Leute meinte, es sei unmöglich. Wir hatten keine Pipelines. Und Doug sagte: „Alles ist möglich. Es wird in den Vereinigten Staaten gemacht. Wenn Sie es nicht glauben, fahren Sie dorthin." Und einige Niederländer taten das.
>
> Glauben Sie mir, es war nicht so einfach, all diese Häuser und Öfen anzuschließen und auf das neue Gas umzustellen. Es war eine gewaltige Aktion. Die gesamte Heizsituation musste geändert werden. Doug war der Mann, der die ganze Sache durchzog.

Doug konnte zwar kein Niederländisch, aber er hat die gesamte niederländische Wirtschaft verändert. Ich, der Mann mit den Holzschuhen, war mit ihm dort.

Die Niederländer haben sich offiziell nie bei Jane und Douglass bedankt, deshalb möchte ich heute Abend, getreu der niederländischen Tradition, Doug Stewart offiziell für seine Arbeit danken.

Hans Löblich:

Vor etwa 35 Jahren war Doug auf dem Weg von New York nach Den Haag. Es gab ein großes Problem, weil die Niederländer dieses Gas in ihrem Erdreich hatten. Im Jahr 1963 gründete er eine Firma namens NAM Gas Export, und dies war die Zeit, in der wir als erste eine Studie über das Potenzial von Erdgas in Deutschland erstellt haben. Im Jahr 1963 gab es in Deutschland kein Erdgas. Wir begannen mit der Studie, und wir hatten keine Ahnung, wie wir Erdgas verkaufen sollten. Doug und Martin Orleans kamen und halfen uns. Wir mussten die Kokerei-Gasleute davon überzeugen, auf Erdgas umzustellen. Doug Stewart und Schepers haben uns sozusagen dazu genötigt. Jedes Mal, wenn sie kamen, hatten sie neue Ideen. Dank ihrer unermüdlichen Aufdringlichkeit waren wir erfolgreich.

Heute, 35 Jahre später, macht Erdgas 32 Prozent der Energie in Deutschland aus. Wir sind sehr froh über das Gas in Deutschland, und wir danken Ihnen dafür. Wir wünschen Ihnen auch für das nächste Jahrzehnt alles Gute und wünschen Ihnen, dass Sie bei guter Gesundheit bleiben und Zeit mit Ihrer Familie verbringen können.

Biographien

Douglass Stewart kehrte nach New York zurück und wurde Manager der Standard Oil Producing Economics. 1967 wurde er zu Esso Eastern versetzt, um die Produktionsabteilung von Esso Far East in Australien, Pakistan und Indonesien zu koordinieren. Er ging bei Standard Oil in den Vorruhestand, um als Vizepräsident zur Weeks National Resources Corporation zu wechseln und das Unternehmen in Australien an die Börse zu bringen. 1973 gründete er die DMS Oil Company in Houston, Texas, in der er weiterhin aktiv ist, mit vielfältigen Interessen an Erdgasquellen im gesamten Südwesten der Vereinigten Staaten. 2006 hat Doug wieder geheiratet. Er und seine Frau Patricia leben in Florida.

Nach ihrer Rückkehr in die Staaten übernahm **Jane Stewart** eine ehrenamtliche Aufgabe im Krankenhaus von Norwalk, Connecticut, wo sie mit Begeisterung ihre Rolle als Gemeindeleiterin wieder aufnahm und Diakonin und eine der ersten weiblichen Ältesten in der Norfield Congregational Church of Weston, Connecticut, wurde. Sie verstarb 2001.

Krik Schepers blieb bis 1967 Geschäftsführer von Nam Gas Export und wurde anschließend Direktor und Mitglied des Raad of Dutch State Mines, wo er auch in der Aufsichtskommission des Gas Unie Maatschappij tätig war und 1988 in den Ruhestand trat. Er verstarb 1999.

Hans-Joachim Löblich setzte seine Tätigkeit bei Esso A. G. fort, wurde Leiter der Abteilung für Umweltkontrolle und erreichte in der umfassenden wissenschaftlichen Forschung über die Emission von Schwefeldioxid eine solche Bedeutung, dass er 1979 von der deutschen Regierung mit dem Bundesverdienstkreuz für seine Arbeit ausgezeichnet wurde. Als die Regierung eine umfangreiche Studie über die Auswirkungen von Schwefelemissionen forderte, gründete er sein eigenes Unternehmen, das Beratungsbüro für

Umweltfragen (Consulting Büro für Umweltangelegenheiten), um diese Studie durchzuführen. Nach der Fertigstellung im Jahr 1985 hat er bis zu seiner Pensionierung in ganz Europa wissenschaftliche Studien im Umweltbereich konzipiert und durchgeführt. Er und seine Frau Gisela wohnen in Hamburg und sind begeisterte Weltreisende.

Paul Mortimer wurde 1968 Präsident der IGTM und blieb bis 1985 bei Exxon. Er ist jetzt Vorstandsvorsitzender bei Hardy Oil and Gas PLC, das Produktions- und Explorationsbetriebe vor der Küste Indiens hat. Er ist zudem Vorsitzender von Rift Valley Holdings Limited, einem privaten Tee-, Kaffee-, Kokosnuss- und Forstwirtschaftsunternehmen mit Plantagen in Simbabwe, Sambia, Tansania und Mosambik, Direktor des Gemini Oil and Gas Royalty Fund und auch Direktor von Digital Ventures, einem Risikokapitalfonds.

Dr. Klaus Liesen trat 1976 die Nachfolge von Dr. Schelberger als Vorstandsvorsitzender der Ruhrgas an und leitete die Expansion des Unternehmens in vielen Pipeline- und Gas-Energieunternehmen in Deutschland und anderen Ländern. 1996 wurde er Aufsichtsratsvorsitzender der Ruhrgas. Im Jahr 2003 verließ er diese Position und wurde Ehrenvorsitzender des Aufsichtsrates. Derzeit ist er noch Mitglied in mehreren Aufsichtsräten von Unternehmen der Energiewirtschaft und anderer Industriezweige.

Martin Orlean wechselte als Wirtschaftswissenschaftler zum Büro von Esso, später wurde er Berater der Gasindustrie und vertrat einst den Gasrat gegen Esso. Er ist jetzt im Ruhestand und lebt in London.

Harold Wright war weiterhin für Esso tätig und ging als Leiter der Produktionsabteilung von Esso in den Vereinigten Staaten in den Ruhestand. Er lebte bis zu seinem Tod im Jahr 2005 in Houston. Er und Stewart blieben zeitlebens gute Freunde.

Jan van den Berg wurde als Wirtschaftswissenschaftler an der Erasmus-Universität ausgebildet und war in dieser Funktion bei Esso Niederlande tätig, bis er in die Verkaufsabteilung von Gasunie eintrat und bis zu seiner Pensionierung 1988 die Position des Gasverkaufsleiters übernahm. Er starb 2003.

Neill „Cees" van der Post arbeitete bis 1972 als Maschinenbauingenieur bei Esso Netherlands und übernahm anschließend die Leitung des Gas Transport Laboratory bei Gasunie in Groningen. Er ging 1987 in den Ruhestand und starb 1992.

Yves Monods langjährige internationale Karriere bei Shell umfasste einen Posten im Ausland als Vorstandsvorsitzender bei Shell Chile. Seine Tätigkeit bei NAM Gas Export und IGTM endete 1966, als er zum Direktor bei Shell Francoise ernannt wurde, bis er zum Generaldirektor der Société TIPIAK in Nantes, Frankreich, wurde. Er war zudem Präsident des Pariser CVJM, ist jetzt im Ruhestand und lebt in Paris.

Rene Cozzi wurde nach der Schließung des NAM Gas Export/IGTM-Büros in Paris in das Esso-Koordinationsbüro in London versetzt und ging bei Esso France in den Ruhestand. Er wohnt in Paris.

Don Cox wurde Leiter der Erdgaskoordination, als Esso seinen Hauptsitz nach London verlegte, und später Direktor von Exxon.

Millard Clegg kehrte mit weltweiten Einsätzen in die Ingenieurabteilung von Esso in Texas zurück. Er und seine Frau leben in Houston, Texas.

Ciny van den Berg wohnt in Rodan in der Provinz Groningen, reist viel und genießt ihre Enkelkinder.

Louise Schepers lebt in 's-Hertogenbosch, reist viel und genießt ihre Enkelkinder.

Personenindex nach Land

AMERIKA

Clegg, Millard, Esso-Pipeline-Ingenieur Clegg, Dorothy, Millards Frau

Cox, Donald, Esso, niederländischer Gas-Berater, später Erdgas-Koordinator, London

Laufs, Jerry, Esso-Ökonom, IGTM

Mariner, Dick, Geschäftsführer von Esso, wurde Nachfolger von Stewart als Generaldirektor der IGTM

Miles, Paul, Esso-Pipeline-Ingenieur

Milbrath, Bob, Marketingabteilung Standard Oil (N. J.), New York; Präsident von Esso Export

Mortimer, Paul, Esso-Ökonom IGTM, später Generaldirektor IGTM Orlean, Martin, Standard Oil (N. J.), einer der „Esso Four", IGTM

Wirtschaftswissenschaftler

Priestman, Dawson, Standard Oil (N. J.), Manager für Wirtschaftsproduktion, New York

Rathbone, Jack, Vorsitzender von Standard Oil (N. J.), Chief Executive Officer

Stott, Bill, Marketing Vice President von Standard Oil (N. J.), New York Stewart, Douglass M., stellvertretender Manager bei Standard Oil (N. J.), wirtschaftliche Entwicklung, New York, Leiter der „Esso Four", Geschäftsführer IGTM

Temple, Paul, Rechtsanwalt Standard Oil (N. J.)

Vazquez, Siro, Standard Oil (N. J.) produzierender Koordinator (venezolanischer Staatsbürger)

Windham, Jack, Esso-Pipeline-Ingenieur, Nachfolger von Mariner als Generaldirektor der IGTM

Wright, Harold, Standard Oil (N. J.) Erdölingenieur, Exxon USA

Weeks, Lewis, Standard Oil (N. J.) Chefgeologe

ÖSTERREICH

Kandler, Raymond, Geschäftsführer von Esso, Leiter bei NAM Gas
   Export/IGTM Büro Wien

BELGIEN

De Housse, Jacques, Esso Belgium, Leiter NAM Gas Export/IGTM
   Büro Brüssel
De Brouwer, Geschäftsführer Distrigas
Leemans, Victor, belgischer Senator, Mitglied des Europäischen
   Parlaments
Thys, Le Chavalier Albert, Direktor Distrigas

FRANKREICH

Alby, Mssr., Geschäftsführer von Gaz de France, später stellvertretender
   Generaldirektor
Antoine, Mssr., Rechtsanwalt Esso France
Bernard, Mssr., Generaldirektor von Gaz de France 1964
Bijard, Mssr., Geschäftsführer von Gaz de France
Bouriez, Mssr., Wirtschaftsberater Shell France Couture, J.,
   Generalsekretär der französischen Regierung für Energie
Chizelle, Kuhn de, Generaldirektor von Gaz de France 1963 Cozzi,
   Rene, Wirtschaftswissenschaftler Esso France
Loizillon, Mssr., Geschäftsführer von Shell Frankreich
Monod, Yves, Shell Frankreich, Leiter des NAM Gas Export/IGTM-
   Büros in Paris
Monod, Solange, Yves' Frau
Schere, Serge, Präsident Esso France

DEUTSCHLAND

Herr Dobmeyer, Wirtschaftswissenschaftler Esso A. G.
Geyer, Jerry, Generaldirektor Esso A. G. Hamburg Herr Kratzmuller,
   Direktor Esso A. G.

Liesen, Dr. Klaus, Nachfolger von Shelberger als Vorsitzender der Ruhrgas

Löblich, Hans, Ingenieur, Leiter Energievertrieb, Esso A. G., Stellvertretender Leiter NAM Gas Export/IGTM Büro Frankfurt Löblich, Gisela; Monika und Gabi, Frau und Töchter von Hans

Herr Scheffer, General Manager Deutsche Shell Hamburg Schelberger, Dr. Herbert, Vorsitzender Ruhrgas

Sottorf, Gert, Shell Geschäftsführer, Leiter NAM Gas Export/IGTM Büro Frankfurt

Herr Swart, Direktor der Bank voor Handel en Scheepvaart von Baron Thyssen, Baron Hans Heinrich Bornemisca, Inhaber von Thyssengas

Weise, Dr. Jurgen, Geschäftsführer Ruhrgas

NIEDERLANDE

Boot, J. C., Generaldirektor Shell Nederland, 1962, delegierter Vorgesetzter Gasunie

De Pous, J. W., Wirtschaftsminister

Hoogland, Joop, Rechtsabteilung Shell und NAM Gas Export Klosterman, A. H., Shell-Pipeline-Ingenieur, technischer Direktor Gasunie

Krazinger, Herr, Shell-Berater von NAM Gas Export

Schepers, J. P. (Krik), Shell-Geschäftsführer NAM Gas Export Schepers, Louise; Jan Derk, Louise, und Willem, Kriks' Frau und kinder

Schepers, Lykle, Generaldirektor des Königlich Niederländischen (BIPM), Den Haag

Smit, Coen, Generaldirektor von Esso Nederland, delegierter Aufseher Gasunie

Scheffer, Baren, Geschäftsführer Shell Niederlande, 1961

Stheeman, H. A., Generaldirektor NAM, Entdecker des Groninger Gasfeldes

Van den Berg, Jan, Leiter Wirtschaft Esso Nederland, einer der "Esso Four", Leiter Gasverkauf Gasunie

Van den Berg, Ciny, Jans Frau

Van der Grinten, W. C. L., Vorsitzender des Sonderausschusses von de Pous

Van der Post, Cees, Leiter des LPG-Vertriebs Esso Nederland, einer der „Esso Four", technische Abteilung der Gasunie

Van Veen, Emil, niederländischer Geschäftsführer, derzeitiger Besitzer von Stewarts' Wassenaar-Residenz

Zilstra, J., Premierminister der niederländischen Regierung

VEREINIGTES KÖNIGREICH

Corbett, Philip, Shell UK, stellvertretender Leiter des Londoner NAM/ IGTM-Büros

Mclean, Donald, Shell-Führungskraft, NAM Gas Export in Den Haag und Frankfurt

Vale, Dennis, Shell-Berater NAM Gas Export Vizard, Vi, Shell-Gasabteilung London

Quellenangaben

The Lamp by Shelley Moore, Exxon–Mobil Spring 2002 Publication

Frontline; History Today by Devra Davis, Dezember 2002

Holland and Its Natural Gas by Gasunie, Juni 1994

Natural Gas in the Netherlands von Correlje, Van der Linde und Westerwoudt

„A New Mining Act for the Netherlands" von Dr. Martha Roggenkamp und Dr. Christiaan Verwer

Ruhrgas–Highlights: the First 75 Years, anniversary publication

„Striking Bonanza," Artikel von Prof. A. Kaisjer

Subterranean Commonwealth: 25 Years Gasunie and Natural Gas by Wolf Kielich

The Governance of Large Technical Systems, erstellt für die Routledge Studies in Business Organizations and Networks, herausgegeben von Olivier Coutard

„The Transition from Coal to Gas: Radical Change of the Dutch Gas System" von

Aad Correlje und Geert Verbong

„From Slochteren to Wassenaar," 1966 Artikel von Arne Kaljser für NEHA-Jaarboek

The Embarrassment of Riches von Simon Schama

Patriots and Liberators: Revolution in the Netherlands 1780–1813 von Simon Schama

„A New Mining Act for the Netherlands," 2003 Artikel von Martha Roggenkamp und Dr. Christiaan Verwer

Mining Law: Bridging the Gap between Common Law and Civil Law Systems, aus einem Referat gehalten auf der Canadian Bar Association im April 1997 von Cecilia Slac, Rechtsanwältin bei Tormina Consulting, Inc.

Mossadegh-Konferenz: 3. bis 6. Mai 2001, Northwestern University, zum Gedenken an den fünfzigsten Jahrestag von Dr. Mossadeghs Regierung (1951-1953), © 1995, 1999, 2004 Alaa K. Ashmawy

Sonstige Quellen

Archive der New York Times

Original-Berichte von Douglass Stewart

Original-Tonbänder von Stewart mit Hans Löblich, Krik Schepers, Jan
  van den Berg, Cees van der Post und Yves Monod

2004–2005 persönliche Interviews mit Douglass Stewart, Hans Löblich,
  Dr. Klaas Liesen, Paul Mortimer, Henk Ensing, Gasunie, Louise
  Schepers, Louki Hoogland, L. Wansink, Yves Monod, Jane Ann
  Stewart, René Cozzi, Mark Stewart, Douglass Stewart Jr, Harold
  Wright, Herr und Frau Millard Clegg, John Meeder, Wilma van
  den Berg de Brauw, Ciny van den Berg, Margaret van der Post,
  Josina Droppert und Emiel van Veen

Danksagungen

Ohne die Entdeckung des Groninger Erdgasfeldes durch Dr. H. A. Stheeman wäre keines der in diesem Buch geschilderten Ereignisse eingetreten. Er erkannte schon früh den Wert von Erdgas und machte trotz aller Widerstände die Entdeckung, die den europäischen Energiesektor revolutionierte. Seine persönliche Herzlichkeit und Offenheit gegenüber Douglass Stewart bei seinem ersten Treffen mit der NAM in Oldenzaal wird außerordentlich geschätzt.

Persönlicher Dank und Anerkennung an Jane Ann Stewart für die Büroräume in Kalifornien und für ihre Freundlichkeit und ihre unermüdliche Motivierung.

Dank geht auch an Hans und Gisela Löblich, Paul Mortimer, Louise Schepers, Yves Monod und René Cozzi für ihre großzügige Zusammenarbeit, regelmäßige Kommunikation und ständige Ermutigung und für die Ausleihe ihrer persönlichen Fotos und Erinnerungen; an Klaas Bens für seine Großzügigkeit, seine Einführungen, seine hilfreiche Kritik und viele Mitteilungen, an Ciny van den Berg und Wilma de Brouw für ihre Fotos und ihre Gastfreundschaft und an L. G. Wansink für seine Erinnerungen und seine Gastfreundschaft.

Ohne die enthusiastische Mitarbeit von Dr. Klaus Liesen hätte bei den Exportverhandlungen viel von der „anderen Seite" gefehlt. Vielen Dank für seine Gastfreundschaft und an Marianne van Schwartz, Dr. Liesens Assistentin, für ihre sehr freundliche Unterstützung, Imelda Weizl, der Sekretärin von Jan van den Berg, für die Aufzeichnung des beruflichen Werdegangs von Jan, Emiel und Liz van Veen und ihrer Tochter Caroline für ihre Großzügigkeit, mit der sie ihr Haus in Rijksdorp für Besuche und Filmaufnahmen öffneten, Emiel für sein inspirierendes Nachwort und seine Nachforschungen zur Geschichte des Hauses in Rijksdorp, Margaret van der Post für den beruflichen Werdegang von Cees und Louki Hoogland für ihre Gastfreundschaft.

Besonderer Dank an Henk Ensing und Bert van Engleshoven von Gasunie und ihre audiovisuelle Abteilung für die großzügige Öffnung ihrer Archive und die Erlaubnis zur Reproduktion von Gasunie-Fotos, an Profs. Geert Verbong und Arne Kaijser in Schweden und Prof. Martha Roggenkamp, Universität Groningen, für die Erlaubnis, aus ihrer Arbeit zu zitieren, an Jo Linden von Dutch State Mines für Fotos von Krik Schepers und nicht zuletzt an Dr. Liesen und Ruhrgas für die Erlaubnis, Texte, Daten und Fotos ihres Vertreters zu verwenden.

Für die Unterstützung bei Übersetzungen:

Niederländisch-Wilma de Brouw, Annelies Glen Teven, Klaas Bense
Deutsch-Elke Pusi
Französisch - Yves Monod, René Cozzi, Molly Kidder Orts

Über die Koautorin

Elaine Madsen ist eine publizierte Autorin, Herausgeberin und preisgekrönte Filmemacherin. Sie wurde in Illinois geboren und war Buchredakteurin der Chicagoer Zeitschrift *Nit & Wit Cultural Arts*. Sie ist Chefredakteurin des *Felix-Magazins* und Autorin von *Crayola Can't Make These Colors*, einer Sammlung ihrer Gedichte.

Ihr Sachbuch *Der Texaner und das niederländische Gas*, das sie in Zusammenarbeit mit Douglass Stewart geschrieben hat, war eine herausfordernde und wichtige Erfahrung und führte sie zu den historischen Stationen von Stewarts Erlebnissen im Zweiten Weltkrieg führte. Gemeinsam mit Stewart reiste sie zu den Orten in Frankreich, Deutschland, und den Niederlanden. So erfuhr sie aus erster Hand wie sich seine Freundschaft mit drei jungen Männern, die alle während des Zweiten Weltkriegs auf verschiedenen Seiten des Konflikts standen, entstanden ist und entwickeln konnte. Ein Höhepunkt ihrer schriftstellerischen Karriere war das Privileg, die Geschichte der schicksalhaften Zusammenführung dieser jungen Männer durch die massiven Erdgasvorkommen in den Niederlanden, die später zur Entdeckung der erheblichen Erdgasvorkommnisse in der Nordsee führten, zum Leben zu erwecken. Der Geschäftssinn und die Teamarbeit dieser Herren waren bedeutend und entscheidend für die Umgestaltung der europäischen Energiewirtschaft in der Nachkriegszeit.

Als Filmemacherin wurde Madsen als Regisseurin und Produzentin des Dokumentarfilms *Better Than It Has to Be* mit dem Emmy ausgezeichnet und auch als Regisseurin des abendfüllenden Dokumentarfilms *I Know a Woman Like That*, der von ihrer Oscar-nominierten Tochter Virginia Madsen produziert wurde, wurde sie mit Preisen ausgezeichnet. Ihr Stück „*Dear Murderess*" wird im Herbst 2020 auf die Bühne kommen.

Printed in the United States
By Bookmasters